「学習指導要領」の現在

小林 恵

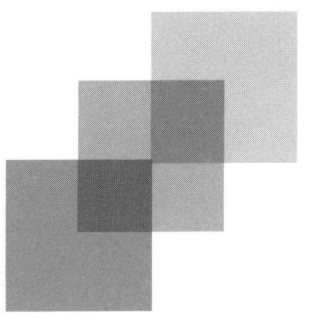

学文社

● はじめに ●

　子どもたちの問題が新聞に登場しない日はないと言っても過言ではない。特に、何か子どもの事件が起こると教育の問題が大きくクローズアップされている。子どもが自殺しても、あるいは同級生を殺しても、問題の根源は学校にあるとされ、学校教育での犯人探しが始まる。

　しかし、現在の学校の状況がどのようなものであるかについては、限られた個人の体験かセンセーショナルな報道でしか知ることができない。特に学校教育の中心であるはずの、子どもたちが何を学んでいるかについては案外知られず、興味を持たれず、論議されていない。塾やその他の教育機関の影響が強くなった昨今とはいえ、子どもは一日の大半を学校で過ごしているし、学校で多くを経験し、学習している。私たちはもっと子どもが何を学んでいるかに注目すべきであろう。

　現在の日本では、子どもたちが学校で学んでいるもの（内容）は「学習指導要領」において規定されている。学習指導要領をもとにして教科書が決まり、義務教育ではその教科書が無償配布されているのである。つまり、子どもたちが、何を、いつ、どのくらい学ぶかを決めているのが学習指導要領である。この学習指導要領は第2次世界大戦後すぐに「試案」という形で始まり、後に法的拘束力を持って現在に至っている。

　本書ではこの学習指導要領に焦点を当ててみた。学習指導要領もまた時代や社会の状況に大きく影響されている。振り返ってみれば、つい十数年前までは、文部省と日本教職員組合（通称、日教組）の

強固な対立があった。同時に，学校文化は表面的ではあったかもしれないが，互いを尊重し平等を大変重視していた。ところが，現在ではイデオロギーの対立はなくなり，個人の差を当然のものとする文化に変容している。

　また，学校を取り巻く社会状況では，終戦でゼロからの出発どころかマイナスからの出発をした経済がすぐに先進国の仲間入りを果たし，現在では資本主義社会が成熟したならではの問題を抱えるように変化している。これに伴って人々の生活も大きな変貌を遂げてきた。

　本書は，こうした時代や社会の変化に伴って，学習指導要領がどのようにして決まり，実施されてきたのか，から論を始める。その上で，現行の学習指導要領を中心に据え，その概念，内容，そしてどのような批判があり，いかなる問題が生じているかを社会状況と関連づけながら考えていく。

2007年9月

著　者

● 目　　次 ●

はじめに ———————————————————————— i

第Ⅰ章　時代と学習指導要領の変遷 ———————————— 1

第1節　第2次世界大戦後の学習指導要領 …………………………2
○終戦後の混乱期　2／○1947年の「学習指導要領」　5／
○1951年の「学習指導要領」　13

第2節　復興から成長の時代の学習指導要領 ………………………18
○復興の時代　18／○1958年の「学習指導要領」　23／
○高度経済成長期　31／○1968年・1969年の「学習指導要領」　36／○1970年代　41

第3節　成熟社会の学習指導要領 ……………………………………44
○1977年の「学習指導要領」　44／○1980年代　51／
○1989年の「学習指導要領」　54／○「新しい学力観」という概念　58／○アメリカ教育の動向　61

第Ⅱ章　現行学習指導要領の成立 ———————————— 63

第1節　1990年代の社会と子ども ……………………………………64
○バブルとその崩壊　64／○変化する国際社会　64／○「55年体制」の崩壊と災害・事件　65／○企業倒産と終身雇用制度の終焉　66／○産業の地殻変動　67／○派遣社員の増加　67／○不登校児童・生徒の増加　68／○不登校問題の広がり　69／○援助交際と「児童買春・児童ポルノ禁止法」　71／○偏差値追放の動きとその現実　71／○高まり続ける進学熱　73／
○IT時代の到来と少年事件の凶悪化　74

第2節　中央教育審議会と教育課程審議会 …………………………75
○中央教育審議会　76／○教育課程審議会　78

第3節　現行学習指導要領の成立過程 ………………………………79
○第15期中央教育審議会　79／○第15期中央教育審議会第1

次答申　80／○第16期中央教育審議会第2次答申　83／○教育課程審議会（1996-1998年）　87／○教育課程審議会答申（1998年）　88／

コラム★178万人の見えない子どもたち　92／○「学習指導要領」の告示　93／○教科書の選定　93／○「教科書問題」96／

コラム★扶桑社の教科書だけを支持する教育課程審議会会長　99

第Ⅲ章　現行学習指導要領の基本的概念 ———— 101

第1節　現行学習指導要領の構成 …………………………102
○総則　102／○各教科・道徳・特別活動　103／○総授業時数　106

第2節　［生きる力］ ………………………………………107
○「46答申」で初出した「生きる力」　108／○第15期中央教育審議会第1次答申の［生きる力］　108／○［生きる力］の英訳　118／○現行学習指導要領における［生きる力］　120／○［生きる力］と「総合的な学習の時間」　120／○［生きる力］の変容　121／○人間としての「生きる力」と現行学習指導要領の［生きる力］　122

第3節　［ゆとり］ …………………………………………126
○学習指導要領における「ゆとり」の経緯　126／○現行学習指導要領における［ゆとり］　126／○授業時数の削減　130／○［ゆとり］の英訳　136／○世論の肯定　136／○［ゆとり］教育の真のねらい　137／○日本経済の実態　139／○社会の現実　141／○国民生活の貧困さ　142／○システムのなかの［ゆとり］　143

第4節　［生きる力］と［ゆとり］における反知性主義の問題 …145
○受験への嫌悪　145／○「ケータイ入試」　146／○日本社会における受験　148／○知識・知性・哲学　149

第Ⅳ章　現行学習指導要領の内容と考察 ———— 151

第1節　各教科・道徳・特別活動 …………………………152

○国語　152／

コラム★「音読」ブーム　156／○社会科　157／○算数・数学　158／百マス計算への賛否　163／○理科　165／○英語　166／

コラム★外国語の学習とは何か　169／道徳―『心のノート』―　170／○特別活動　174

第2節　「総合的な学習の時間」 ……………………………………175
○「総合的な学習の時間」の時間配分と内容　175／○「総合的な学習の時間」の事例　176／○「総合的な学習の時間」の問題点　183／○外注される「総合的な学習の時間」　186

第3節　現行学習指導要領におけるその他の特徴と問題点 ………187
○選択教科等に充てる時間の増加　187／○「態度を育てる」　189／○学校教育と「地域」　191／○「国際化」と学校教育　194／

コラム★生まれた地域で死んでいく　194／○国旗と国歌　199／○絶対評価　203

第Ⅴ章　学力低下論議と現行学習指導要領のゆらぎ ──209

第1節　学力論争 ……………………………………………………210
○『分数ができない大学生』から始まった学力低下論　210／○反学力低下論　213／○文部省の見解　219

第2節　現行学習指導要領を巡る文部科学省の転換 ………………224
○学力向上への傾斜　224／○「学びのすすめ」　226／○「学力向上アクションプラン」と「教育の構造改革」　228

第3節　現行学習指導要領のゆらぎ …………………………………229
○中央教育審議会答申（2003年10月7日）　229／○「最低基準」としての学習指導要領　231／

コラム★求められる旧課程参考書・問題集　235　○現行学習指導要領の一部改正　236

第4節　学力調査の結果 ………………………………………………238
○「OECD生徒の学習到達度調査」　238／○「国際数学・理科教育動向調査」　243／○2つの調査結果から見えてくるもの

245／○その後の動き　246／○「教育基本法」の改正　250／○「教育再生会議」　253

第Ⅵ章　学力の二極化と格差問題 ──────257

第1節　タテの格差からヨコの格差へ …………………258
○学力の二極化　258／○タテの格差の時代　259／○ヨコの格差論の端緒　260／○今日の家庭の4タイプ　261／○所得格差と教育格差　262／○就学援助の増加　265／○朝食を食べない子ども，用意しない家庭　267／○私立中学校の人気　269／○教育費の実態　270／
コラム★母子家庭に閉ざされる高等教育　272　○受験の重圧に関する真偽　272／○家庭の階層と子どもの勉強時間　273／○努力とその成果　274／○通塾と学力の関係　276／○学校現場の「努力」とその現実　277／○家庭格差の再生産　278／○格差固定の現在　279

第2節　漏れる若者たち …………………………………280
○漏れを生じた「希望格差社会」　280
コラム★年収300万円家庭で東大に入学できるか　281
○フリーター・ニートになる高等学校の卒業生　282／○フリーターになる生徒の高校生活　284／○絶望の先送りとしてのフリーター　286／○生涯賃金の比較　286／
コラム★地元を離れようとしない高校生・地元から手放さない親　287／○格差における親世代と子ども世代の隔たり　288／○大卒無業者の急増　289／○キャリア教育の推進　290

第3節　格差と現行学習指導要領 …………………………293
○現行学習指導要領と私学　293　○学習指導要領とフリーターの増加　294／
コラム★ゆとり教育を推進する委員が理事を務める私立中学　295／○学歴主義への嫌悪　296／○格差を追認する現行学習指導要領　298／○格差を是認する現行学習指導要領　299／○社会機能の変化　300

引用・参考文献 …………………………………………301
あとがきにかえて ―――――――――――――317
索　引 ……………………………………………………319

第 I 章

時代と学習指導要領の変遷

　学習指導要領は，第2次世界大戦後の1947年に試案として初めて成立した。1951年に第1回目の全面改訂が行われた以降，1958年，1968・1969年，1977年，1989年，1998年（現行学習指導要領）に全面改訂され現在に至っている。教育と時代は密接な関連があり，学習指導要領も例外ではない。

　第Ⅰ章では，1989年までの学習指導要領（主に小・中学校）について，戦後の日本の歴史のなかで，どのような時代に，いかなる学習指導要領が成立していったかを時系列にそって考察していく。

第1節　第2次世界大戦後の学習指導要領

● 終戦後の混乱期 ●

　第2次世界大戦の終結により，それまでの大日本帝国憲法下における天皇を頂点とする社会が終焉した。

　戦前から続いたファシズムの時代から解放された日本国民は，1945年の8月15日を境に，まさにジョン・W・ダワー(John W. Dower)の言うとおり「敗北を抱きしめて」新しい民主主義国家の建設を目指して歩み始めたのである。

　日本がポツダム宣言を受諾した後，1952年4月28日のサンフランシスコ講話条約発効までの間，日本を統治したのはGHQ（連合国軍総司令部：General Headquarters）であった。ダグラス・マッカーサー（Douglas MacArthur）を初代最高司令官とするGHQは軍事機構と国家警察の解体から始め，政治の民主化，財閥の解体，農業改革など国家の改造を進めた。そのなかで，教育改革も急務であった。

　1946年11月3日，主権在民，基本的人権の尊重，戦争放棄を3大原則とする日本国憲法が公布された（施行日は1947年5月3日である）。

　その第26条で，教育を受ける権利および教育の義務について，下記のように明記している。

　第26条　すべて国民は，法律の定めるところにより，その能力に応じて，ひとしく教育を受ける権利を有する。
　2　すべて国民は，法律の定めるところにより，その保護する子

> 女に普通教育を受けさせる義務を負ふ。義務教育は，これを無償とする。

　また，この憲法の実現に教育の力が不可欠と説く教育基本法が1947年3月31日に公布，施行された。憲法の精神に則り教育の根本理念を明示した同法は，前文，第1条（教育の目的），第2条（教育の方針），第3条（教育の機会均等），第4条（義務教育），第5条（男女共学），第6条（学校教育），第7（社会教育），第8条（政治教育），第9条（宗教教育），第10条（教育行政），第11条（補則）から成っている。

　さらに同日，憲法，教育基本法の理念を受けた学校教育法が公布され，大部分の条項は翌4月1日から施行された。国民の権利としての教育を制度面から保障することを意図しつつ，すべての学校を網羅した学校教育法は，また，各学校段階の教育目的，目標，修業年限，設置基準，教科，教科用図書（教科書）などについての基本的事項を定めている。また，この学校教育法を補う法律のひとつとして，1947年5月23日，学校教育法施行規則が制定された。

　それではこの時期がどのような時代であったかを今日と比較してみる（図表Ⅰ-1）。

　当時の日本は国民の半数近くが第1次産業である農業に従事し，その生活水準は最貧であり，体躯は貧相で，平均寿命は約50年の時代であった。国力も国民も戦争で完全に疲弊していたのである。

　終戦直後，文部省が教育に関して重視したひとつに教科書改革があった。文部省は1945年9月15日に「新日本建設ノ教育方針」を

図表 I-1　第 2 次世界大戦後の混乱期と現在の比較

事　　項	当時(1947〜1955年)	現在(2001〜2005年)
総人口	7810万1千人（1947年）	1億2775万6千人(2005年)
平均寿命(男)	50.06歳（1947年）	78.6歳（2004年）
（女）	53.96歳（1947年）	85.6歳（2004年）
出生数	267万9千人（1947年）	106万7千人（2004年）
合計特殊出生率	4.54（1947年）	1.29（2004年）
1世帯当たり人数	4.92人（1947年）	2.75人(2001年)
高等学校進学率(男)	42.5%（1950年）	97.0%（2002年）
（女）	36.7%（1950年）	97.5%(2002年)
大学等進学率(男)	10.1%（1955年）	48.6%（2000年）
（女）	5.0%（1955年）	48.5%（2002年）
1学級当たりの児童数	45.7人（1948年）	26.7人（2002年）
身長(15歳)(男)	154.8cm（1950年）	168.3cm（2002年）
（女）	150.2cm（1950年）	157.3cm(2002年)
体重(15歳)(男)	45.7kg（1950年）	60.3kg（2002年）
（女）	45.2kg（1950年）	52.4kg（2002年）
第1次産業就業率	48.5%（1950年）	5.0%（2000年）
第2次産業就業率	21.8%（1950年）	29.5%（2000年）
第3次産業就業率	29.6%（1950年）	64.3%（2000年）
GDP	110億ドル（1950年） 1人当たり約140ドル	4兆7652億ドル（2000年） 1人当たり約3万7560ドル
貿易額(輸出)	101億円（1947年）	52兆1082億円（2002年）

（出所：文部省科学省　教育基本法制定当時と現在の社会状況変化に関する各種データ）

発表し，教科書の軍国主義的箇所の訂正・削除を表明した。さらに9月20日，「終戦ニ伴フ教用図書取扱方ニ関スル件」で「削除ス

ベキ教材」と「取扱上注意ヲ要スル教材」を通達した。この指示によって、現場の教師は子どもたちに教科書の当該箇所を切り取らせたり、あるいは墨を塗るよう命じたのである。

しかしこれが不徹底であったため、GHQ は同年10月22日付けで「日本教育制度ニ対スル管理政策」を発し、そのなかで「軍国主義的及ビ極端ナル国家主義的イデオロギーノ普及ヲ禁止スルコト。軍事教育ノ学科及ビ教練ハ凡テ廃止スルコト」を命じている。また、同年12月31日、「修身、日本歴史及ビ地理停止ニ関スル件」を出し、戦前の教育に大きな影響を与えた修身、国史、地理の3教科「総テノ課程ヲ直チニ中止」し、それらの教科書、教師用参考書すべてを回収破棄するよう指令した。

文部省はこの指令を徹底遵守するため、翌1946年1月25日、「国民学校後期使用図書中ノ削除修正箇所ノ件」として正式に削除指示を通達している。

これらの指示に従って、戦前の軍国主義的・超国家主義的な教育内容が教科書から削除された。1946年4月になると、削除にならなかった箇所を選んだ暫定教科書が急遽発行された。

● 1947年の「学習指導要領」●

子どもたちが暫定教科書で学んでいた頃、自由平和と民主主義を標榜する新しい時代にふさわしい教育内容・方法はどうあるべきかが課題として浮上した。

日本側は CIE（The Civil Information and Education Section：GHQ の教育担当である民間情報教育局）の指導を仰ぎながら検討を進めたが、その際にもっとも強く影響を受けたのは「第1次アメリ

カ教育使節団」(The United States Education Mission to Japan) の報告書であった。第1次アメリカ教育使節団は1946年3月5，6日の両日，マッカーサーの要請により来日し，約4週間滞在し日本の教育状況を視察，協議をした後，3月31日，マッカーサーに報告書を提出した。

その報告書は，前がき，序論，第1章：日本の教育の目的及び内容，第2章：国語の改革，第3章：初等及び中等学校の教育行政，第4章：教授法及び教師養成教育，第5章：成人教育，第6章：高等教育，報告書の摘要で構成されている。

日本の教育全般にわたる改革を促している報告書はまず，従来（戦前）の中央集権的な教育システムを打破し，民主主義のもとでの個人の価値と尊厳を根底に置く教育システムを構築しなければならないと提起している。このためにはカリキュラム，教科書および教授法の改革，ローマ字導入を中心とする国語改革が不可欠であると説いた。

学校制度についても論及し，男女共学の義務教育期間としての小学校6年間，3年間の「下級中等学校」を提案するとともに，この「下級中等学校」の上に，授業料を徴収せず，希望者全員が入学可能な男女共学の3年制の「上級中等学校」を設けるべきであるとした。単線型で6—3—3制の新しい学校制度である。また，単科大学（カレッジ）および総合大学（ユニバーシティー）増設の必要性を説いている。

さらに，文部省による行政支配権の地方への移譲，公選制教育委員会・機関の設置，高等教育機関の特権化の廃止，公立図書館の設置等，多岐にわたる提言を行っている。

なお，カリキュラムの在り方として，①近代の教育理論に基づかなければならない，②学習者の興味から出発し，その興味をさらに拡大し豊かなものにするものでなければならない，③教師用参考書は手引きと示唆の性格をもつものでなければならない，④中央政府当局と教師の協力によって作成されなければならない，⑤教師の経験を活かし，その創造的才能が大いに発揮されるように，教師を含めた協働作業を介して作成されなければならない，⑥心理学的な知見をもとにしなければならない，といった点を指摘している。

　このアメリカ教育使節団報告書によって日本の教育の進むべき方向は確立された。文部省は1947年4月1日から始まる新学制に間に合わせるための教科書編集作業に取り組んでいたが，1946年の秋，CIE から教科書とコース・オブ・スタディの作成を命じられた。しかし，当時の文部官僚のなかで「コース・オブ・スタディ」あるいは「カリキュラム」という用語の意味を的確に捉えているものはほとんどいなかったという。

　そこで，文部省は「学習の道筋」（course of study）というフレームワークを確立してから教科書の編集作業を行うという一般的なやり方ではなく，まず教科書の編集を行い，続けて全教科に共通する「学習指導要領」を作成するという方法をとらざるをえなかった。

　文部省は学習指導要領の作成を進めた結果，1947年3月20日，『学習指導要領一般編（試案）』を発行した。この学習指導要領は，日本教育史上初めて作られたものである。

　新しい教育制度の下での小学校および新制の中学校を対象とした，わずか52頁の薄い冊子であった。その中身は序論（1. なぜこの書

はつくられたか，2. どんな研究の問題があるか，3. この書の内容），第1章：教育の一般目標，第2章：兒童の生活（1. なぜ兒童の生活を知らなくてはならないか，2. 年齢による兒童生活の發達），第3章：教科過程（1. 教科課程はどうしてきめるか，2. 小学校の教科と時間数，3. 新制中学校の教科と時間数），第4章：学習指導法の一般（1. 学習指導は何を目ざすか，2. 学習指導法を考えるにどんな問題があるか，3. 具体的な指導法はどうして組みたてるべきか），第5章：学習結果の考査（1. なぜ学習結果の考査が必要か，2. いかにして考査するか，附. 予備調査及び知能檢査）から成り，内容の濃いものであった。

その冒頭は，次のように記されている。

> いまわが國の教育はこれまでとちがった方向にむかって進んでいる。この方向がどんな方向をとり，どんなふうのあらわれを見せているかということは，もはやだれの胸にもそれと感ぜられていることと思う。このようなあらわれのうちでいちばんたいせつだと思われることは，これまでとかく上の方からきめて與えられたことを，どこまでもそのとおりに実行するといった画一的な傾きのあつたのが，こんどはむしろ下の方からみんなの力で，いろいろと，作りあげて行くようになって來たということである。

この文章は，戦後の新しい教育が始まる意気込みを表している。「みんなの力で，いろいろと，作りあげて行く」と宣言され，狭隘な国家中心主義を捨て，子どもや教師が教育を作り上げていくことを強調している。

また，この学習指導要領が「試案」とされているのは，教師が用いる場合の手びき，今日的な言葉を使えばマニュアルという性格の

ものであったからである。

　法的な観点から見れば，学校教育法施行規則第25条（1947年5月23日制定）で「小学校の教科課程，教科内容及びその取扱いについては，学習指導要領の基準による」，中学校も第55条で「これを準用すること」とされている。

　要するに，小・中学校の学習指導要領は「教科課程，教科内容及びその取扱いに関する基準」としての位置づけになっている（なお，この時点では教科課程というタームが用いられ，教育課程となっていない。しかしその意味するところを詳細に検討すれば，事実上，教科課程は教育課程とほぼ同一のものと捉えてよいと考えられる）。

　この学習指導要領一般編は小学校および新制中学校の教科と時間数を提示している。

　小学校の教科と時間数は図表Ⅰ-2のとおりである。

　小学校では戦前の修身・公民・地理・歴史が削除されて，新しく社会科（social studies）が設けられた。また家庭科，自由研究も加えられた。

　社会科は，「今日のわが國民の生活から見て，社会生活についての良識と性格とを養うことが極めて必要であるので，そういうことを目的として，新たに設けられた」と説明されている。

　家庭科は，「これまでの家事科と違って，男女ともにこれを課することをたてまえとする。たゞ，料理や裁縫のような，内容が女子にだけ必要だと認められる場合には，男子にはこれに代えて，家庭工作を課する」となっている。

　自由研究は，「兒童の個性によっては，その活動が次の活動を生んで，一定の学習時間では，その活動の要求を満足させることがで

図表 I-2　小学校の教科と時間数

学年 教科	1	2	3	4	5	6
國　　語	175(5)	210(6)	210(6)	245(7)	210〜245 (6〜7)	210〜280 (6〜8)
社　　会	140(4)	140(4)	175(5)	175(5)	175〜210 (5〜6)	175〜210 (5〜6)
算　　数	105(3)	140(4)	140(4)	140〜175 (4〜5)	140〜175 (4〜5)	140〜175 (4〜5)
理　　科	70(2)	70(2)	70(2)	105(3)	105〜140 (3〜4)	105〜140 (3〜4)
音　　樂	70(2)	70(2)	70(2)	70〜105 (2〜3)	70〜105 (2〜3)	70〜105 (2〜3)
図画工作	105(3)	105(3)	105(3)	70〜105 (2〜3)	70(2)	70(2)
家　　庭					105(3)	105(3)
体　　育	105(3)	105(3)	105(3)	105(3)	105(3)	105(3)
自由研究				70〜140 (2〜4)	70〜140 (2〜4)	70〜140 (2〜4)
総 時 間	770(22)	840(24)	875(25)	980〜1050 (28〜30)	1050〜1190 (30〜34)	1050〜1190 (30〜34)

（注）（　）内の数字は1週間の平均時間数である。総時間数は最小限年間35週を目安とした標準時間数である。

きないようになる場合」(例えば，音樂を学んだ兒童が器樂を深くやってみたいというような要求)，つまり「兒童の個性の赴くところに従って，それを伸ばして行く」のがその目的と内容であるとしている。

また，学習指導要領一般編では小学校の具体的な1日を例示して

いる。

1日の時間割（例）

9時　　　相談の時間。歌をうたう。できごとを話し合う。今日の計画を話し合う。

9：15分　社会科。仕事の進行について話し合い，その仕事をおたがいに反省し，今日の話し合いの題をきめる。話し合う。これに関係した表現活動をする。

10：15　　体育，自由遊戯。兒童一人一人について栄養と休息のプログラムを話し合う。

11：10　　國語，話し方，作文―お話をかく。

12：00　　晝食，休み。運動場で遊ぶ。

1：00　　算数。個人指導を主とする，特殊の兒童たちには新しく考える問題を提出する。

1：40　　音樂，練習，鑑賞。

2：00　　休憩。

2：10　　國語。読みの練習を主とする。成績のわるい兒童の指導をする。

2：40　　図画工作，または自由研究。

3：30　　放課。

この時間割には〈話し合い〉と〈児童の個性尊重〉という2つの大きな柱がある。戦前のファシズムの社会から民主主義を目指した社会へと変わり，それを反映して，互いの意見と個性を重視していくのが学校教育であると強く意識されたのである。終戦後の混乱のなかで，新しい社会を渇望しているのがこの学習指導要領一般編か

図表 I-3　新制中学校の教科と時間数

教科		学年 7	8	9
必修科目	國　　語	175(5)	175(5)	175(5)
	習　　字	35(1)	35(1)	
	社　　会	175(5)	140(4)	140(4)
	國　　史		35(1)	70(2)
	数　　学	140(4)	140(4)	140(4)
	理　　科	140(4)	140(4)	140(4)
	音　　樂	70(2)	70(2)	70(2)
	図画工作	70(2)	70(2)	70(2)
	体　　育	105(3)	105(3)	105(3)
	職　　業 (農業，商業，水 産，工業，家庭)	140(4)	140(4)	140(4)
	必修科目計	1050(30)	1050(30)	1050(30)
選択科目	外　國　語	35〜140 (1〜4)	35〜140 (1〜4)	35〜140 (1〜4)
	習　　字			35(1)
	職　　業	35〜140 (1〜4)	35〜140 (1〜4)	35〜140 (1〜4)
	自由研究	35〜140 (1〜4)	35〜140 (1〜4)	35〜140 (1〜4)
	選択科目計	35〜140 (1〜4)	35〜140 (1〜4)	35〜140 (1〜4)
総　　計		1050〜1190 (30〜34)	1050〜1190 (30〜34)	1050〜1190 (30〜34)

（注）（　）内の数字は1週間の平均時間数である。

らも読み取れる。

次に中学校の教科と時間数は図表Ⅰ-3のように示されている。

中学校の教科は必修科目と選択科目から成り，必修科目は文字どおり，どのような生徒でも必ず学ばなければならない科目である。選択科目は「これらのどれを選ぶかは，生徒の考えできめる」のが大原則であるが，「学校として生徒の希望を考慮してきめてもよい」としている。

● 1951年の「学習指導要領」●

最初の学習指導要領は応急的に作成されたため，社会の実情や教育現場と乖離するところが多々あった。そこで文部省は1951年7月10日，『学習指導要領一般編（試案）』を発行した。学習指導要領の初めての全面改訂である。1947年の学習指導要領一般編と同様，「試案」という形であった。

この学習指導要領は，目的と使い方，小学校から高等学校にわたる教育の目標，教育課程（意義，各学校段階における教科と時間配当，各教科の内容とその取り扱い方），教育課程の構成原理と具体策，教育課程の評価，学習指導法と学習成果の評価について細かに説明している。

ここで初めて，「教育課程」という用語が使われたのは特筆すべきことである。教育課程とは，「児童や生徒がどの学年でどのような教科の学習や教科以外の活動に従事するのが適当であるかを定め，その教科や教科以外の活動の内容や種類を学年的に配当づけたもの」と定義されている。

さらに，「教育課程は，それぞれの学校で，その地域の社会生活

に即して教育の目標を考え，その地域の児童や生徒の生活を考えて，これを定めるべき」としている。しかし同時に，「そうはいっても，わが国の各地域で，教育の目標がさして異なるということもないし，また児童や生徒の生活やその発達過程も全然異なるともいえないから，わが国の教育として一応各学校が参考とすべき教育課程を示唆することはできる」と述べている。

　小学校の教科と時間配当については，小学校の教科を，①主として学習の技能を発達させるに必要な教科（国語・算数），②主として社会や自然についての問題解決の経験を発展させる教科（社会科・理科），③主として創造的表現活動を発達させる教科（音楽・図画工作・家庭），④主として健康の保持増進を助ける教科（体育科）の４つの経験領域に分けて，図表Ⅰ-4のような時間配当を例示している。

　教科を４つの経験領域に分け，しかも時間数ではなくて割合（％）だけを示しているのは，各教科の壁を低く設定しているからと考えられる。また幅のある時間配当はあくまで「およその目安」であり，各学校にはそれぞれの事情に応じて，つりあいのとれた好ましい時間配当表を作成することを促している。各学校の独自性をあくまで尊重する姿勢を示しているのである。

　こうした背景には，戦前の系統的・教科別のカリキュラムに代わって，総合的・横断的なカリキュラムで授業を展開する「カリキュラム運動」が当時の教育界に大きな影響力を及ぼしていたからである。

　特に当時，多くの教育現場で取り入れられていたのは，社会科・理科的な学習内容をコア（中核）にして，それに関連づけて他の教

図表 I-4　4つの経験領域についての時間配当の例

学年 教科	1・2	3・4	5・6
国　語 算　数	45%～40%	45%～40%	40%～35%
社　会 理　科	20%～30%	25%～35%	25%～35%
音　楽 図画工作	20%～15%	20%～15%	25%～20%
家　庭			
体　育	15%	10%	10%
計	100%	100%	100%

(注)　1.　ここでは教科の指導に必要な時間の比率だけを示しているが，学校はここに掲げられた教科以外に教育的に有効な活動を行う時間を設けることがのぞましい。
　　　2.　教科と教科以外の活動を指導するために必要な1年間の総時数は，基準として次のように定められる。
　　　　　第1学年および第2学年　870時間
　　　　　第3学年および第4学年　970時間
　　　　　第5学年および第6学年　1050時間

科の学習内容も学ぶコア・カリキュラムと呼ばれるものであった。

　元来アメリカで実践されたコア・カリキュラムは，児童・生徒の要求（needs）や生活実態をコア（core）としつつ，行動・経験を通して当面する問題解決にあたることを目的としていた。1948年に「コア・カリキュラム連盟」も設立されていた。梅根悟・石山脩平・倉沢剛といった教育学者たちが中心となって推進したコア・カリキュラムは全国に広がり，東京都港区桜田小学校の桜田プラン，千葉県館山市北条小学校の北条プラン，新潟第一師範男子部附属小

学校の新潟プランなど，各地で実践された。

　コア・カリキュラムに限らず，学校現場において児童中心主義教育，経験主義教育に基づく問題解決学習が広くなされたのである。

　ところで，この学習指導要領一般編は，1947年の学習指導要領一般編のなかで明記されていた自由研究の時間が消えている。「自由研究として強調された個人の興味と能力に応じた自由な学習は，各教科の学習指導法の進歩とともにかなりにまで各教科の学習の時間内にその目的を果すことができるようになったし，またそのようにすることが教育的に健全な考え方である」という理由で削除されたのである。

　しかしながら，「特別な教科の学習と関係なく，現に学校が実施しており，また実施すべきであると思われる教育活動」が必要とされ，これを教科以外の活動の時間として設けた。具体的には「民主的組織のもとに，学校全体の児童が学校の経営や活動に協力する活動」としての児童会，児童の種々な委員会，児童集会，奉仕活動をあげている。また「学級を単位としての活動」として学級会，いろいろな委員会，クラブ活動などが示されている。

　つまりこの学習指導要領は，教育課程が教科と教科以外の活動（教科外活動）の2領域から成立しているところに特徴がある。

　中学校においても，次のように学習時間に幅を持たせることによって各学校の裁量に委ねている（図表Ⅰ-5）。

　このなかで「その他の教科」は選択教科として名前があげられている外国語，職業・家庭科を除いて，ここに掲げられているすべての教科と，掲げられていなくとも生徒のニーズによって学校で教科として課するのが適切であると考えられる教科の両者を示している。

図表 I-5　中学校の教科および特別教育活動とその時間配当

教科		学年 1	2	3
必修教科	国　　語	175〜280	175〜280	140〜210
	社　　会	140〜210	140〜280	175〜315
	数　　学	140〜175	105〜175	105〜175
	理　　科	105〜175	140〜175	140〜175
	音　　楽	70〜105	70〜105	70〜105
	図 画 工 作	70〜105	70〜105	70〜105
	保 健 体 育	105〜175	105〜175	105〜175
	職 業・家 庭	105〜140	105〜140	105〜140
小　　　　計		910〜1015	910〜1015	910〜1015
選択教科	外　国　語	140〜210	140〜210	140〜210
	職 業・家 庭	105〜140	105〜140	105〜140
	その他の教科	35〜210	35〜210	35〜210
特別教育活動		70〜175	70〜175	70〜175

(注)　1.　時間数は1年間の最低および最高を示し，1単位時間を50分として表わしたものである。
　　　2.　1年間の最低総時数は1015時間とする。

「生徒の希望によって，これらのうちから適切なものを選んで指導することが望まれる」としている。

なお，「その他の教科」と「特別教育活動」は1947年の学習指導要領一般編で見られた自由研究から2つに分かれたものである。特別教育活動はホーム・ルーム，生徒会，クラブ活動，生徒集会という内容が例示された。

また習字と日本史が国語と社会科のなかに含まれるようになった

こと，体育科が保健体育と改められたこと，職業・家庭科という教科が成立したことが新しい点である。

中学校の教科は小学校と異なり，教科すべてが独立し分化している。とはいえ，学習時間や選択教科の範囲について，それらを決定する場合には各学校や生徒各自の希望や意志を最大限尊重するよう求めている。

高等学校については，国語（甲），一般社会，保健，体育に加え，一般社会を除く社会，数学，理科それぞれの教科から1科目ずつの総計38単位（1単位時間は50分）を全員必修とし，これを「青年に共通に必要とされる最低限度の教養」とした。また，卒業後の進路によって「普通課程」と「職業課程」に分けた。当時の大学進学率は1割に満たず，高等学校進学率が4割前後であったことを鑑みると，高等学校の職業教育が社会における職業に直結すると想定されていた。職業課程は「農業」「工業」「商業」「水産」「家庭技芸」に分かれ，例えば「工業」では，「機械実習」「電気実習」を始め44の科目が用意されている。

これらの科目は「合格しなかった科目だけをやり直せばよい」という単位制による課程運営を基本とした。また，自由に科目が設定できるとしながらも，「茶道・生花などのように，クラブ活動にふさわしいような科目を設けたり，入学試験準備に悪用したりすることは注意しなければならない」と明記している。

第2節　復興から成長の時代の学習指導要領

● 復興の時代 ●

学習指導要領の最初の全面改訂がなされた年，すなわち1951年

の4月11日,アメリカのハリー・S・トルーマン (Harry S. Truman) 大統領はマッカーサーを罷免した。その前年に勃発した朝鮮戦争をめぐる意見の対立からであった。4月16日にマッカーサーは帰国するが,衆参両院は「感謝決議案」を可決し,羽田までの沿道で見送る日本人は20万人を超えた。終戦まで「鬼畜」であったはずのアメリカから指導者を迎え,その指導者の帰国を感謝の気持ちを持って多くの国民が見送ったのである。これは他には決して例のない話である。第2次世界大戦後の日本がアメリカ主導の復興をなし,その後もさまざまな面でアメリカの多大な影響を受けるのをみごとに予言させる出来事と言えよう。

日本は次第に国際社会に復帰していった。1951年6月21日にILO (International Labor Organization：国際労働機関) とユネスコ (United Nations Educational, Scientific and Cultural Organization：国連教育科学文化機関) に加盟する。

同年の9月8日,日本はサンフランシスコ講和条約および日米安全保障条約に調印した。これが発効した翌年の4月28日,GHQの統治が終わり,日本はようやく新しい独立国家になったのである。

翌1952年8月13日,IMF (International Monetary Fund：国際通貨基金) に加盟した。さらに1956年12月18日,国際連合の総会で日本の加盟が可決された。

この年 (1952年) に国民所得はほぼ戦前の水準に回復した。日本が経済的にはマイナスからゼロの地点にようやく戻ったといえる。

しかし社会は不安定で,経済状況の混乱から1952年5月1日に「血のメーデー事件」が勃発した。この状況を追認するかのように,同年11月27日,池田勇人通商産業大臣による「中小企業の倒産・

自殺もやむをえない」という発言がなされた。政治も混乱が続き，1952年10月24日，政権党であった自由党から鳩山派64人が民主化同盟を結成した。政財界の暗澹たる雰囲気は，1953年から翌年に続く造船疑獄事件を引き起こすまでになった。

そうしたなか，1955年10月13日，左派と右派に分裂していた日本社会党は党大会を開いて再統一を果たした。同じ年の11月15日，保守政党の自由党と日本民主党は合併し自由民主党を結成した。いわゆる55年体制の始まりである。

国外に目を向ければ，戦後のアメリカとソ連の関係は悪化の一途をたどった。自由主義対共産主義の対立でもあった。1950年6月25日に始まった朝鮮戦争は1953年7月27日に休戦協定が調印され，スターリンが没したソ連は1953年8月12日，水爆実験に成功した。世界情勢も流動的であった。

日本に話を戻すと，1955年に入ると「神武景気」が始まり，経済が好転したかのように見えた。1956年7月に公表された経済白書において「もはや戦後ではない」と宣言された。1954年時点で，洗濯機，冷蔵庫，掃除機（または電気釜）が三種の神器と呼ばれ，国民生活が改善に向かうかのようにみえた（なお，1957年になると，三種の神器は白黒テレビ，洗濯機，冷蔵庫に変った）。

しかし「神武景気」は長くは続かず，1957年になると「なべ底不況」に陥った。急激な経済の拡大を引き締める政策から起こったものである。

景気の変動はあったものの，この時代は概ね，明るく繁栄に向かったかに見える。しかし子どもたちの誰もが恵まれた生活を享受していたわけではなかった。

第2節　復興から成長の時代の学習指導要領

象徴的な例として，戦前からあった「人買い」は脈々と続いたままであった。1954年，朝日新聞山形版（3月26日付け）で「50名が人身売買」という記事が掲載された。

> 　山形県労基局婦人少年室では昨年末から県内255中学校の長期欠席者の実態を調査したが，162名の長期欠席者中，50名が人身売買であることが判明した。
> 　M子（15）の家は兄弟8人，姉の1人は小学校を出るとすぐ女工として他県に行き発病して死に，もう1人の姉は売春婦だ。母はM子が13歳の時結核で死亡，父は自作田4反を持っているので生活は村でも中位だというのに性格は冷酷でM子の母が長患いで寝ている時も看病はおろか医者にもかけず「早く死んでしまえ」とののしったほどだった。
> 　M子は中学を卒業して母亡き後を受け継ぎ一家を切り盛りしようと決意したが，卒業後3日目に父からいきなり愛知県の紡績工場に働きに行けと命令された。

また，同年11月10日付けの山形新聞によれば，満18歳未満の未成年者で人身売買の被害者となった1,887名のうち80％以上に相当する1,541名が売春関係への身売りであった。

M子の事例は戦後間もない家庭の状況をよく現している。また，子ども（特に女子）が売春のために売買されるのが珍しくない時代であった。戦後のベビーブームで子どもを望む国民が多かったこととは裏腹に，子どもたちの売買が平然と行われていたのである。

では，このような時代に学校はどのような状況であったのか。

戦後，アメリカやユニセフ（United Nations International Children's Emergency Funds：国連国際児童緊急基金）から無償で提供された脱脂粉乳で給食が始まり，1952年4月から全国すべての小学校で完全給食が実施されるようになった。これを追う形で1954年6月3日に「学校給食法」が公布・施行され，1956年にはこの法律が中学校にも適用された。学校給食の完全実施に代表されるように，学校のシステムが徐々に整備されていったのである。

　こうした当時の学校にあって，とりわけ小学校は児童中心の経験主義的な学習が主流であった。ところが次第に「はいまわる経験主義」と非難されていく。子どもにおもねているばかりで，伝統のある「読み・書き・計算」（3 R's）という基礎的な力が身に付いていない，子どもたちの学力は低下していると非難されるようになったのである。

　しかし，学力低下はすでに1948年頃から問題視されていた。戦後の混乱により，まともな教育がなされていない状況下で，子どもの学力低下は不可避とも言えた。それに加えて，その後の「はいまわる経験主義」による学力低下が拍車をかけたと言われている。

　ここで注目すべきは，当時（1948～1956年），大がかりな学力調査が個人や団体によって実施されていたことである。

　いずれの調査においても「読み・書き・計算」の能力は低下しているという結果が示された。同時に，これだけをもって学力として良いのかという，「学力とは何か」という根本の問題も提起された。しかしながら，「読み・書き・計算」を中心に据えた系統的な知識・技能・思考力こそが学校で育てられるべきものであるという考えが主流を占めていくようになった。

　1955年2月12日，文部省は「小学校社会科の目標及び学習の領

域案について」を発表し，また2月22日に「中学校社会科の目標及び内容について（内容精選，一貫した社会科教育実施等）」を公表した。これに即して1955年12月15日に『小学校学習指導要領社会科編』，1956年2月20日に『中学校学習指導要領社会科編』を著した（とはいえ，小・中学校の社会科編に基づく授業は実質的に1955年4月から始まっていた）。要するに，小・中学校学習指導要領のうち，社会科編だけを改訂したのである。

小学校では日本国憲法における象徴としての天皇の地位が強調され，また中学校で「地理的分野」「歴史的分野」「政治・経済・社会的分野」に分けて取り扱うこととなった。

社会科は最初の学習指導要領をもっともシンボライズするものであった。しかし1950年代初め頃より，アメリカ直輸入型の社会科は好まれるものではなくなった。政府・文部省内で教育に関してナショナリズムの復活傾向が強くなったからである。ここでターゲットとされたのが社会科であった。

こうした動きに呼応するかのように，当時の政権政党であった日本民主党が「うれうべき教科書の問題」というキャンペーンを展開した。それまで模範的教科書とされていた小学校社会科教科書『社会の仕組み』や『あかるい社会』などを左翼的と批判したのである。このキャンペーンは，当時ソ連を中心とする共産主義国家と冷戦状態にあったアメリカからも容認された。

● 1958年の「学習指導要領」●

1956年3月，清瀬一郎文部大臣は，教育課程審議会に対して「①小学校・中学校の教育課程の改善について，②高等学校通信教

育について」を諮問した。教育課程審議会は1956年度中に会合を重ねたが、委員の任期切れもあって十分な審議が尽くされなかった。そこで、1957年9月14日、松永東文部大臣は新たに選出されたメンバーによる教育課程審議会に同じ内容の諮問を行った。

教育課程審議会は1958年3月15日、松永文部大臣に答申「小学校・中学校教育課程の改善」を提出した。

この答申の内容（基本方針）は次の6項目である。

1. 道徳教育の徹底—そのための「道徳」の時間の特設
2. 基礎学力の充実—特に小学校における国語科と算数科の内容の充実、その時間数の増加
3. 科学技術教育の向上—そのための算数科・数学科・理科をはじめとする関係教科の内容の充実、時間数の増加、技術科（中学校）の設置
4. 中学校第3学年における進路・特性に応ずる指導の充実
5. （イ）教科およびその他の教育活動における小学校・中学校の関連づけ、一貫性の強調
   （ロ）教育の能率化を図るための目標・内容の精選、基本的事項の学習に重点を置くこと、指導の要点の明確化
6. 小学校・中学校の教育課程の国家的な最低基準の明確化、年間指導時間数の明示、義務教育水準の維持向上

文部省は教育課程審議会の答申内容を具体化するために、学習指導要領改訂の作業に着手した。1958年8月28日に学校教育法施行規則の一部改正を実施し、省令で施行（同年9月1日）した後、10月1日、文部省告示として、文部大臣灘尾弘吉の名により小・中学

校の「学習指導要領」を公示した。

この学習指導要領は第2回目の全面改訂であるが，1948年，1951年のものとは大きく異なる特徴を有している。

第1の特徴は，これまでの「試案」の文字が消え，文部大臣が公示するという形となった点である。

上述したように，学校教育法施行規則の一部改正を通して「小学校の教育課程については，（略）教育課程の基準として文部大臣が別に公示する小学校学習指導要領によるものとする」（第25条）と規定したからである。中学校も同様である。これは，学習指導要領が法的拘束力を持ったことを意味する。教育内容が国家サイドでこと細かに規制され，教師はその統一された基準に従うようになった原点がこの学習指導要領である。

第2の特徴は，道徳の時間が特設されたことである。道徳教育は本来，学校の教育活動全体を通して行うものとされている。そのなかで特設された道徳の時間（通称，特設道徳）は「各教科，特別教育活動および学校行事等における道徳教育と密接な関連を保ちながら，これを補充し，深化し，統合し，またはこれとの交流」を図ることをねらいにしている。

特設道徳の目標は，大別して，①日常生活の基本的行動様式（例えば，「ものや金銭をだいじにし，じょうずに使う」），②道徳的心情，道徳的判断（例えば，「正直でかげひなたなく，真心をもった一貫性のある行動をする」），③個性の伸長，創造的な生活態度（例えば，「自分の特徴を知り，長所を伸ばす」），④国家・社会の成員としての道徳的態度と実践的意欲（例えば，「日本人としての自覚を持って国を愛し，国際社会の一環としての国家の発展に尽くす」）である。

さらに，指導する際には，「家庭環境，生育歴，地域の特性や交友などについての資料は，指導計画作成のためにも，指導の効果をあげるためにも，できるだけ多く収集・整理しておき，これを活用する」ことも求めている。

すでに見てきたように，小・中学校の学習指導要領は1958年10月1日に告示されたが，道徳だけは例外であった。告示より半年前，教育課程審議会の答申を受けた3日後の1958年3月18日，文部省は小・中学校における道徳教育の「実施要項」を都道府県に通達し，4月1日から道徳の時間を設置し毎週1時間をこれに充てることとした。その上で，8月28日，文部省は小・中学校の「学習指導要領道徳編」を告示したのである。

終戦により従来の価値観が一変するとともに，社会や個人の生活がいまだ安定しないことから，社会のなかで道徳は低下していた。とはいえ，「道徳」のこうした他に先んじての動きは批判の的になった。読売新聞（1957年8月10日付け）は，元来「特設道徳」発足に慎重であった松永文部大臣が党内の圧力により態度を変えたことにふれ，「今日，社会道徳の低下したこと，青少年の犯罪が多いこと，とくに公民としての日常の道義がすたれたことはだれも認めるところであり，道徳教育の必要なことはおそらく万人の認めるところであろう」とした上で，「だが，問題は，こうした原則的なことではなく，どうして，どんな手段でこのような教育がおし進められなくてはならないかといった点にある」と，その成立過程に疑問を投げかけた。また，朝日新聞（1958年3月25日付け）は「『政治的』だという風に，余り勘ぐる必要はないと思う。しかし，その出来ばえは，いわば拙速というべき」と論じている。

第2節　復興から成長の時代の学習指導要領

第3の特徴は，これまで教科と教科外活動の2領域で構成されていた教育課程が，「各教科」「道徳」「特別教育活動」「学校行事等」の4領域で編成すべきとされたのである。

小学校の各教科および道徳の授業時数は図表Ⅰ-6のとおりである。

中学校の教科は必修教科と選択教科に分けられている。中学校の各教科（必修教科と選択教科），道徳，特別教育活動の授業時数は図表Ⅰ-7のとおりである。

中学校の選択教科に着目すると，外国語を選択するか，それとも他の教科を選択するかで，中学校卒業後に進学する者と就職する者を選別している。戦後，民主主義の観点から中学校は普通教育を課していたが，中学校を卒業してすぐに就職する生徒やその親，あるいは就職先の雇用主のねらいとズレが生じた。こうした状況を打開するため「生徒の進路，特性に応ずる教育」で選択を強化したのである。

文部省はこの制度が就職組と進学組とに分けるものではないとした。しかし現実には，1951年において中学校卒業者男子のうち23％が農業に従事していた。また，いわゆる集団就職者は1963年の7万8千人をピークに，1964年に7万6千人，1965年に7万1千人を数えた。1963年時点で東京都の高等学校進学率は80％を超えたが，同年の青森県はようやく50％を突破したばかりであった。中学校における教科における選択制の強化は時代の要請であった。

なお，「各教科」という名称が用いられたのはこの学習指導要領からである。

第4の特徴は，基礎学力の充実を目指し，科学技術教育を重視し

図表 I-6 小学校の各教科および道徳の授業時数

区分		第1学年	第2学年	第3学年	第4学年	第5学年	第6学年
各教科	国　語	238(7)	315(9)	280(8)	280(8)	245(7)	245(7)
	社　会	68(2)	70(2)	105(3)	140(4)	140(4)	140(4)
	算　数	102(3)	140(4)	175(5)	210(6)	210(6)	210(6)
	理　科	68(2)	70(2)	105(3)	105(3)	140(4)	140(4)
	音　楽	102(3)	70(2)	70(2)	70(2)	70(2)	70(2)
	図画工作	102(3)	70(2)	70(2)	70(2)	70(2)	70(2)
	家　庭					70(2)	70(2)
	体　育	102(3)	105(3)	105(3)	105(3)	105(3)	105(3)
道　徳		34(1)	35(1)	35(1)	35(1)	35(1)	35(1)
計		816(24)	875(25)	945(27)	1015(29)	1085(31)	1085(31)

(注)　1.　ここに示された授業時数は年間の最低授業数であるから，各学校においては，特例の場合を除き，ここに示す授業時数を下ってはならない（下線：筆者）。
　　　2.　授業時数の1単位時間は45分，（　）内の授業時数は年間授業日数を35週（第1学年については34週）とした場合における週当たりの平均授業時数である。
　　　3.　各教科および道徳についての各学年の授業は，年間35週以上にわたって行うこと。

たことである。これは工業化社会への対応，経済界からの要請でもあった。そのために，戦後の大きな潮流であった児童中心主義教育，経験主義教育を否定し，知識の体系性，系統性を重視する系統主義の教育に転換した。小学校学習指導要領の総則において「系統的な指導を行うことができるようにしなければならない」と明言している。

　前回の学習指導要領一般編は，各教科の授業時数に緩やかな幅を持たせていたが，この学習指導要領は小・中学校ともに授業時数が

図表 I-7 中学校の各教科，道徳，特別教育活動の授業時数

区分		第1学年	第2学年	第3学年
必修教科	国　　　語	175(5)	140(4)	175(5)
	社　　　会	140(4)	175(5)	140(4)
	数　　　学	140(4)	140(4)	105(3)
	理　　　科	140(4)	140(4)	140(4)
	音　　　楽	70(2)	70(2)	35(1)
	美　　　術	70(2)	35(1)	35(1)
	保 健 体 育	105(3)	105(3)	105(3)
	技術・家庭	105(3)	105(3)	105(3)
選択教科	外　国　語	105(3)	105(3)	105(3)
	農　　　業	70(2)	70(2)	70(2)
	工　　　業	70(2)	70(2)	70(2)
	商　　　業	70(2)	70(2)	70(2)
	水　　　産	70(2)	70(2)	70(2)
	家　　　庭	70(2)	70(2)	70(2)
	数　　　学			70(2)
	音　　　楽	35(1)	35(1)	35(1)
	美　　　術	35(1)	35(1)	35(1)
道　　　徳		35(1)	35(1)	35(1)
特別教育活動		35(1)	35(1)	35(1)

(注) 1. ここに示されている授業時数は年間の最低授業時数であるから，特例の場合を除き，ここに示されている授業時数を下ってはならない（下線：筆者）。
2. 授業時数の1単位時間は50分，（　）内の授業時数は年間授業日数を35週とした場合における週当たりの平均授業時数である。
3. 各学年における必修教科，選択教科，道徳および特別教育活動の授業時数の合計は1120を下ってはならない。
4. 選択教科の授業時数は毎学年105を下ってはならない。

提示された。それも最低授業時数と明記されたのである。ここでの「最低」は示された授業時数を下ってはならないという意味である。

小学校の場合、基礎学力の充実を目指した教科はとりわけ国語であった。文部省は国語を「いちばん基礎となる」教科と位置づけた。国語の時間は238〜315時間と、従来に比べて大幅に増加した。漢字が学年別配当になったのもこの学習指導要領からである。

社会科は、特設道徳により授業時数の削減をみたものの、やはり系統学習で行われることになった。なかでも第4学年から地理教材を取り入れ、第5学年で日本の全体的な地理学習をまとめることとなった。

算数は、「児童の学年的な発達に応じて、その内容を系統的に身につけさせるようにすることが必要である」と目標で述べている。戦後になってから中学校に移した内容を再び小学校に戻し、分数・小数の四則計算は小学校段階で完全に習得すべきとした。

理科は、従来の保健・社会的な内容をそれぞれの教科に移すとともに、実験・観察を通した科学的な見方、考え方を重視する学習となった。

中学校でも特に数学、理科、技術・家庭で系統主義を強めた。数学は小学校段階で小数・分数の学習を終了するので、それまで含まれていなかった2次方程式まで加えられた。

理科について、文部省は「衣食住とか、あるいは通信、交通とかいう生徒の身近な問題を中心としておりましたが、今回はこれを改めまして、基本的な事実、原理、法則を中心とするようにいたしました」と説明している。

技術・家庭は男子向けと女子向けの2系列を用意して系統的な学

習ができるようにした。

なお，この学習指導要領から，小・中学校ともに，学校行事等の(3) 指導計画作成・指導上の留意点で「国民の祝日などにおいて儀式などを行う場合には，(略) 国旗を掲揚し，君が代をせい唱させることが望ましい」と明記されたのも特筆すべき点である。

この学習指導要領はなんといっても，工業化社会への対応を使命としていた。中学校を卒業して速やかに機能する労働者の育成が産業界から求められた。安価で優秀な労働力こそが国の復興の鍵であった。そのために基礎学力の習得が求められていたのである。そこで経験主義の学習ではなく，「読み・書き・計算」の習得に力点を置く系統主義の学習が必要であった。

道徳が重視されたのは，社会全体を覆っていた戦後のニヒリズムからの脱却を子どもたちの世代に求めたともいえる。また，戦後に多発，凶悪化した青少年犯罪に対処すべきという時代の要請でもあった。それと同時に，労働力の卵としての子どもたちに「素直な労働力」となるべく資質の養成に道徳が一役買ったのも否定できない。

この時期の日本は国際社会に復帰した直後であった。国際社会への復帰は「世界の中の日本」を自覚することであり，愛国心を求めたのも時代の必然と考えられた。

● 高度経済成長期 ●

1958年の下半期から「岩戸景気」と呼ばれる好景気が始まった。技術革新による設備投資が景気を主導し，経済は順調に発展した。

1960年11月1日，政府（首相は池田勇人）の経済審議会は国民

所得倍増計画を答申する。技術革新と近代化により高度成長が可能であるという理論がその背景にあった。確かに実質経済成長は右肩上がりの一途で，1961年に14.5%の成長を遂げた。

経済は予想を超えた成長を遂げ，1964年10月の東京オリンピック開催の前後にはオリンピック景気という好景気が到来した。この時期，機械製品の輸出は，それまでの日本の主力産業であった繊維製品の輸出を抜いた。経済構造の転換が確実なものとなった証左である。

こうした高度経済成長に伴い，若年サラリーマンや労働者の収入が急激に増加し，国民のなかに中流意識が広がった。発展していた企業は技術・管理・販売部門を拡大し，その結果，従来の工場労働者ではないホワイトカラーという新たな階層が出現した。この階層の増加と賃金上昇が消費社会を作り出し，大量生産，大量消費の時代が到来したのである。

国民はさまざまな家電製品を手に入れ，郊外の団地に核家族で生活するようになった。日本の家庭像はそれまでの田舎の3，4世代同居の大家族から，都市郊外での夫婦と子ども中心の生活に変化したのである。

豊かになった国民は，その子女を高等学校へ進学させるようになった。当時の高等学校進学率を示したのが図表Ⅰ-8である。

経済の成長が教育へダイレクトに反映したのである。高等学校進学率と同様に，大学進学率も同様の右肩上がりとなった。1960年の段階で，人口1万人当たりの高等教育人口は76.1人である。この数はやはり敗戦国であった西ドイツの37.0人の倍以上である。アメリカを除く，他の先進諸国よりこの数が極めて大きいことを考

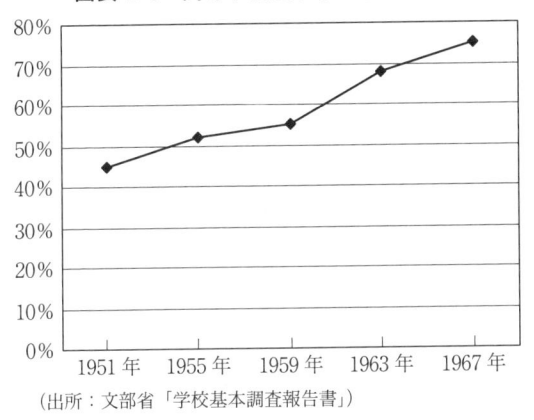

図表 I-8　高等学校進学率（年次推移）

(出所：文部省「学校基本調査報告書」)

えれば，日本における教育，とりわけ高等教育への傾倒の高さがよくわかる。

こうした状況下において，教育に関するいくつかの問題が浮上した。その代表的なものは全国一斉学力テストの実施とそれに伴う混乱である。

文部省は，1961年度から，学習指導要領改善の資料にするという名目で，中学校の2，3年生全員を対象とする5教科に関する全国一斉学力テストを計画し，同年10月26日に実施した。翌1962年7月11日には小学校（全国の小学校のうち無作為抽出によって選定された約20％）と中学校（全国すべての中学校）で学力調査を開始したのである。

この学力テストに関して，当初から日教組は人材開発のための政策テストであると批判した。しかし，ベビーブームの世代は教育の分野でも生き残り競争を戦わなくてはならなかった。各学校は日教

組の批判に晒されながらも，学力テストで高得点を目指した。

　とりわけ熱心だったのが香川県である。香川県は1961年から4年連続で総合成績が全国第1位となり，小学校の学力テストも1962年から3年連続1位となった。毎日6時間の授業の後に2時間の補習を行うなど，香川県の教育現場は過熱する一方，隣の愛媛県は香川県に追いつこうとし「涙の愛媛」と言われたほどであった。こうした状況を憂慮した日教組は1964年，宗像誠也と梅根悟を団長にした宗像・梅根学術調査団を派遣し「香川・愛媛学力調査問題学術調査報告」を発表したほどであった。

　このような過度の競争による弊害や日教組や諸団体の猛烈な反対闘争により，文部省は全員を対象とした全国一斉学力テストを1964年で打ち切らざるをえなかった。

　また，経済界から教育に関する提言が相次いでなされたのもこの時期であった。先述した経済審議会の教育訓練小委員会は1960年10月25日に「所得倍増計画にともなう長期教育計画報告」を提示した。これによると「中等教育の完成は今後の経済政策にとって重要な位置を占めるであろう」と高等学校段階での教育の充実を求めている。

　1963年1月14日には同じく経済審議会は答申「経済発展における人的能力開発の課題と対策」について池田勇人首相に提出し，能力主義の徹底の必要性を説いている。引き続いて，1965年2月5日の日本経営者団体連盟教育特別委員会「後期中等教育に対する要望」，1968年11月15日の経済同友会教育問題委員会「大学の基本問題（中間報告）」，1969年2月14日の日本経営者団体連盟「直面する大学問題に関する基本的見解」，1969年7月18日の経済同友

会「高次福祉社会のための高等教育制度」，1969年12月16日の日本経営者団体連盟「産学関係に関する産業界の基本認識及び提言」等が次々と出された。

いずれも高度経済成長時代において，国際競争に負けないための「高度な人材」（ハイタレント）を学校教育に求めたのである。

産業界からの要請に応えるかのように，中央教育審議会は1966年10月31日，有田喜一文部大臣に「後期中等教育の拡充整備についての答申」を提出した。その中身は高等学校教育の改善，各種学校制度の整備，勤労青少年に対する教育の機会の保障，社会教育活動の充実を唱えたものであった。しかしながら，この答申はそうした教育のシステムの問題より，(1) 技術革新が急速に進展する社会において，いかにして人間の主体性を確立するか，(2) 国際的な緊張と日本の特殊な立場から考えて，日本人としていかに対処するか，(3) 日本の民主主義の現状とそのあり方から考えて，今後いかなる努力が必要か，といった精神論を重視している。これは「期待される人間像」（別記）として発表された。

「期待される人間像」は経済の発展に伴った利己主義と享楽主義を戒め，大衆社会と機械文明が真の自我を喪失させる危険性を宿していると注意を喚起している。

これに対して日教組は，精神論を強調するこの答申は世界の流れに逆行するばかりでなく，高等学校教育に一層の差別化もちこむものであり，さらに「期待される人間像」によって教育内容の統制ばかりでなく，国民全体の思想統制を行おうとしていると烈しく反発した。

● 1968年・1969年の「学習指導要領」●

1965年6月14日，中村梅吉文部大臣は教育課程審議会に対して，「小学校・中学校の教育課程の改善について」を諮問した。検討すべき問題点は（1）人間形成のうえでの調和のとれた教育課程のあり方，（2）時代の進展と児童生徒の発達段階に即応する教育内容の改善，（3）基本的事項の精選，指導内容の集約化による指導の徹底および学習負担の軽減，などであった。

教育課程審議会は2年有余にわたり審議を重ね，1967年10月30日，剱木亨弘文部大臣に小学校の教育課程に関する最終答申「小学校の教育課程の改善について」を提出した。中学校に関しては1968年6月6日，灘尾弘吉文部大臣に最終答申「中学校の教育課程の改善について」を示した。

教育課程審議会はその最終答申のなかで，小学校，中学校が「調和と統一のある教育課程」を実現するための項目としてそれぞれ4点示している。

小学校は，①日常生活に必要な基本的な知識や技能を修得させ，自然，社会および文化についての基礎的理解に導くこと，②健康にして安全な生活を営むに必要な習慣や態度を身につけさせ，強健な身体と体力の基礎を養うこと，③正しい判断力や創造性，豊かな情操や強い意志の素地を養うこと，④家庭，社会および国家について正しい理解と愛情を育て，責任感と協力との精神をつちかい，国際理解の基礎を養うこと，である。

中学校は，①自然・社会・文化などについての理解のいっそうの発展をめざし，これらに対処する能力や態度の育成を強調すること，②人間として調和と統一のある発達をめざすこと，③家庭，

社会および国家の形成者としての必要な資質の育成をめざすこと，④社会的使命の自覚を促すとともに，将来の進路を選択する能力の育成をめざすこと，である。

　文部省は教育課程審議会答申をもとにして，学習指導要領の改訂作業に着手した。学校教育法施行規則を一部改正した後，1968年7月11日，文部省告示として，文部大臣灘尾弘吉の名により「小学校学習指導要領」を公示した。翌1969年4月14日に「中学校学習指導要領」を告示し，文部大臣坂田道太の名により公示した。3回目の学習指導要領全面改訂である。小学校学習指導要領は1971年4月1日から，中学校学習指導要領は1972年4月1日から施行するとされた。

　この学習指導要領によって，小学校はそれまでの「特別教育活動」と「学校行事等」が「特別活動」にまとめられ，小学校の教育課程は「各教科」「道徳」「特別活動」の3領域によって編成することとなった。

　小学校の授業時数は図表Ⅰ-9のとおりである。

　中学校においても「特別教育活動」と「学校行事等」が一緒になり「特別活動」となった。これにより小学校同様，中学校の教育課程は，「各教科（必修教科，選択教科）」「道徳」「特別活動」の3領域で編成することとされた。

　また，特に選択教科として外国語，農業，工業，商業，水産，家庭，中学校学習指導要領で定めるその他特に必要な教科が示されたが，前回の学習指導要領で選択教科のなかに入っていた数学，音楽，美術は削除された。現実には，高等学校進学率が1968年の74.7%から1971年には85.0%まで上昇し，高等学校に進学する生徒が多

図表 I-9　小学校の授業時数

区　　　　分		第1学年	第2学年	第3学年	第4学年	第5学年	第6学年
各教科の授業時数	国　　語	238	315	280	280	245	245
	社　　会	68	70	105	140	140	140
	算　　数	102	140	175	210	210	210
	理　　科	68	70	105	105	140	140
	音　　楽	102	70	70	70	70	70
	図画工作	102	70	70	70	70	70
	家　　庭					70	70
	体　　育	102	105	105	105	105	105
道徳の授業時数		34	35	35	35	35	35
総授業時数		816	875	945	1015	1085	1085

(注)　1.　授業時数の1単位時間は45分を<u>標準</u>とする（下線：筆者）。
　　　2.　各教科および道徳の授業は，年間35週（第1学年は34週）以上にわたって行うよう計画すること。

数派になることで，農業などの教科は開講されなくなった。

　中学校の授業時数は図表 I-10のように示されている。

　小学校，中学校の授業時数の配当を見ると，小学校は前回の学習指導要領と同じであるが，中学校は若干異なっている。

　ただし，前回の小・中学校学習指導要領において授業時数は「最低」授業時数となっていたが，今回は「標準」授業時数として授業時数に弾力性を持たせている。臨機応変な対処を求めた結果である。

　この学習指導要領が目指したのは「教育の現代化」（または「教育内容の現代化」）である。「教育の現代化」はアメリカの心理学者であるジェローム・S・ブルーナー（Jerome S. Bruner）の理論から強く影響を受けている。1960年に『教育の過程』（*The Process of Education*）を著したブルーナーは，学校の教科が現代の科学知識

図表 I-10　中学校の授業時数

区　　　　分		第1学年	第2学年	第3学年
必修教科の授業時数	国　　語	175	175	175
	社　　会	140	140	175
	数　　学	140	140	140
	理　　科	140	140	140
	音　　楽	70	70	35
	美　　術	70	70	35
	保健体育	125	125	125
	技術・家庭	105	105	105
道徳の授業時数		35	35	35
特別活動の授業時数		50	50	50
選択教科等に充てる授業時数		140	140	140
総授業時数		1190	1190	1155

（注）　授業時数の1単位時間は50分を標準とする（下線：筆者）。

から著しく立ち遅れていると警告し,「教科の課程は, その教科の構造 (structure) をつくりあげている根底にある原理について得られるもっとも基本的な理解によって決定」すべきことを求めた。また同時に, 発見学習を提唱した。この教科の構造を軸とした「学問中心教育課程」(discipline-centered curriculum) はアメリカを始めとして世界的に脚光を浴び, 日本もこの動向に追随したのである。

　小・中学校の学習指導要領は, 特に理科と算数 (数学) において「教育の現代化」を強調している。

　中学校の理科を例にあげると,「1. 自然の事物・現象の中に問題を見いだし, それを探求する過程を通して科学の方法を習得させ,

創造的な能力を育てる」「2. 基本的な科学概念を理解させ、自然のしくみや、はたらきを総合的、統一的に考察する能力を養う」「3. 自然の事物・現象に対する科学的な見方や考え方を養い、科学的な自然観を育てる」ことが目標とされた。理科の学習において科学的な方法と系統性を重視したのである。

小学校の算数でも、それまで第3学年で学習していたかけ算の九九は第2学年に引き下げられた。従来中学校で教えられていた不等号は小学校の第2学年以降の学習において扱われることとなった。さらに、それまで高等学校の第1学年で教えられていた集合や確率、中学校の第1学年で取り扱われてきた負の数や文字式が小学校の算数に導入された。

こうした「教育の現代化」は学習内容の高度化を伴った。理科と算数・数学に限らず、例えば、国語でも指導する漢字数が増加した。

学習内容の高度化は、誰もがその内容を容易に習得できるものではないと予見され、学習指導要領の総則で「学業不振の児童については、特別の配慮のもとに指導を行なうこと」（小学校）、「学業不振のため通常の教育課程による学習が困難な生徒について、各教科の目標の趣旨をそこなわない範囲内で、各教科の各学年または各分野の目標および内容に関する事項の一部を欠くことができる」（中学校）と記された。

このように学業不振の児童・生徒をあらかじめ想定していたことにより、この学習指導要領は能力で人間を振り分ける教育政策を具現化したもので、教育における能力主義と捉えられても当然である。

また、公民的資質が重要視されたのも特徴的である。それは社会科、道徳、特別活動で具体化されている。社会科では「社会の成員

として必要な公民的資質の基礎を養う」(小学校),「民主的,平和的な国家・社会の形成者として必要な資質の基礎をつちかう」(中学校)が目標とされた。道徳においても「民主的な社会および国家の発展に努め,進んで平和的な国際社会に貢献できる日本人を育成」(小学校・中学校)することを求めている。特別活動では「国民の祝日などにおいて儀式などを行なう場合には,児童(生徒)に対してこれらの祝日などの意義を理解させるとともに,国旗を掲揚し,『君が代』を齊唱させることが望ましい」(小学校・中学校)と明記されたのである。

神話が復活したのもこの学習指導要領からである。小学校の社会科において「日本の神話や伝承」を取り上げることが求められ,さらに「皇室と国民との関係」について考えさせることも学習のひとつになった。

また,学習指導要領の総則で「指導の効率を高めるため,教師の特性を生かすとともに,教師の協力的な指導がなされるようにくふうすること」(小学校・中学校)という記述がなされている。これは当時アメリカから紹介されたティーム・ティーチング(team teaching)の試みが広がりつつあったのを追認したと考えられる。

この学習指導要領は,「教育の現代化」にしろ,能力主義にしろ,ティーム・ティーチングにしろ,時代の要求を巧みに具現化したものであった。

● 1970年代 ●

1970年に入ると1966年から続いていた「いざなぎ景気」が終わった。いざなぎ景気は経済復興を一段と推進したが,光化学ス

モッグ公害やイタイイタイ病など多くの公害問題を引き起こした。こうした社会状況を受けて，文部省は 1971 年 1 月 20 日，小学校および中学校において国民の健康保護や生活環境の保全について指導が適切に行われるように，小学校学習指導要領および中学校学習指導要領の一部を改正した。

公害など高度経済成長の副作用というべき負の事象はあったものの，1970 年 3 月 14 日から 9 月 13 日まで日本万国博覧会（大阪万博）が開催され，1972 年 5 月 15 日，沖縄県は本土復帰を果たした。また同年の 9 月 29 日に中国と国交を樹立した。1973 年 2 月 14 日には変動相場制に移行するなど国際的にも先進国の仲間入りをしつつあった。

こうしたなか，1967 年 7 月 3 日，剱木亨弘文部大臣は中央教育審議会に対して「今後における学校教育の総合的な拡充整備のための基本施策について」を諮問した。中央教育審議会は 4 年余りの審議を経て，1971 年 6 月 11 日，坂田道太文部大臣に最終答申（通称「46 答申」）を提出した。中央教育審議会会長の森戸辰男自身，この「46 答申」は明治 5 年の学制発布からの明治期の教育改革，戦後の GHQ による教育改革に次ぐ「第 3 の教育改革」であると標榜した。

この答申のなかで，教育課程に関しては特に次のような改善を要請している。

（1） 小学校段階における基礎教育の徹底をはかるため，教育内容の精選と履修教科の再検討を行うこと。
（2） 中学校においては，前期中等教育の段階として基礎的，共通的なものをより深く修得させる教育課程を履修させながら，

第2節　復興から成長の時代の学習指導要領

　　個人の特性の分化にじゅうぶん配慮して将来の進路を選択する準備段階としての観察・指導を徹底すること。
（3）　生徒の能力・適性・希望などの多様な分化に応じ，高等学校の教育内容について適切な多様化を行うこと。

　ところでこの頃，教育現場で大きな問題になったのは「落ちこぼれ」（あるいは「落ちこぼし」）であった。「七五三」という言葉が流行し，学習内容を理解できている児童・生徒は小学校で7割，中学校で5割，高等学校で3割と言われるようになった。また，児童・生徒が学習内容を理解しようとしまいと，とにかく先へ進むという意味で「新幹線授業」といった言葉まで生まれた。

　1974年に高等学校進学率は90％を超えた。落ちこぼれの問題は，本来，高等学校に進学する能力がそなわっていない者までも進学するようになった状況下では当然起こりうるものであった。またすでに述べたように，能力主義を背景とする教育の現代化を目指した学習指導要領からも落ちこぼれが出るのはもはや予見されていた事柄であった。

　しかし落ちこぼれの問題は，児童・生徒の学ぶ権利を剝奪するものとして，あるいは教育における平等が侵されるものとして批判された。

　この事態を受けて，文部省は1971年2月27日，小学校児童指導要録，中学校生徒指導要録を改訂し，評定（評価）において機械的に人数を割り当てることを改めるなどの措置を試みた。また1972年10月27日，「小学校，中学校，高等学校等の学習指導要領の一部改正ならびに運用」を通達し，「各教科等の指導が知識の単なる

つめ込みにとどまり学習が不消化にならないよう」留意すべきとした。

1973年10月25日に第1次石油ショックが起こり,誰もが高度経済成長の恩恵を受ける時代が終焉した。翌1974年,卸売物価指数が31.3%,消費者物価指数が34.5%上昇する狂乱物価となった。同時に,経済成長は戦後初のマイナス(実質経済成長−0.5%)で,スタグフレーションの問題が顕在化した。1975年には戦後最大の不況が社会を覆ったのである。

こうした経済不況にもかかわらず,進学率は上昇を続けた。1975年に高等学校進学率は91.9%,大学進学率も34.2%となり3人に1人が大学生となる時代が到来したのである。高等教育機関への進学率が高かったのみならず,1976年には幼稚園・保育所に5歳児の90%が通っていた。

第3節　成熟社会の学習指導要領

● 1977年の「学習指導要領」●

「教育の現代化」を目指した先の学習指導要領が施行された後,学校荒廃の問題が顕在化した。量・質ともに過大な学習についていけない児童・生徒が学校という秩序から逸脱していったのである。また社会が国家レベルのボトムアップを目指していた高度経済成長から,個人の生活を重視するようになったことも,学習指導要領の転換を促す要因になった。

1973年11月21日,奥野誠亮文部大臣は教育課程審議会に対して「小学校,中学校及び高等学校の教育課程の改善について」を諮問した。「児童生徒の人間として調和のとれた育成を目指し,国家

第3節 成熟社会の学習指導要領

及び社会の形成者として心身ともに健全な国民の資質を養うため」の改善策，具体的には，(1) 高等学校教育の普及に伴う教育内容の在り方，(2) 小学校，中学校及び高等学校を通じた調和と統一のある教育内容の在り方，(3) 児童生徒の学習負担の適正化を図り，基本的事項の指導を徹底するための教育内容の在り方について検討するよう要請したのである。

教育課程審議会がこれらを検討している最中の1974年3月18日から23日まで，文部省はOECD（経済協力開発機構）の内部機関であるCERI（教育研究革新センター）と協力して「カリキュラム開発に関する国際セミナー」を東京で開催した。このセミナーにおいて，従来のカリキュラム開発は大工場の大量生産ラインと同様な「工学的アプローチ」(technological approach) であったが，今後は教材，教師，子どもの出会いを大切にする「羅生門的アプローチ」(rashomon approach) が望ましいとされた。

またアメリカの，「全米教育協会」(NEA：National Education Association) は，1971年に『70年代以降の学校―行動への呼びかけ』(*School for the 70's and Beyond : A Call to Action*) と『70年代のカリキュラム―開発のための論点』(*Curriculum for the 70's : An Agenda for Invention*) を示した。1960年代の「教育の現代化」は結果的に多くのマイナス面を生み出し，そのアンチテーゼとして公表したのである。

両者とも人間（学習者）主体の教育を目指している。例えば，『70年代のカリキュラム―開発のための論点』は「学校を人間化するということは，必然的に，学習の方法を学習者の手に委ねるということである」と説いている。学校は単なる知識の教え込みの場で

はなく，学習の主体はあくまで児童・生徒であるとしたのである。これを契機に，アメリカでは人間中心教育課程（humanistic curriculum）が唱導された。

こうした動きのなかで教育課程審議会は検討を重ね，1976年12月18日，最終答申を永井道雄文部大臣に提出した。

この答申は，「教育課程の基準の改善のねらい」として，「自ら考え正しく判断できる力をもつ児童生徒の育成」を重視しつつ，(1) 人間性豊かな児童生徒を育てること，(2) ゆとりのあるしかも充実した学校生活が送れるようにすること，(3) 国民として必要とされる基礎的・基本的な内容を重視するとともに児童生徒の個性や能力に応じた教育が行われるようにすること，を強調している。

また授業時数等について，その前提として「児童生徒の学習負担を適正なものとし，ゆとりのある学校生活が送られるようにするとともに，各学校が創意を生かした教育活動を一層充実して行うことができるようにすること」と明記している。

最終答申を受けた文部省は学習指導要領の改訂作業を行い，1977年7月23日，文部省告示として，文部大臣海部俊樹の名により小・中学校の「学習指導要領」を公示した。4回目の学習指導要領全面改訂である。同時に学校教育法施行規則の一部改正もなされた。

小学校学習指導要領は1980年4月1日から，中学校学習指導要領は1981年4月1日から施行するとされた。

小・中学校の授業時数は図表Ⅰ-11，図表Ⅰ-12のように示されている。

この学習指導要領は主として，① 知・徳・体の調和のとれた人間性の育成，② 基礎的・基本的事項と教育内容の精選，③ ゆとり

図表 I-11　小学校の授業時数

区　　　分		第1学年	第2学年	第3学年	第4学年	第5学年	第6学年
各教科の授業時数	国　語	272	280	280	280	210	210
	社　会	68	70	105	105	105	105
	算　数	136	175	175	175	175	175
	理　科	68	70	105	105	105	105
	音　楽	68	70	70	70	70	70
	図画工作	68	70	70	70	70	70
	家　庭	/	/	/	/	70	70
	体　育	102	105	105	105	105	105
道徳の授業時数		34	35	35	35	35	35
特別活動の授業時数		34	35	35	70	70	70
総授業時数		850	910	980	1015	1015	1015

(注)　1.　授業時数の1単位時間は45分を標準とする（下線：筆者）。
　　　2.　各教科，道徳，特別活動の授業は，年間35週（第1学年は34週）以上にわたって指導するものとする。

ある充実した学校生活，を基本としている。

　①は，教育の現代化や能力主義で生まれた「落ちこぼれ」を始めとする人間疎外の教育から人間性を回復することを目指した。学習指導要領の総則で「人間として調和のとれた育成を目指し」と明言している。

　②のキーワードは内容の精選である。質，量ともに過密な内容で，多くの消化不良の児童・生徒を生み出した前回の学習指導要領の反省に則った改善策である。

　小学校算数において集合に関する内容が削除され，等式の性質，負の数および計算法則，柱体の求積，回転体，対称の位置等が中学

図表 I-12　中学校の授業時数

区　　分		第1学年	第2学年	第3学年
必修教科の授業時数	国　　語	175	140	140
	社　　会	140	140	105
	数　　学	105	140	140
	理　　科	105	105	140
	音　　楽	70	70	35
	美　　術	70	70	35
	保健体育	105	105	105
	技術・家庭	70	70	105
道徳の授業時数		35	35	35
特別活動の授業時数		70	70	70
選択教科等に充てる授業時数		105	105	140
総授業時数		1050	1050	1050

(注)　1.　授業時数の1単位時間は50分を標準とする（下線：筆者）。
　　　2.　各教科，道徳，特別活動の授業は，年間35週以上にわたって計画すること。

校へ移行された。国語は，内容構成について，従来の「聞くこと，話すこと」「読むこと」「書くこと」の3領域から，「表現」「理解」の2領域と「言語事項」に変更された。

　社会科は，例えば「各種の産業を網羅的に取り上げること」を止め，政治に関する学習においても「そのしくみを詳しく取り扱うこと」を改めた。理科も内容が削除されたり集約されたりした。

　中学校においても，「教育の現代化」による高度化した数学と理科が見直された。例えば数学は逆関数，期待値の意味等が，理科はイオン反応式，原子構造等が削除され，それらが高等学校に移行さ

れた。

③のゆとりに関しては，内容の精選と連動して，授業時数が削減された。小学校の場合，第4～6学年で，しかも主要教科でその傾向が顕著であった。これとは対照的に，主要教科以外の音楽，図画工作，家庭，体育の各教科，道徳の年間授業時数はほとんど前回と同様である。

中学校では，各教科（必修）のうち理科，保健体育，技術・家庭の年間授業時数の削減が著しかった。

小・中学校ともに，この減少した時間を使って「ゆとりの時間」を設けた。この時間の使用例として，小・中学校では次のようなことが考えられた。

・地域の自然や文化に親しむ体験的な活動，・運動や業間体育などの体力増進のための活動，・飼育栽培や環境美化，・整備などの勤労生産的な活動，・音楽活動や造形活動など情操を豊かにするための活動，・教育相談に関する活動，・集団行動の訓練的な活動

結局のところ，「ゆとりの時間」は知的能力の鍛錬を軽減することであったと言っても過言でない。それによって児童・生徒の負担が軽くなり，学校生活全体にゆとりをもたせるはずであった。しかし，実際に「ゆとりの時間」が有意義に使われることはあまりなかった。それにも関わらず，「ゆとり」という概念はこの後，学習指導要領で大きなウエイトを占めていくのである。

ところで，この小・中学校学習指導要領の頁数は大変薄いものになった。小・中学校の学習指導要領自体が大綱化されたからである。

学習指導要領に示された内容は簡略化され、後は学校現場の裁量に委ねるという弾力化が図られたのである。

さらに注目点をあげれば、小・中学校の学習指導要領において「国民の祝日などにおいて儀式などを行う場合には、(略)国旗を掲揚し、国歌を齊唱させることが望ましい」と記されたことである。前回の学習指導要領は「『君が代』を齊唱させることが望ましい」であったが、今回の学習指導要領は「君が代」が「国歌」とされたのである。「国歌」という言葉が戦後の公文書で初めて採用されたのがこの学習指導要領であった。

この点に関して日教組は強い対決姿勢を示した。国旗については「明治憲法下の天皇制国家主義のシンボルとして扱われてきた歴史的事実にてらしてこの思想を復活する意図には反対」とし、国歌に関しては「(採択過程が)合法的・民主的手続きをも無視するものであって絶対にゆるされない」と表明した。

日教組の批判をよそに、マスコミはこの学習指導要領の改訂が額面どおり実施されれば、学校教育は望ましい方向へ変化すると期待を寄せた。朝日新聞(1977年6月9日付け)は、程度の高すぎる項目が削除されること、専門用語がむやみに使われていたのが改められる点、授業時間数が減ることから「学校にはかなりの『ゆとり』が生まれるはずだ」とした。また、同日の毎日新聞は、「"落ちこぼれ""新幹線授業"といったいまわしい言葉まで生んだ教育の荒廃状況に、ようやく行政的な手だてが加えられることになる」と期待感を示した。さらに読売新聞も「画期的な改善」という言葉を使って歓迎している。

とはいえ、「入試の現状が改まらない限り、子どもの学習負担は

変わらない」(朝日新聞),「ボールは教師に投げ返された。教師がこれをどう受け止めるか,である」(毎日新聞),「新しい時間割によって生まれた『ゆとり』が,受験勉強に充てられ,何のための改善だったかわからなくなるおそれもある。その点,われわれは教師に期待する以外にない」(読売新聞)と,教師や入試制度など学習指導要領を取り巻く環境が変化することの難しさを危惧した。

● 1980年代 ●

　1980年に日本の自動車生産台数は世界第1位になった。同年,粗鋼生産量でも資本主義国家のなかで首位を奪取した。輸出大国日本を示す出来事である。しかし戦後最長の不況も始まっていた。ヨーロッパ諸国からは日本の住宅を「ウサギ小屋」と揶揄されたりもした。単身赴任が増え,働く主婦も増加していった。国民の生活環境は厳しいまま,あるいは一層厳しくなっていったのである。

　このような社会経済と生活環境のズレの表出が子どもの世界の混乱に象徴されている。校内暴力,いじめ,家庭内暴力の急増とともに青少年の自殺も多く,1979年2月26日に文部省は少年の自殺防止対策を通達し,「青少年の自殺問題に関する懇話会」を設置したほどであった。

　1980年11月29日に,神奈川県川崎市で予備校生が就寝中の両親を金属バットで撲殺するというショッキングな事件が起こった。受験の重圧,偏差値社会が子どもをして親を殺さしめる事件を起こしたと世間を震撼させた。この事件は加害者の少年が年齢的に少年の域を超えていたが,同年,警察が補導した刑法犯少年は戦後最高の16万6千人に上った。このなかには校内暴力や家庭内暴力への

警察介入による補導も含まれている。

なお，1982年に高等学校中退者が10万人を超え，その割合は高校生全体の2.3%にまでなった。翌1983年になると高等学校進学率が27年ぶりに上昇を止め，以後3年間低下を続ける。学校教育からはじかれた者が多くなっていったのである。

こうした状況に，学校現場は1985年を境にして管理教育を徹底させるようになっていった。子どもの逸脱を早期発見・早期治療するために，服装の乱れなどのチェックが厳しくなったのである。

文部省は1985年6月28日，児童生徒の問題行動のなかでもいじめの問題が極めて憂慮される事態となったとの認識のもとで，「児童生徒の問題行動に関する検討会議緊急提言―いじめの問題の解決のためのアピール」を発表した。

また，当時は体罰も容認される風潮であった。しかし，学校教育法第11条は，教育上必要があると認められる場合に限り懲戒を加えることができるが，「ただし，体罰を加えることはできない」と明確に教師による体罰を禁止している。これを法律が確認するには，1996年9月17日に東京地方裁判所が出した，いわゆる東久留米市立中央中体罰事件判決まで待たなくてはならなかった。

この時代は子どもも教師もそして社会全体もが教育に不審と不満を抱いていた。そこで，中曽根康弘内閣は1984年8月7日に臨時教育審議会設置法案を成立させ，同年9月5日，臨時教育審議会に「我が国における社会の変化及び文化の発展に対応する教育の実現を期して各般にわたる施策に関して必要な改革を図るための基本的方策について」を諮問した。中曽根首相直属の諮問機関として，国をあげて教育を論議し，教育改革を行おうとしたのである。

第3節　成熟社会の学習指導要領

　臨時教育審議会は1985年6月26日の第1次答申から1987年8月7日の最終答申提出まで、4次にわたる答申を提出した。総まとめとしての最終答申は「個性重視」「生涯学習体系への移行」「(国際化・情報化など) 変化への対応」という3項目 (原則) をベースに、21世紀のための教育目標として、① ひろい心、すこやかな体、ゆたかな創造力、② 自由・自律と公共の精神、③ 世界の中の日本人、を掲げた。

　その上で、この目標の実現に向けた具体的な施策として、共通1次試験に代わる共通テストの創設、6年制中等学校・単位制高等学校の設置、大学審議会の創設、教員免許を持たない社会人を活用する特別免許制度の設置、初任者研修制度の創設、評価の多元化、教科書制度の改革、秋季入学制など、多岐にわたる提言をした。

　中曽根首相自身は「教育の自由化」「教育への市場原理の導入」を積極的に考えていたようであるが、最終的には「個性の重視」「教育の多様化」を中心に述べるに留まった。臨時教育審議会は3年間に668回の各種会議を開き、延べ2,000時間を超える審議を行ったが、その割には物足りないものと評された。

　社会全体では、1983年3月で戦後最長の不況が終結したと言われたが、1987年には円高によって再び不況となった。それにも関わらず地価の高騰が都市のみならず地方までをも襲い、これを発火点としていわゆるバブル経済の時代が到来したのである。1989年1月7日に時代は昭和から平成に変わったが、地価と株価は実態のないままに上昇の一途を続けていった。

● 1989年の「学習指導要領」●

1985年9月10日，松永光文部大臣は教育課程審議会に対して「幼稚園，小学校，中学校及び高等学校の教育課程の基準の改善について」を諮問した。

松永文部大臣は「時代の変化や教育課程の経験などを考慮するとともに臨時教育審議会の答申をふまえ」て，幼稚園から高等学校に関わる教育上の諸問題を検討し，教育課程の改善について審議するよう要請した。

また，審議にあたっては，次の4つの事項について検討するよう指示した。

（1）　社会の変化に適切に対応する教育内容の在り方について
（2）　国民として必要とされる基礎的・基本的事項の指導を徹底するとともに，児童生徒の能力・適正等に応じた教育を一層充実させるための教育内容の在り方について
（3）　幼稚園，小学校，中学校及び高等学校を通じた調和と統一のある教育内容育内容の在り方について
（4）　「6年制中等学校（仮称）」の教育内容の在り方について

教育課程審議会は2年3ヵ月余りにわたって審議を重ね，1987年12月24日，中島源太郎文部大臣に最終答申を提出した。

最終答申は「教育課程の基準の改善のねらい」について，情報化，国際化，価値観の多様化，核家族化，高齢化などの「社会の変化とそれに伴う幼児児童生徒の生活や意識の変容に配慮」しつつ，(1)豊かな心をもち，たくましく生きる人間の育成を図ること，(2)自ら学ぶ意欲と社会の変化に主体的に対応できる能力の育成を重視す

第3節 成熟社会の学習指導要領

ること，(3) 国民として必要とされる基礎的・基本的な内容を重視し，個性を生かす教育の充実を図ること，(4) 国際理解を深め，我が国の文化と伝統を尊重する態度の育成を重視すること，の4点をあげている。

文部省は最終答申を受けて学習指導要領の改訂作業を進めた。学校教育法施行規則の一部改正を行い，1989年3月15日，文部省告示として，文部大臣西岡武夫の名により小・中・高等学校の「学習指導要領」を公示した。5回目の学習指導要領全面改訂である。また同日「幼稚園教育要領」も告示された。小学校学習指導要領は1992年4月1日から，中学校学習指導要領は1993年4月1日から施行するとされた。

文部省は改訂作業を進めるにあたり，(1) 心の教育の充実，(2) 基礎・基本の重視と個性教育の推進，(3) 自己教育力の育成，(4) 文化と伝統の尊重と国際理解の推進，の4つの原則を柱に据えたという。

こうした4原則を踏まえて作成された学習指導要領は，まず総則において，「学校の教育活動を進めるに当たっては，自ら学ぶ意欲と社会の変化に主体的に対応できる能力の育成を図るとともに，基礎的・基本的な内容の指導を徹底し，個性を生かす教育の充実に努めなければならない」と，基本的な立場を明記している。

この学習指導要領において示された小・中学校の授業時数は図表Ⅰ-13，図表Ⅰ-14のとおりである。

先に掲げた4原則に則った小学校学習指導要領において，もっとも可視的なものとして，小学校低学年（第1,2学年）対象の生活科があげられる。これまでの社会科と理科を廃止して，そこに新たに

図表 I-13　小学校の授業時数

区　　　　分		第1学年	第2学年	第3学年	第4学年	第5学年	第6学年
各教科の授業時数	国　　語	306	315	280	280	210	210
	社　　会			105	105	105	105
	算　　数	136	175	175	175	175	175
	理　　科			105	105	105	105
	生　　活	102	105				
	音　　楽	68	70	70	70	70	70
	図画工作	68	70	70	70	70	70
	家　　庭					70	70
	体　　育	102	105	105	105	105	105
道徳の授業時数		34	35	35	35	35	35
特別活動の授業時数		34	35	35	70	70	70
総授業時数		850	910	980	1015	1015	1015

(注)　1.　授業時数の1単位時間は45分とする。
　　　2.　各教科および特別活動（学校給食に関するものを除く）の授業は，年間35週（第1学年については34週）以上にわたって行うようにする。

設けられた生活科を組み込んだのである。生活科は戦後初めての教科の新設である。

　具体的な授業時数を見ると，それまで小学校第1学年に配分されていた社会科68時間と理科の68時間（合計136時間）がなくなり，生活科に102時間が充てられた。同様に小学校第2学年に配分されていた社会科と理科それぞれ70時間（合計140時間）に代わって，生活科に105時間が充てられている。

　生活科はその目標を「具体的な活動や体験を通して，自分と身近な社会や自然とのかかわりに関心をもち，自分自身や自分の生活に

図表 I-14　中学校の授業時数

区　　分		第1学年	第2学年	第3学年
必修教科の授業時数	国　　語	175	140	140
	社　　会	140	140	70〜105
	数　　学	105	140	140
	理　　科	105	105	105〜140
	音　　楽	70	35〜70	35
	美　　術	70	35〜70	35
	保健体育	105	105	105〜140
	技術・家庭	70	70	70〜105
道徳の授業時数		35	35	35
特別活動の授業時数		35〜70	35〜70	35〜70
選択教科等に充てる授業時数		105〜140	105〜210	140〜280
総授業時数		1050	1050	1050

(注)　1.　授業時数の1単位時間は50分とする。
　　　2.　生徒に履修させる選択教科の数は第1, 2学年においては1以上, 第3学年においては2以上とする。

ついて考えさせるとともに, その過程において生活上必要な習慣や技能を身に付けさせ, 自立への基礎を養う」としている。

　中学校は, 選択教科の履修の取り扱いが大幅に広がった。第1, 2学年では1つ以上, 第3学年では2つ以上が選択できるとした。とりわけ第3学年では全教科のなかからの選択が可能になった。これを授業時数で見ると, 第1学年で最大140時間（週計算で4時間）, 第2学年で最大210時間（週計算で6時間）, 第3学年で最大280時間（週計算で8時間）が選択教科等に充てられている。その際,「生徒の特性等を十分考慮して, それぞれの生徒に適した選択

教科を履修させること」としている。

また,「生徒の実態等に応じ,学習内容の習熟の程度に応じた指導など個に応じた指導」の必要性から,習熟度別の学習を認めている。

これらは,教科にしろ,その内容にしろ,生徒各自の能力に応じた教育を目指したものである。

戦後の学校教育は機会の平等の保障を第一義としてきた。ところがこの学習指導要領は,機会の平等よりも各生徒の個性に応じた教育を求めている。同時にこの学習指導要領によって,教師は指導から支援へと立場をシフトさせた。学習の援助者としての教師が求められるようになったからである。

● 「新しい学力観」という概念 ●

学習指導要領が告示された頃から「新しい学力観」という言葉が盛んに使われるようになった。

これが論議されるようになったのは,1991年3月に文部省が学習指導要領に対応した指導要録を発表してからである。この指導要録は学習指導要領が提唱する個性を生かす教育をもとに,それまでの相対評価を廃して,絶対評価(学習目標にどれだけ到達したかを示す観点別学習状況)を取り入れた。言い換えると,従来の全体での位置からの評価でなく,子ども一人ひとりが個別に評価の対象になったのである。

さらに,「知識・理解・技能」に代わって,「意欲・関心・態度」が重視されるようになった。学習内容が身についたかどうかが問題なのではなく,「意欲・関心・態度」という子どもの構えに重点を

置いたのである。

新しい学力観は1993年10月に文部省が著した『新しい学力観に立つ教育課程の創造と展開』において明記されている。その中核は次の4つの柱から成っている。

（1） 人間としての生き方について自分の考えをもつ。
（2） 豊かな自己実現に生きて働くよう基礎・基本を身に付け，個性を生かす。
（3） 自ら学ぶ意欲や社会の変化に主体的に対応できる能力を身に付ける。
（4） 国際社会において主体的に生きることができる豊かな資質や能力を身に付ける

ここに記されている「基礎・基本」は従来の知識・技能ではなく，豊かに生きる力としての資質や能力であるとされている。とりわけ，豊かな自己実現に生きて働く意欲・関心・態度，思考力や判断力等を基礎・基本としたのである。

こうした学力観が出てきた背景には，まず，増加する一方の高等教育機関への進学率がある。高等教育機関の進学率増加は受け入れ先の大学の増設を生んだ（図表Ⅰ-15）。

大学数の増加は同時に大学の序列化に直結した。それが高等学校において，どの大学に入学できる学校かという高等学校の序列化にも波及したのである。ここで偏差値が有力な指標になったため，学校教育における知識や技能等の基礎・基本が偏差値に転化したかのような錯覚があった。新しい学力観はこの観点からの脱却という意図があったと思われる。この意図は成功し，世論はこの考えを偏差値から脱却できる方法として歓迎する声が高かった。

図表 I-15 大学の数（年次推移）

年	計	国立	公立	私立
1955	228	72	34	122
1960	245	72	33	140
1965	317	73	35	209
1970	382	75	33	274
1975	420	81	34	305
1980	446	93	34	319
1985	460	95	34	331
1990	507	96	39	372
1995	565	98	52	415
2000	649	99	72	478

（出所：文部省「学校基本調査報告書」）

また，不登校を始めとする学校になじめない児童・生徒の増加は従来の教育システムでは対応するのが難しく，新たな局面を期待したとも受け取れる。

さらにグローバル化が進む世界のなかの日本という観点から考えれば，児童・生徒はどこでどのような局面に立つかわからない不透明な時代になった。いかなる場合でも人間として生きることができるような力を求めたのである。

しかし，この新しい学力観は次のような点で批判された。

① 従来でも「意欲・関心・態度」の重視はみられたので，とりたてて新しい観点ではない。

② 心情や態度の重視は，学力の遅れがちな子どもの問題を放置し，学力の階層化に繋がる。

③ 知的学習を軽視し，情意面のみを重要視する教育は，国家および産業社会に奉仕する人間の育成を期待している。
④「できる子はできる子なりに，できない子はそれなりに」という棲み分けを進めている。

こうした反対論は強かったが，新しい学力観は現行の学習指導要領にも引き継がれ，日本の教育の大きな流れとなった。

● アメリカ教育の動向 ●

アメリカは1970年代の後半から，学力低下の問題に直面していた。行き過ぎた「教育の人間化」によって児童・生徒の基礎学力は定着せず，結果的に産業生産の低下を招いた。また軍隊で基礎的訓練の難しさが顕著になってきたのである。入隊した新兵の多くが武器の取扱い説明書を読むことができなかったという事実はその最たる例である。つまり，アメリカの国力全体が低下したと懸念されるようになった。

1980年代に入ると，アメリカの再生を意図した教育改革案が数多く出された。なかでももっともインパクトがあったのは「教育の卓越性に関する全米審議会」(National Commission on Excellence in Education) が1983年に公表した『危機に立つ国家—教育改革のための至上命令—』(*A Nation at Risk : The Imperative for Educational Reform*) である。

主として日本と西ドイツを意識して書かれたこの報告書は「わが国は危機に直面している」という文章から始まり，「われわれの教育の基礎は，次第に高まりつつある凡庸（mediocrity）の波によって，今や浸食されつつあり，これは国家と国民の将来に対する脅威

である」と説いた。直ちに凡庸から脱却し，卓越（excellence）に力点を移さなければならない。高水準の教育を共有することこそがアメリカの地位を守り，自由で民主的な社会を保つとした。

　具体的には国語（英語），数学，理科，社会科，コンピュータ科を5つの基礎教科とし，この徹底を求めた。さらに〈公平な教育〉と〈質を追求する教育〉は一方が他方に従属してはならないとしている。基礎教科の徹底を質にも量にも求めているのである。

　これにより「基礎に帰れ」（Back to the Basics）の声がアメリカの教育界を席巻した。

　日本の教育は戦後一貫して，その善し悪しは別として，アメリカの影響を強く受けてきた。ところが日本の教育はその軸足を「ゆとり」や「新しい学力観」に置いたため，基礎・基本の徹底を重視するアメリカの教育とは異なる方向へ向かうこととなったのである。

第Ⅱ章

現行学習指導要領の成立

1989年以降,経済状況も社会状況も激変していった。特に雇用形態が変化したことが,日本人の労働意識やライフスタイルに大きな影響を与えた。子どもたちを取り巻く環境は決して好ましいものではなく,不登校や援助交際の問題がクローズアップされてきた。このようななかで,第15,16期中央教育審議会答申,教育課程審議会答申を経て,[生きる力]と[ゆとり]を基本的概念とする「現行学習指導要領」が1998年に告示された。

第Ⅱ章ではまず,現行学習指導要領が成立した背景の社会状況を概観する。次に,学習指導要領を成立させる中央教育審議会,教育課程審議会についてその歴史を紐解きながらその職務を考察する。その上で,現行学習指導要領の成立をたどる。

第1節 1990年代の社会と子ども

● バブルとその崩壊 ●

1989年12月29日,東証平均株価は史上最高の38,915円の値をつけ,時価総額は世界一の590兆円を記録した。株式の時価評価の上昇で莫大な資産を持った日本の企業は日本中,世界中で投機行動を数多く行った。代表的なものとして1990年5月15日,大昭和製紙名誉会長がゴッホの「医師ガシェの肖像」を8,250万ドル(当時のレートで約124億5千万円)で落札したことである。

大昭和製紙に限らず,会社の実態より高い株価がついたことで,数字上は資産が膨らんだ会社が多かった。その資産を元手に土地,絵画などの投機が行われだが,それは正当な投資とはほど遠く,潤沢に見えた経済は砂上の楼閣にすぎなかった。いわゆるバブル経済である。

事実,東証株価はその後低下を続けるようになった。1990年10月1日に時価総額は約半分の319兆円となり,ここでバブル経済が崩壊したのである。株価のみならず地価も下落していった。

後になって政府は,バブル経済の発生・崩壊は財政・金融緩和政策がひとつの素地になったと認めた。

● 変化する国際社会 ●

日本がバブル経済の爛熟と崩壊の間にある頃,世界では大きな地殻変動があった。1989年11月9日にベルリンの壁の撤去が始まったのである。それは東ヨーロッパの崩壊から社会主義国家の衰退へと一気に進み,1991年12月26日にはソ連最高会議がソ連邦

第1節　1990年代の社会と子ども　　65

消滅を宣言した。東西冷戦が誰も予想しなかった形で終結したのである。

しかし，東西冷戦が終わったからといって世界平和が実現したわけではない。1991年1月17日にはアメリカ軍を主体とする多国籍軍がイラクの首都バグダッドやクエート内の戦略拠点を攻撃し，湾岸戦争が始まった。これは十字軍からの歴史をもつキリスト教とイスラム教の対立という古い戦争であると同時に，現代の石油利権をめぐる現代の戦争でもあった。

日本もこの争いから逃れることはできなかった。湾岸戦争が始まると政府は4月24日，自衛隊の初の海外派遣を閣議決定し，翌年の6月15日にはPKO協力法が可決された。PKOとは国連平和維持活動（United Nations Peacekeeping Operations）の略である。自衛隊は国連に協力するという形で，海外での活動を行うことになったのである。

こうした時期にヨーロッパでは統一の動きが加速し，1993年1月1日には欧州共同体（European Community：EC）統合市場が発足した。

● 「55年体制」の崩壊と災害・事件 ●

PKO法案は可決したものの，自衛隊の在り方や経済の混乱から，1993年7月18日の第40回総選挙で自由民主党は過半数に届かず，また日本社会党も減少した。ここで自由民主党と日本社会党の2大政党主導の，いわゆる55年体制が崩れたのである。新生党，日本新党などの小党がブームになり，同年8月9日，細川護熙を首相とする非自民8党派による連立内閣が成立し，自由民主党は38年ぶ

りに政権から離脱した。

しかしこの内閣は1年ももたず、翌1994年4月28日、新生党党首の羽田孜を首相とする内閣が成立した。しかしそのわずか2ヵ月後の6月30日、自由民主党・日本社会党・新党さきがけによる連立政権が樹立し、日本社会党党首の村山富市が首相となった。

政局の混乱に追い討ちをかけるように、1994年6月27日に松本サリン事件、1995年1月17日に戦後最大の惨事となった阪神・淡路大震災が、さらに3月20日には、死者11人、重軽傷者約5,500人を出した地下鉄サリン事件が起こった。

● 企業倒産と終身雇用制度の終焉 ●

予期せぬ事件や災害に加えて、1997年11月17日に北海道拓殖銀行が、続いて24日には山一證券が倒産した。いずれも長い歴史のある、業界でもトップ企業であった。これを皮切りにそれまで倒産などありえなかったはずの企業の破綻が相次いだ。これは社会全体に大きく影響を与えた以上に、終身雇用を前提にした会社と個人の関係、個人のライフスタイルの様相までをも変容させた。つまり、大企業に帰属さえしていれば、給与は年功序列で上昇し、多額の退職金を手にすることができ、自社株の配当で老後まで保障されるという図式が根底から揺らいだのである。

大企業ですらそうなのであるから、ごく普通の会社に勤めるサラリーマンが、真面目に働いてさえいれば、生活は向上し、一生の生活が保障されるということはほとんどなくなった。日本における雇用文化が覆されたと言っても過言ではない。その中核が揺らいだことで人々のライフスタイルや勤労意欲までもがかつてとは違ったも

のになった。

● 産業の地殻変動 ●

山一証券のような老舗が倒産した時代でも，同じ年の11月4日に店頭公開され，株価200万円でスタートしたヤフーは2000年1月19日に株価1億140万円をつけるまでになった（ヤフーは株式分割を繰り返しているので，1株が1億140万円というのではなく，最初の株をそのまま持っていたらという意味である）。セブンイレブンでも同じ現象が見られた（しかし，同じスーパー業界でもヤオハンジャパンは倒産している）。

こうした現象は，日本の「会社」を中心にした産業構造に大きな地殻変動が起こり始めた兆候であった。同じ業種であろうと，歴史が長かろうと，潰れる会社と大きく成長する会社に二極化してきたのである。

● 派遣社員の増加 ●

社会の変化に伴い，企業の雇用形態も変化していった。終身雇用が崩れ，業者から派遣され，企業と一定期間，ある条件で働く派遣社員と呼ばれる社員が一挙に増加していった（図表Ⅱ-1）。

派遣社員という就業形態の増加は，学校を卒業する→（正社員として）企業に就職する→定年まで勤め上げるという日本固有の雇用形態が一般化されるものでなくなった。これが21世紀になってフリーターの問題や，所得格差の問題に繋がっていくのである。

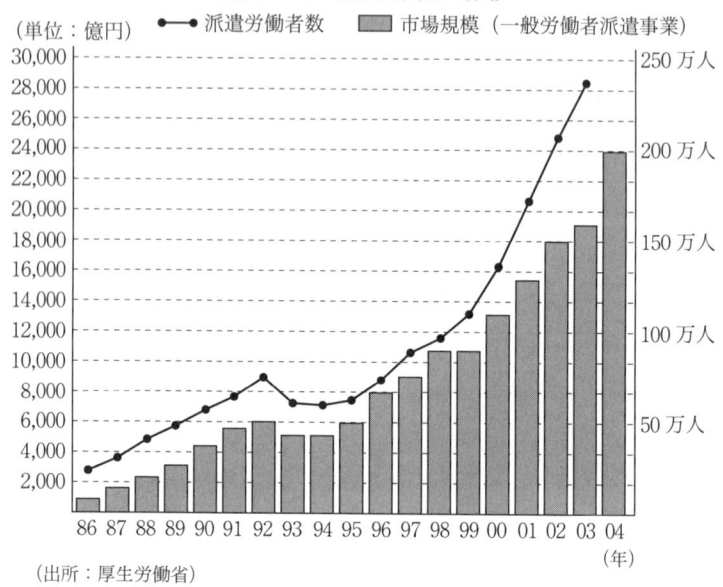

68　第Ⅱ章　現行学習指導要領の成立

図表 Ⅱ-1　派遣社員数の推移

(単位：億円)　—●— 派遣労働者数　■ 市場規模（一般労働者派遣事業）

'86 '87 '88 '89 '90 '91 '92 '93 '94 '95 '96 '97 '98 '99 '00 '01 '02 '03 '04 (年)

(出所：厚生労働省)

● 不登校児童・生徒の増加 ●

　社会がこうした変化を遂げている間，教育現場は児童・生徒の登校拒否という大きな問題を抱えるようになった。

　1975年度には，登校拒否の児童・生徒は小・中学校で約1万人であった。ところが，1991年度は小学校12,645人，中学校54,172人の計66,817人と，15年間で6.5倍以上になっている。その後もその数は増加の一途である。登校拒否は90年代の半ばから「登校を拒否しているのではなく，行けない状態」という理由で，不登校と呼ばれるようになった。

このような不登校の児童・生徒に対して，文部省は当初，本人の成育歴，性格，家庭環境などに基づく諸要因があるという「特異な子の特異な行動」と解釈していた。しかし1989年に文部省が行った調査では，登校拒否のきっかけは「学業不振やいじめなど学校生活」が41.8%，「父親の単身赴任など家庭生活」が29.2%，「本人の問題」が18.6%であった。この調査から文部省は，1990年になると，登校拒否は学校に問題が内在することが多く，どの子どもにも起こりうるものとの認識を示した。

ところで，学校のもうひとつの問題として表面化していたいじめは，文部省の調査が始まった1985年度では約15万5千件あったものが，1989年度には3万件弱と，5分の1まで減少している。この減少を，文部省は，学校現場の認識の変革による好転としたが，いじめの陰湿化，潜在化を指摘する声は多かった。陰湿ないじめによる登校拒否も少なくないと推察されるようになっていたのである。

● 不登校問題の広がり ●

不登校の問題は厚生省でも検討され，1991年には「ふれあい心の友訪問援助事業」が始まった。これは不登校の児童・生徒と年齢が近い大学生がハートフルフレンドとして児童・生徒の家庭を訪問し，話し相手，遊び相手になって心を開かせるのを目的とした。

また，同じく厚生省は不登校の小・中学生122人を追跡調査し，学校の問題もさることながら，父親との生別（離婚），両親の不和など家庭内の不協和音を体験している子どもが多いことをつきとめた。さらに，母親の就労，母子家庭など，親子の触れ合いの程度に

も誘因があるとした。

　この調査から家庭の姿がもろくなっているのが背景にあるのがわかる。例えば，離婚件数は増加の一途で，離婚家庭の約6割に子どもがいると推察されている。

　しかし，こうした個人の資質や家庭などの背景の問題が論議されることはなく，もっぱら学校の教育内容がターゲットにされるようになった。例えば，「学習内容の過多が子どもに学校を拒否させるようになった」と言われたのである。

　文部省は不登校の児童・生徒のための適応指導教室を作ったりした。しかし実際には公的施設ではなく，多くの民間団体がその受け皿となった。

　代表的な機関として，東京シューレというフリースクールがある。登校拒否の子どもの居場所として，1985年，東京都北区東十条の狭い雑居ビルの一室でスタートした東京シューレは不登校児童・生徒の受け入れ施設のさきがけとなった。最初の施設が1991年に東京シューレ王子になり，さらに1994年に東京シューレ大田，1995年に東京シューレ新宿が開設された。1999年4月には「学歴の要らない自前の知的探求と表現の場」としてシューレ大学をオープンしている。

　東京シューレを始めとする不登校の児童・生徒のための機関・施設は増加の一途である。何人かの保護者で作ったものがNPO法人となったもののあれば，塾・予備校などの不登校児童・生徒のためのコースもあり，通信制の学校，海外に留学をさせる会社もある。

● 援助交際と「児童買春・児童ポルノ禁止法」 ●

　この時期，不登校と同時に問題になったのが援助交際である。

　中学生，高校生などの未成年の売春が問題視されたのは 90 年代前半からであるが，1996 年 10 月に黒沼克史の『援助交際―女子中高生の危険な放課後』が刊行され，「援助交際」は同年の流行語大賞にも入賞した。

　援助交際は都市部の現象ではなく，広く日本全体を覆った。ある地方では 1 回に女子生徒が受け取る金額が 15,000 円であることから，「イチゴ」という言葉ができたほどである。携帯電話の普及により不特定の男女の出会いがより簡単になったこと，中・高校生が見境なく携帯電話を利用し，多額の使用料金の支払いができなくなったことから，その埋め合わせとして援助交際に走った例は少なくない。

　こうした援助交際を取り締まるため，1999 年 5 月に「児童買春，児童ポルノに係る行為等の処罰及び児童の保護等に関する法律」（略称：「児童買春・児童ポルノ禁止法」）が公布された。

● 偏差値追放の動きとその現実 ●

　この時期，不登校，いじめ，援助交際などの児童・生徒の逸脱行動は学校教育の詰め込みによるものであり，とりわけ偏差値に関わる事象こそ諸悪の根源というコンセンサスが作り上げられた。

　最初に火をつけたのは埼玉県教育委員会である。同教育委員会は 1992 年，業者テストの結果に基づく偏差値を私立の高等学校に提供しない方針を打ち出し，論議を呼んだ。

　産経新聞（1992 年 11 月 13 日付け）は次のように伝えている。

> 　埼玉県教委は先月，業者テストの偏差値結果を二学期中は公立中学から私立高校に提供しない方針を決めた。しかし，私立学校側の反発は強く，県教委の説明会への出席を県内外の大半がボイコットした。「客観的な偏差値で早く進路を決めるのがなぜ悪いのか」「すべての中学校を公平に扱わなければならない。偏差値を埼玉だけ使わないわけにいかない」「趣旨は理解できるが，性急すぎる」などと言い分はさまざまだ。

　この時，文部省の全国調査が行われ，中学校で業者テストを進路指導に利用している都道府県は42都府県にのぼることが判明した。中学校が私立の高等学校に業者テストの結果を提供しているのも東京，千葉，埼玉，愛知など9都県あった。秋田，宮城，鳥取，佐賀，大分の各県では業者に委託し，その業者が学区または校内の順位を算出していた。

　この事実を知った鳩山邦夫文部大臣は，「公教育の場で基本的にあってはならない」とし，業者テストと偏差値の一掃を命じた。

　そもそも偏差値とはテストの難易度に関係なく，受験者全体のなかでの位置を示す指標である。1950年代後半に東京都の区立中学校の教諭であった桑田昭三が生徒の進路指導に際して，統計学や心理学で利用されていた偏差値を，生徒の客観的評価のために用いたのが最初と言われている。これが区内から都内，さらには全国へと広まったのである。団塊の世代の高等学校進学率が90%を超えた時期には，偏差値は全国を席巻していた。

　以前より文部省は業者による偏差値への懸念を示していたが，1983年2月の事務次官通知では，「業者テストは受験競争の過熱化

を招くなど，人間形成や教育活動に好ましくない影響を及ぼす面がある」としている。また1991年の中央教育審議会でも業者テストへの依存が厳しく指摘されていた。

　それがここにきて，改めて偏差値の一掃が命じられたのである。日教組も直ちにこれに賛同を表明した。マスコミもすぐに同調し，例えば朝日新聞（1992年11月20日付け）は，「『偏差値』という妖怪が，いまや各地の学校を支配している」と述べ，「(偏差値は) 人間の多様な可能性とは何の関係もない」として「推薦入学に偏差値を使うな」という社説を示した。また翌1993年1月28日には「脱偏差値は社会全体の課題だ」と再び社説で述べた。このなかで「(脱偏差値のためには) 生徒一人ひとりの個性や創造力を重視した教育に，いかに切り替えるかだ」と問題を投げかけた上で，点数によらない高等学校入試，大学入試が必要であり，さらには企業社会の意識改革こそ重要としている。

　しかしながら，業者テストは形式を変えて高等学校の入学試験に使われるままであった。また，大学の入学試験に関しては，1979年に始まった大学共通1次試験が1990年に大学入試センター試験となった。最初は国公立大学だけが利用した試験であったものが，私立大学でも利用が増え，結果的に偏差値で全国の大学が序列付けられることになったのである。

● 高まり続ける進学熱 ●

　このように，学校教育に関する問題は絶え間なく世間の関心をひいていた。同時に，1991年，大学生の数が200万人を突破したのを皮切りに，高等教育機関への進学率は増え続けた。平成不況が始

まり，家計は苦しくなり，将来の見通しが不透明であったにもかかわらずである（図表Ⅱ-2）。

　高等教育機関への進学率が高まる一方で，1994年には大学卒業者の就職難が社会問題になり，「就職氷河期」という言葉まで生まれた。その後，大学卒業者の就職率は低下するばかりであった（図表Ⅱ-3）。

● IT時代の到来と少年事件の凶悪化 ●

　ところで，再び社会に目を転ずれば，1995年11月23日にアメリカ・マイクロソフト社のウインドウズ95の日本語版が発売された。これにより急速にインターネットが普及したのである。社会はIT（Information Technology）という新たな現実と向かい合うことになった。

　この90年代の後半は少年の凄惨な事件で世間が震撼した時期でもあった。1997年6月28日には，神戸連続児童殺傷事件で14歳の少年が逮捕された。翌98年の1月28日には，栃木県黒磯市で男子中学生が女性教師をナイフで刺殺するという事件が起こった。さ

図表 Ⅱ-2　大学（学部）・短期大学（本科）への進学率の推移
　　　　　（浪人含む）

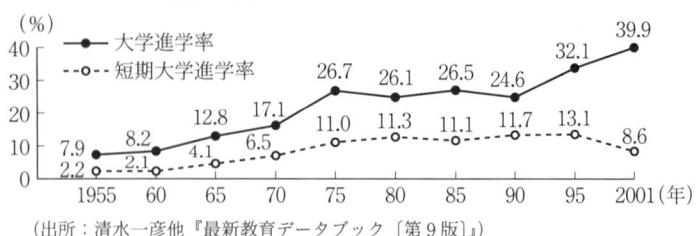

（出所：清水一彦他『最新教育データブック〔第9版〕』）

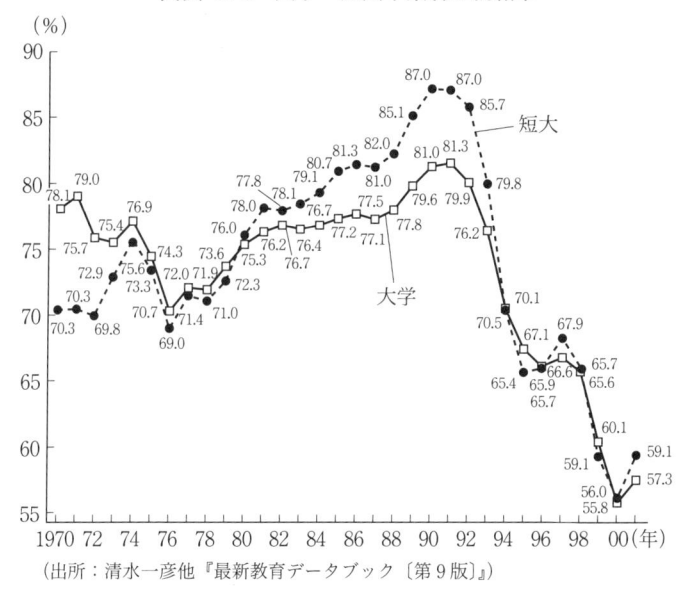

図表 II-3　大学・短大卒業者の就職率

(出所：清水一彦他『最新教育データブック〔第9版〕』)

らに，2000年5月には17歳の少年が佐賀バスジャック事件を起こし，6名の死傷者（1名死亡，5名重軽傷）を出した。子どもが「キレル」と言われ，学級は「崩壊している」と言われるようになった。

こうした時期に「現行学習指導要領」が成立していったのである。

第2節　中央教育審議会と教育課程審議会

わが国における文教政策の基本方針が決定される際，中央教育審議会が大きな役割を果たしている。また，学習指導要領の道筋が確定される場合，教育課程審議会の答申が重要な意味を持つ。

中央教育審議会も教育課程審議会も文部大臣の諮問機関である。

以下，それぞれの審議会が生まれた歴史的経緯，職務内容，さらには具体的な答申について見ていく。

2001年1月の中央省庁再編，審議会改革に伴い，文部省は科学技術庁（総理府の外局）と統合して文部科学省となり，また中央教育審議会の機構も改革され，教育課程審議会は中央教育審議会を構成する5つの分科会のなかのひとつである初等中等教育分科会に吸収された。

なお，以下で述べる中央教育審議会，教育課程審議会は2001年1月以前の組織を示す。

● 中央教育審議会 ●

〈その歴史と職務内容〉

文部大臣が教育に関する事項について諮問（諮詢）する機関は明治時代から存在した。1896年に設置された高等教育会議がその最初である。以後，第2次世界大戦終結以前では，教育調査会，臨時教育委員会，教育評議会，教学刷新評議会がその任にあたった。

しかし，終戦直後は文部大臣が諮問する機関はなく，それに取って代わったのが教育刷新委員会である。同委員会は1946年8月10日，内閣総理大臣の所轄のもとに設置され，1949年6月1日に教育刷新審議会と改称された。

教育刷新審議会は内閣総理大臣の諮問した教育に関する重要事項について答申するだけでなく，教育に関わる種々の問題を取り上げ調査，審議し，その結果を内閣総理大臣に建議する役割を果たした。1951年11月12日まで，35回の建議を行っている。

最後の第35回建議「中央教育審議会について」に基づき，1952

年6月6日,文部省設置法の一部改正によって設置されたのが中央教育審議会である。

中央教育審議会は,「文部大臣の諮問に応じて教育,学術又は文化に関する基本的な重要施策について調査審議し,及びこれらの事項に関して文部大臣に建議する」役割を担うのを目的としている。また,「人格が高潔で,教育,学術又は文化に関し広く且つ高い識見を有する者のうちから,文部大臣が内閣の承認を経て任命する20人以内の委員」で組織される。委員の任期は2年である。なお,必要に応じて臨時委員,専門委員を置くことができるとされている。以上は,文部省設置法(法律),中央教育審議会令(政令)で決められている。

〈中央教育審議会の答申〉

発足時から現行学習指導要領の基となった第15期中央教育審議会の設置(1995年4月26日)以前において,中央教育審議会が提出

図表 II-4 中央教育審議会答申代表例(1953〜1991年)

1953. 7.25	義務教育に関する答申
1953. 8. 8	社会科教育の改善に関する答申
1954. 1.18	教育の政治的中立性維持に関する答申
1955.12. 5	教科書制度の改善方策に関する答申
1956.11. 5	公立小・中学校の統合方策についての答申
1957.11.11	科学技術教育の振興方策について(答申)
1966.10.31	後期中等教育の拡充整備について(答申)
	(別記)期待される人間像
1971. 6.11	今後における学校教育の総合的な拡充整備のための基本的施策について(答申)
1983. 6.30	教科書の在り方について(答申)
1991. 4.19	新しい時代に対応する教育の諸制度の改革について(答申)

(出所:文部科学省)

した答申のなかで小・中・高等学校に関わる代表的なものは，図表II-4のとおりである。

● 教育課程審議会 ●
〈その歴史と職務内容〉

　教育課程審議会の歴史はまず，1949年7月18日に政令として教育課程審議会令が公布されたことに始まる。同令は文部省設置法第24条「教育課程に関する事項を調査研究し，及び審議すること」によるものである。また，その設置規則第1条で，「文部大臣の諮問に応じ，教育課程に関する事項を調査研究審議し，及びこれらに関し必要と認める事項を文部大臣に建議する」と規定された。

　しかし翌1950年初め，文部省設置法の一部改正によって教育課程審議会はいったん廃止される。ところが委員定数の増加，職業教育および職業指導を加えた所轄事務の拡大などを加味した教育課程審議会が同年4月15日，あらためて発足した。その後，1984年からは法令改正によりその設置基準が文部省組織令第70条に変り，当初の設置規則第1条も「文部大臣の諮問に応じて教育課程に関する事項を調査審議し，及びこれに関し必要と認める事項を文部大臣に建議する」と，若干の語句の修正がなされた。

　教育課程審議会は，学識経験者，教育関係者，関係各庁の職員等のなかから文部大臣が任命する60人以内の委員で組織される。また臨時委員や専門調査員を置くこともできることになっているが，これら委員や調査員も文部大臣が任命する。さらに検討事項に対応して「初等教育課程分科審議会」「中学校教育課程分科審議会」「高等学校教育課程分科審議会」の3つの分科審議会を置くことができ，

各分科審議会は必要に応じて部会を設置するとされている。

〈教育課程審議会の答申〉

教育課程審議会の発足時から1980年代までの答申で注目されるのは図表Ⅱ-5のようなものである。

図表 Ⅱ-5　教育課程審議会答申代表例（1950～1988年）

1950. 6	「小学校の教育課程をどのように改善すべきか」に対する答申
1951. 1. 4	道徳教育振興に関する答申
1953. 8. 7	社会科の改善に関する答申
1956. 5. 7	教育漢字の学年配当について（答申）
1958. 3.15	小学校・中学校教育課程の改善について
1963. 7.11	学校における道徳教育の充実方策について
1963. 9.12	幼稚園教育課程の改善について
1967.10.30	小学校の教育課程の改善について（答申）
1968. 6. 6	中学校の教育課程の改善について（答申）
1969. 9.30	高等学校教育課程の改善について（答申）
1976.12.18	小学校，中学校及び高等学校の教育課程の基準の改善について（答申）
1987.10.23	幼稚園，小学校，中学校及び高等学校の教育課程の基準の改善について（答申）
1988.12.16	盲学校，聾学校及び養護学校の教育課程の基準の改善について（答申）

（出所：文部科学省）

第3節　現行学習指導要領の成立過程

● 第15期中央教育審議会 ●

1995年4月26日，与謝野馨文部大臣は中央教育審議会に対して「21世紀を展望した我が国の教育の在り方について」を諮問した。ここで第15期中央教育審議会が発足した。委員には，学識経験者，有識者といわれる人たちが選ばれ，また産業界，マスコミ関係から

も人選された。

　この時期に諮問した理由を，与謝野文部大臣は次のように説明している。すなわち，まず「21世紀に向けて，国際化，情報化，科学技術の発展，高齢化，少子化や経済構造の変化」など，社会の変化が生じている。同時に「受験競争の過熱化，いじめや登校拒否」の問題など深刻な課題に直面している。その上で「我が国が，創造的で活力があり，かつ，ゆとりと潤いのある社会を築いていくため」の教育の在り方，改善方策を推進していく必要があるとした。

　そのための検討すべき事項として，与謝野文部大臣は次の3点を提示した。

①今後における教育の在り方及び学校・家庭・地域社会の役割と連携の在り方
②一人一人の能力・適性に応じた教育と学校間の接続の改善
③国際化，情報化，科学技術の発展等社会の変化に対応する教育の在り方

● 第15期中央教育審議会第1次答申 ●

　第15期の中央教育審議会（会長：有馬朗人）は論議を重ね，1996年7月19日，第1次答申を奥田幹生文部大臣に提出した。

　「21世紀を展望した我が国の教育の在り方について」と題するこの答申は次のような目次から成っている。

・はじめに
・第1部　今後における教育の在り方
・第2部　学校・家庭・地域社会の役割と連携の在り方
　　第1章　これからの学校教育の在り方

第2章　これからの家庭教育の在り方
　第3章　これからの地域社会における教育の在り方
　第4章　学校・家庭・地域社会の連携
　第5章　完全学校週5日制の実施について
・第3部　国際化，情報化，科学技術の発展等社会の変化に対応する教育の在り方
　第1章　社会の変化に対応する教育の在り方
　第2章　国際化と教育
　第3章　情報化と教育
　第4章　科学技術の発展と教育
　第5章　環境問題と教育
・今後の検討課題

　この目次にそって，答申はまず，子どもたちを取り巻く状況から分析している。すなわち，子どもたちはゆとりのない生活をし，社会性や倫理観が不足しているとともに自立が遅れている傾向が見られる。また，健康・体力面に問題がある一方，積極的な面も持ち合わせている。このような子どもたちは学年が進むにつれて学校生活に不満をもち，いじめや登校拒否については「憂慮に堪えない」状況にある。また子どもたちを取り巻く家庭の現状について，「過保護・甘やかせ過ぎな親の増加」や「しつけや教育に無関心な親の増加」を総理府の世論調査から指摘している。さらに地域社会の現状については，地縁的な地域社会の教育力が低下傾向にあると論じた。

　答申ではこうした子どもたちの生活と家庭や地域社会の現状を鑑み，「これからの子供たちに必要となるのは，いかに社会が変化しようと，自分で課題を見つけ，自ら学び，自ら考え，主体的に判断

し，行動し，よりよく問題を解決する資質や能力であり，また，自らを律しつつ，他人とともに協調し，他人を思いやる心や感動する心など，豊かな人間性であると考えた。たくましく生きるための健康や体力が不可欠であることは言うまでもない。我々は，こうした資質や能力を，変化の激しいこれからの社会を［生きる力］と称する」とした。

この［生きる力］とはトータルな力であることから，学校教育において横断的・総合的な指導を一層推進しうるような新たな手立てを講じ，学習活動が豊かに展開されていくことが極めて有効であるとした。さらに，「今日，国際理解教育，情報教育，環境教育などを行う社会的要請が強まってきているが，これらはいずれの教科等にもかかわる内容を持った教育」である。そうした観点からも，「横断的・総合的な指導を推進していく必要性は高まっていると言える」とし，各教科の教育内容を厳選することによって時間を生み出し，「一定のまとまった時間（以下，『総合的な学習の時間』と称する。）」を設けて横断的・総合的な指導を行うことを提言している。加えて，「この時間の学習そのものを試験の成績によって数値的に評価するような考え方を採らないことが適当」としている。

ここで，［生きる力］をはぐくむための具体的な時間として「総合的な学習の時間」の創設が提言されたのである。

同時に，［生きる力］をはぐくむために［ゆとり］が重要であると答申は強調している。すなわち「子供たちに［ゆとり］を持たせることによって，はじめて子供たちは，自分を見つめ，自分で考え，また，家庭や地域社会で様々な生活体験や社会体験を豊富に積み重ねることが可能となるのである」とし，「子供たちに家庭や地域社

会で過ごす時間，すなわち，子供たちが主体的，自発的に使える時間をできるだけ多く確保することが必要である」。さらにその実現には社会全体の［ゆとり］が重要であると説いている。

また，これからの学校には「［ゆとり］のある教育環境で［ゆとり］のある教育活動を展開する。そして，子供たち一人一人が大切にされ，教員や仲間と楽しく学び合い活動する中で，存在感や自己実現の喜びを実感しつつ，［生きる力］を身に付けていく」ことを求めている。

そこで［ゆとり］のなかで［生きる力］をはぐくむために，教育内容の厳選を図る必要があるとしている。「あまりに多くのことを教えることなかれ。しかし，教えるべきことは徹底的に教えるべし」と唱えるアルフレッド・N・ホワイトヘッド(Alfred N. Whitehead, 1861-1947) の言葉を援用して，教える内容を厳選し，厳選された内容を徹底させることを目標にしている。

こうした教育の実現のために，具体的には学校週5日制の完全実施を求めたのである。ここで，［ゆとり］の確保は過度の受験競争の緩和へと繋がるので，その理解を親と塾関係者に強く希望している。

なお，ほとんどの公立小，中，高等学校において，1992年9月12日から毎月第2土曜日が，さらに1995年4月22日からは第2土曜日に加え毎月第4土曜日も休業日となっている。

● 第16期中央教育審議会第2次答申 ●

第15期中央教育審議会は第1次答申を提出した後，中高一貫教育や飛び入学等，学校教育制度の弾力化を主要なテーマとして審議

を続けたが，1997年4月に任期切れで解散した。

その後，直ちに第16期中央教育審議会が発足して審議を継続した。第16期中央教育審議会は1997年6月26日，審議の結果として小杉隆文部大臣に第2次答申「21世紀を展望した我が国の教育の在り方について」を提出した。

この答申は5つの柱から成っている（下線：筆者）。

第1は，「一人一人の能力・適性に応じた教育の在り方」である。

教育は「自分さがしの旅」を扶ける営みである。急速に変化する社会において，<u>子どもたちが［ゆとり］のなかで［生きる力］をはぐくむこと</u>が大前提であり，そのためには，形式的な平等主義から個性の尊重への転換が不可欠である。同時に他人への思いやりや社会性，倫理観，正義感等の豊かな人間性や伝統・文化の尊重など時代を超えて変わらない価値あるもの，つまり「不易なるもの」を重視すべきである。さらには，子どもたちの（人生の）選択の機会や，学校・地方公共団体等の裁量の範囲を拡大する必要があると述べた。

第2は，「大学・高等学校の入学者選抜の改善」である。「具体的な提言を行うこととしたい」と説いているように，かなり具体的かつ詳細な内容になっている。

①大学入試の改善策としては次の点をあげている。

- 総合的，多面的な評価など丁寧な選抜（調査書，小論文，実技検査，面接等の活用）
- ボランティア活動など様々な活動経験の評価（学校外の団体からの推薦や自己推薦の活用等）
- 専門高校や総合学科の卒業生を対象とする推薦入学の枠の設定や拡大

- 地域を指定した枠の設定・拡大
- 各大学・学部における複数の選抜基準の導入(影響力のある特定の国立大学について後期日程の定員を拡大することなど)
- 秋季入学の拡大
- [生きる力]の育成を目指す初等中等教育の在り方を尊重(高等学校の調査書の一層の活用,思考力を問う問題の出題,英語におけるリスニングの導入,推薦入学の拡大など)
- 大学入試センター試験の改善(センター試験の問題作成における高等学校の教員の協力。センター試験が一定水準に達していれば,各大学で学力試験以外の資料により選抜する取り組みの推進など)
- 入学者選抜の改善のための条件整備(アドミッション・オフィス)の整備,余裕をもった入試日程の確保,入試に関する外部評価の導入など)
- 高等教育全体の柔らかなシステムへのシフト(単位互換の推進,社会人入学の拡大など)

②高等学校の入学者選抜の改善は次のとおりである。
- 中学校・高等学校間のハードルをより低くする必要あり(入学定員の弾力的取り扱い,学力試験の実施教科の多様化など)
- 選抜方法の多様化,評価尺度の多元化(同一の高等学校での複数の選抜基準の導入,子どもや保護者の自己申告書の活用など)
- [生きる力]の育成を目指す中学校以下の教育を尊重(調査書の活用,推薦入試の推進など)
- 高等学校教育の多元化と柔らかなシステムの実現(総合学科

の整備，転編入学の拡大など）

①，②と同時に企業等の採用・昇進の在り方の改革として，学校名にこだわらない採用の推進，新卒一括採用の見直し等を提言している。さらに横並び意識，同質志向，過度に年齢にとらわれた価値観等を改革することも求めている。その根底には，学（校）歴偏重社会に対する意識改革の要請がある。

第3の基軸は，学校制度の複線化構造を進める観点からの「中高一貫教育の選択的導入」である。体験重視，地域密着，国際化，情報化，環境，伝統文化等の継承をそれぞれ6年かけて学ぶ学校を例示している。また「じっくり学びたい子どもたちの希望にこたえる学校」があってもよい。入学に際しては受験競争の低年齢化を招かないように，学力試験は行わないで，抽選や面接，推薦等，多様な方法をとらなければならないとしている。

第4は，「教育上の例外措置」である。学習進度の遅い子どもへの十分な配慮という項目を加えた一方，これまで数学や物理の分野に限定されていた学習者のみならず，他の分野においても稀有な才能を有する生徒に対して，大学入学年齢制度の緩和を求めた。ただし，現時点では「飛び級」は受験戦争の激化を招くおそれがあるので，その実施は適当でないことを明示している。

第5として，「高齢社会に対応する教育の在り方」を論じている。子どもたちが高齢者と触れ合い，高齢者から学んでいくことの大切さを提言している。学校教育において，高齢者を活用するために人材バンク等の整備を求めている。教員養成段階での介護・福祉等の体験も必要とした。地域社会における高齢者との触れ合いの機会の

充実も重要としている。

この答申における公立校の中高一貫教育の導入は，1971年の中央教育審議会答申（いわゆる「46答申」）で提言されたものである。また，臨時教育審議会が打ち出した「個性重視の原則」をようやく現実化したものでもあった。つまり，この答申は過去の総決算ともいうべき性格を有し，これらをもとに学習指導要領改訂の道筋がつけられたのである。

以上のように答申では，学校の画一的な平等主義を批判し，「個性尊重への転換」を図った。「全員一斉かつ平等に」という基本的思想から「それぞれの個性や能力に応じた内容，方法，仕組みを」という考え方に転換することを求めている。

● 教育課程審議会（1996-1998年）●

1996年8月27日，奥田幹生文部大臣は教育課程審議会に対して，「幼稚園，小学校，中学校，高等学校，盲学校，聾学校及び養護学校の教育課程の基準の改善について」を諮問した。

奥田文部大臣は，①自ら学び，自ら考える力などをはぐくみ，創造性を育てること，②一人一人の個性を生かし，豊かな人間性を育てること，③基礎・基本の指導の徹底を図ること，④社会の変化に適切に対応すること，⑤各学校段階を通じて調和と統一を図ることの5点に配慮しつつ，［生きる力］を育成するための教育内容の在り方についての検討を要請している。

また，審議にあたって，教科書や指導方法等との関連のほか，家庭や地域社会における教育との連携の在り方との関連にも留意するよう指示した。

第Ⅱ章　現行学習指導要領の成立

　教育課程審議会は第1回目の会合で，互選により三浦朱門を会長に，西澤潤一を副会長に選んだ。会議および議事録は非公開，議事要旨は公開された。

● 教育課程審議会答申（1998年）●

　教育課程審議会は第15期中央教育審議会の第1次答申，第16期中央教育審議会の第2次答申を受けつつ審議を重ね，1998年7月29日，町村信孝文部大臣に最終答申「幼稚園，小学校，中学校，高等学校，盲学校，聾学校及び養護学校の教育課程の基準の改善について」を提出した。

　答申は，前文，Ⅰ教育課程の基準の改善の方針（1.教育課程の基準の改善の基本的考え方，2.各学校段階等を通じる教育課程の編成及び授業時数等の枠組み，3.各学校段階等ごとの教育課程の編成及び授業時数等，4.各教科・科目等の内容），Ⅱ教育課程の基準の改善の関連事項（1.教科書及び補助教材，2.指導方法，3.学習の評価，4.大学，高等学校など上級学校の入学者選抜，5.教師，6.学校運営，7.家庭及び地域社会における教育との連携）から構成されている。

　この答申は，［ゆとり］のなかで［生きる力］をはぐくむ教育課程編成のために，教育内容を厳選し，授業時数を削減し，「総合的な学習の時間」の創設を示した。

　具体的に答申では，まず「子どもたちは，幼児期から思春期を経て，自我を形成し，自らの個性を伸長・開花させながら発達を遂げていく。教育は，こうした子どもたちの発達を扶ける営みである。もちろんその営みは学校のみが担うものではなく，学校，家庭，地域社会が連携を図り，それぞれがその教育機能を十分発揮してはじ

めて子どもたちのよりよい発達が促されるものである」と基本的な子ども観，教育観を示している。

さらに「子どもたちの生活の在り方や学習の環境を変え，学校，家庭及び地域社会の役割を見直し，学校では学ぶことの動機付けや学び方の育成を重視し，家庭や地域社会で担うべきものや担った方がより効果が得られるものについては家庭や地域社会において担うなどして，よりバランスのとれた教育が行われることが必要」と説いている。

その上で，各学校段階の役割の基本を次のように考えている。

（幼稚園）遊びや体験を通した総合的な指導を行うことを基本とし，人間形成の基礎となる豊かな心情や想像力，ものごとに自分からかかわろうとする意欲，健全な生活を営むために必要な態度の基礎を培い，小学校以降の生活や学習の基盤を養う。

（小学校）個人として，また，国家・社会の一員として社会生活を営む上で必要とされる知識・技能・態度の基礎を身に付け，豊かな人間性を育成するとともに，自然や社会，人，文化など様々な対象とのかかわりを通じて自分のよさ・個性を発見する素地を養い，自立心を培うこと。

（中学校）個人として，また，国家・社会の一員として社会生活を営む上で必要とされる知識・技能・態度を確実に身に付け，豊かな人間性を育成するとともに，自分の個性の発見・伸長を図り，自立心を更に育成していくこと。

（高等学校）自らの在り方生き方を考えさせ，将来の進路を選択する能力や態度を育成するとともに，社会についての認識を深め，興味・関心等に応じ将来の学問や職業の専門分野の基礎・基本の学

習によって,個性の一層の伸長と自立を図ること。

　こうした学校教育を通して,どんなに社会が変化しようとも「時代を超えて変わらない価値あるもの」を子どもたちがしっかりと身に付ける必要があるとしている。さらに,（学校）教育においては,社会の変化を見通しつつ,これに柔軟に対応し得る人間の育成を重視している。

　これを踏まえて,学校における教育課程の改善のねらいとして,次の4点を掲げている。

① 豊かな人間性や社会性,国際社会に生きる日本人としての自覚を育成すること。
② 自ら学び,自ら考える力を育成すること。
③ ゆとりのある教育活動を展開する中で,基礎・基本の確実な定着を図り,個性を生かす教育を充実すること。
④ 各学校が創意工夫を生かし特色ある教育,特色ある学校づくりを進めること。

　このねらいを具体的に達成するために,学校週5日制の完全実施,教育内容の厳選の徹底および基礎・基本の確実な習得,授業時数の縮減などを示したのである。

　その根底には,これまでの学力を単なる知識の量ととらえる学力観の転換がある。その上で,教える内容をその後の学習や生活に必要な最小限の基礎的・基本的内容に厳選する一方,その厳選された基礎的・基本的内容については,子どもたちの以後の学習を支障なく進めるためにも繰り返し学習させるなどして,確実に習得させなければならないとしている。

さらに、授業時数の総枠だけではなく、[ゆとり]をもってそれぞれの授業を展開することができるように教育内容を厳選することが重要である。授業時数の縮減以上に教育内容の厳選を徹底的に行い、基礎的・基本的な事項に絞り込む必要があるとしている。

また、この答申が過去の答申と画期的に分岐されるのは「総合的な学習の時間」の新設である。

その趣旨として、各学校が地域や学校の実態等に応じて創意工夫を生かして特色ある教育活動を展開できるような時間を確保すること、としている。また、「総合的な学習の時間」では、全人的な力としての[生きる力]をはぐくむことを大前提に、国際化や情報化など社会の変化に主体的に対応できる資質や能力を（児童・生徒が）身に付けるため、教科等の枠を超えた横断的・総合的な学習をする時間を確保することを主眼としたのである。

この「総合的な学習の時間」の授業時数は、小学校の第3学年から第6学年では週当たり3時間、中学校では週当たり2時間としている。高等学校では卒業までに105～210時間を充て、3から6単位を与えるとしている。数値的な評価はせず、指導要録には所見が記述されるとした。

次に、従来の中学校学習指導要領において選択科目であった外国語を必修教科とした。事実上ほとんど誰もが中学校で学んでいた英語は、実は今までは必修ではなく、選択された結果でしかなかったのである。「必修教科としての『外国語』においては、英語を履修させることを原則とする」と初めて正式に記されたのである。

以上の事柄を実効性あるものにするため、年間総授業時数は学校週5日制の実施を踏まえ、土曜日授業時数分を削減することになっ

コラム★178万人の見えない子どもたち

　この教育課程審議会答申の表題を一瞥すると，ほぼ全員が高等学校に進学する今日，教育を受けるべき全員が網羅されているかに見える。しかしここに死角がある。4歳児，5歳児，6歳児すべてが幼稚園に通園しているのではなく，保育所に通っている子どもがいるのである。全国の幼稚園児は1,773,682人（2001年現在）であるが，保育所に通っている子どもは1,788,302人いる。ただし幼稚園は3歳児以上であり，保育所は0歳児から入所できるので一概に比較はできない。そこで3歳児からの比較を見ると，3歳児では9％の児童しか幼稚園に行っていないが，30％の児童が保育所に通っている。4歳児では幼稚園が50％弱に対して，保育所が35％，5歳児では60％の幼稚園児に対して，保育所に通っている児童が40％弱，6歳児でも30％近くが保育所に通っている。ここから，3割の子どもは幼稚園に通園しておらず，答申からは「見えない子ども」となっている。

　答申は，幼稚園の役割として「幼児の欲求や自発性，好奇心などを重視した遊びや体験を通した総合的な指導を行うことを基本とし，人間形成の基礎となる豊かな心情や想像力，ものごとに自分からかかわろうとする意欲，健全な生活を営むために必要な態度の基礎を培い，小学校以降の生活や学習の基盤を養うこと」を求めている。

　これに対して保育所は児童福祉法第39条に基づき，「日日保護者の委託を受けて，保育に欠けるその乳児又は幼児を保育することを目的」として設置されているにすぎない。幼稚園が学校教育法に基づいた教育の場であるのに対して，保育所は児童福祉法に基づいた福祉の場なのである。

　この事象は，時折，幼保一元化問題として取り上げられるが，幼稚園は文部省（文部科学省）所轄，保育所は厚生省（厚生労働省）所轄と担当官庁が違うことから戦後一貫して別物である。

　同年齢層の1.5％が在籍する障害児教育に関しては詳細な検討を加えているが，同一年齢層の3割が通っている保育所の児童をまったく考慮していない。

た。すなわち，小・中学校では，70単位時間（小学校第1学年は68単位時間）程度削減された。高等学校では卒業に必要な修得総単位数が，それまでの80単位以上から74単位以上となった。

答申は，教育課程の詳細について述べたあとで，「教育課程の基準の改善の関連事項」として①教科書及び補助教材，②指導方法，③学習の評価，④大学，高等学校など上級学校の入学者選抜，⑤教師，⑥学校運営，⑦家庭及び地域社会における教育との連携の7点について，あるべき姿を説いている。これら7点はすべて［生きる力］の育成という立場で貫かれている。

● 「学習指導要領」の告示 ●

教育課程審議会の答申を受け，文部省は学習指導要領の改訂作業を進め，学校教育法施行規則の一部改正を行い，1998年12月14日，文部省告示として，文部大臣有馬朗人の名により小・中学校の「学習指導要領」を公示した。高等学校の「学習指導要領」については翌1999年3月29日に公示した。

● 教科書の選定 ●

学習指導要領が告示されると，施行までに，それに適った教科書（法律用語では教科用図書）が必要になる。

日本は教科書検定制度を設けているが，現行学習指導要領との関連で見ると，1998年11月13日に「新しい教育課程の実施に対応した教科書の改善について」（建議）が教科用図書検定調査審議会から提出された。

このなかで，教育課程審議会の答申を受けて「教科書においても，

知識の習得・伝達に偏りがちで網羅的・羅列的であると指摘される状況を改め，この改善の趣旨を適切に踏まえたものとならなければならない」としている。そのため「教育課程審議会等において示された教育課程の基準の改善のねらいを踏まえ，これからの教育内容の改善の方向を明らかにし，そして，教科書としての内容・記述の在り方はいかにあるべきかについて検討を行った」としている。

そこで，これからの教科書に求められる内容・記述の在り方として以下の6点を示した。

（1） 正確かつ公正で，適切な教育的配慮が施されたものであること。
（2） 基礎・基本の確実な習得を助けるものであること。
（3） 学び方，考え方の習得が図られるものであること。
（4） 児童生徒にとって分かりやすく，ていねいなものであること。
（5） 心に響く美しいものであること。
（6） 知識・技能が生活において生かされるよう配慮されていること。

さらに，検定基準として次の4つの事項が必要であるとした。

（ア） 教科書に記述すべき内容の範囲，その選択や扱いについては，教育内容の厳選を図り，学習を効果的に進める上で適切なものとする観点から，図書全体を通して基礎的・基本的な内容に厳選され，不必要に拡大，深入りしないようにする。
（イ） 教育内容の厳選を図るため，複数の教科に関連する内容の各教科書における扱いについては，今回の教育課程の基準の改善に当たり，教科間で重複する内容の精選を図ることが示

されていることにかんがみ，学習指導要領に定める各教科等の目標，内容及び内容の取扱いに示された範囲にとどめ，不必要に他の教科等の内容と重複した内容が扱われないようにする。

(ウ) 実践的，体験的な内容のうち，各学校における創意工夫を生かした特色ある指導に委ねることが適当と認められるものについては，教科書に記述することを要しないことなどとする。

(エ) 写真，挿絵等の掲載については，一層の信頼性の確保が図られるようにする。

これらに基づいて，教科書の編集→検定→採択→供給→使用開始のタイム・スケジュールが定められた（図表II-6）。

図表 II-6　タイム・スケジュール

年度

		1999	2000	2001	2002	2003	2004	2005
1998年改訂学習指導要領	小学校	編集	検定	採択	供給	使用開始 編集	検定 採択	供給 使用開始
	中学校	編集		検定	採択 供給	使用開始	編集 検定	採択 供給

（出所：教科用図書検定調査審議会「新しい教育課程の実施に対応した教科書の改善について（建議）」1998年11月3日）

こうしたプロセスを経て教科書が決まり，小・中学校では2002年4月1日から現行学習指導要領が施行されたのである。なお，高等学校は2003年4月1日からである。

●「教科書問題」●

　学習指導要領が改訂され，新しい教科書が作られるごとに，とりわけ歴史の教科書に対して批判が起こる。

　歴史教科書についてはかつてより批判があったが，大きな外交問題になった発端は，1982年6月26日付けの朝刊各紙の報道によるものであった。すなわち，教科書検定の際，昭和初期の日本の記述について「日本軍が『華北に侵略』とあったのを，文部省の検定で『華北へ進出』という表現に書き改めさせられた」という内容である（この報道は後に誤報と確認されている）。

　当時，政府は「『歴史教科書』に関する宮澤喜一内閣官房長官談話」（同年8月26日）を発表して決着をはかろうとした。さらに，検定基準に「近隣のアジア諸国との間の近現代の歴史的事象の扱いに国際理解と国際協調の見地から必要な配慮がされていること」という「近隣諸国条項」を追加した。しかしその後も，中国，韓国，北朝鮮との間でさまざまな歴史教科書の事項が大きな問題になり続けている。

　国内では，現在の歴史教科書を自虐史観として反対している動きもある。この運動のリーダーである藤岡信勝は「国民が知らない間に，歴史の教科書が常識からかけ離れてしまった。どこの国の教科書か，国籍不明になっている。ある教科書は昭和20年8月15日の終戦の日の写真を1枚載せているが，それは韓国ソウルの西大門刑務所から釈放された政治犯の万歳場面だ。韓国の教科書ならいいが，日本の教科書としては異常だ」と述べている。

　近隣のアジア諸国からも，国内からもいくつもの批判が出されているのが今日の歴史教科書で，それが「教科書問題」と呼ばれてい

る。

　教科書問題が渦巻くなか，藤岡らが中心となって，従来の歴史教科書に反対の立場の人たちが1996年12月2日，「新しい歴史教科書をつくる会」（以下「つくる会」と略記）を立ち上げた。直接のきっかけは，同年検定結果が公表された中学校歴史教科書のすべてに「従軍慰安婦」の記述が登場したことだったという。翌年1月30日の設立総会で発表した趣意書では，これまでの歴史教科書は「自虐的傾向」に陥っており，「子どもたちが日本人としての自信と責任を持ち，世界の平和と繁栄に貢献できるようになる教科書」の作成が必要であると主張した。

　2002年4月から使用される中学校の歴史教科書について，「つくる会」が編集し，扶桑社が発売元になった『歴史教科書』，『公民教科書』は2001年4月，文部省からの137ヵ所の修正案を受け入れ，検定に合格した。しかし，すぐに中国，韓国からの修正要求が出されるなど外交問題に発展し，国内でも議論が続いた。栃木県小山市や栃木市などの30の公立中学校では「つくる会」の歴史教科書を採用することがいったん決まっていたが，数日後に不採用に転換した。結局，「つくる会」の歴史教科書を採用したのは，私立校6校と東京都と愛媛県の公立の養護学校など7校に留まり，採択率は全国で1％未満であった（なお，愛媛県ではさらに，2003年開校の中高一貫校3校がこの歴史教科書を採用した）。

　しかし，「つくる会」は歴史および公民の教科書を市販本として出版し，それらが一般書店に並んだ。これら市販本はその後2年で80万部近く売り上げた。賛成であれ，反対であれ，国民の関心の高さを示している。

「つくる会」の教科書は，現実にはほとんどの学校で採用されず，義務教育での教科書としては命を持たなかったと言ってもよい。ある特定のイデオロギーを具現化した書物でしかなかった。

歴史観というのは100人がいれば，100通りがあるはずである。歴史は思想であり，思想は個人のものだからである。学校教育で歴史を教える難しさはここにある。例えば，「法隆寺の建立」というひとつの歴史的事象にしても，「その文化的素晴らしさ」を強調することもできるし，「その建立のために労苦した農民」という視点からも語ることができる。さまざまな要素があって「法隆寺の建立」が成し遂げられたはずである。また歴史を学ぶことは国民の権利であり義務でもある。であるならば，歴史は複眼的に観る必要があるということが歴史教育のアルファであり，オメガであるはずである。

コラム★扶桑社の教科書だけを支持する教育課程審議会会長

　教育課程審議会会長であった三浦朱門は2001年に『「歴史・公民」全教科書を検証する』を著した。これは全8社の教科書を俎上にのせ，学習指導要領にそっているかどうかを検証したものとしている。

　「(国旗・国歌の歴史について) 6社の教科書は国旗・国歌について一行たりとも記すところがない。我が国の歴史教育のいびつさを如実に表している。帝国書院は国歌に関してだけコラムで紹介している。扶桑社は国旗・国歌の歴史的経緯を詳しく紹介し，君が代の意味にも言及していて合格点がつく」

　「(大和朝廷について) 指導要領に反して『大和王権』『大和政権』などと記す教科書が多いのは，皇室の祖先としての大和朝廷を否定している。『大和朝廷』と明記しているのは東京書籍と扶桑社のみ。だが，東京書籍は大王が天皇の祖先であることに触れていない。扶桑社は史実に即し，最も正確に記している」

　「(日露戦争の世界史的意義について) 教育出版，日本書籍はまったく触れていない。日本書籍は『この戦争で，日本は日清戦争の9倍の戦費を使い，約46万人の死傷者をだした』と犠牲者を多く出しただけの無駄な戦争というイメージを刷り込もうとしている。これに対して扶桑社は国家の存亡をかけた戦いであったとする観点から日露戦争の意義をあますところなく詳述している」

　「(戦争の呼称について) 8社中7社が『大東亜戦争』(昭和16年12月12日閣議決定)を用いていない。本文中に堂々と掲げたのは)扶桑社だけである。扶桑社の『大東亜戦争(太平洋戦争)』という呼び方は学習指導要領の趣旨に照らしても，最も優れた表記」

　要するに，三浦は「扶桑社の教科書だけが評価できる」という主張を全編で連ねている。言うまでもなく「扶桑社の教科書」とは「つくる会」の教科書である。

第 III 章

現行学習指導要領の基本的概念

現行学習指導要領の基本的概念は［生きる力］と［ゆとり］である。［生きる力］は第15中央教育審議会第1次答申において強調され，現行学習指導要領の基本的概念のひとつになっている。また，もうひとつの基本的概念である［ゆとり］を確保するために学校は完全週5日制となり，教育内容の3割削減とされている。

第III章ではまず現行学習指導要領がどのような構成になっているかを確認する。次に基本的概念となっている［生きる力］と［ゆとり］に関してそれぞれ検討してみる。その上で［生きる力］と［ゆとり］における反知性主義に関して問題を提起したい。

第1節　現行学習指導要領の構成

　現行学習指導要領は従来どおり，小学校・中学校・高等学校・盲学校・聾学校・養護学校のそれぞれに分かれている（ただし幼稚園，盲・聾・養護学校の幼稚部は「教育要領」である）。

　その中身は校種によって異なるが，小・中学校は，〈第1章　総則〉，〈第2章〉各教科，〈第3章　道徳〉，〈第4章　特別活動〉から構成されている。

　高等学校は，〈第1章　総則〉，〈第2章　普通教育に関する各教科〉，〈第3章　専門教育に関する各教科〉，〈第4章　特別活動〉，〈附則〉となっている。

● 総　則 ●

　まず〈第1章　総則〉は，小学校の場合，「児童の人間として調和のとれた育成を目指し，地域や学校の実態及び児童の心身の発達段階や特性を十分考慮して，適切な教育課程を編成するものとする」と教育課程編成の一般方針が述べられている。

　続いて，内容等の取扱いに関する共通的事項，総合的な学習の時間の取扱い，授業時数の取扱い，指導計画の作成等に当たって配慮すべき事項が記されている。

　中学校の学習指導要領は，小学校と同様，総則でまず教育課程編成の一般方針が述べられている。児童が生徒という用語に置き換えられ，特性が特性等とされている以外，小学校と文言がまったく同一である。続いて，必修教科，道徳及び特別活動の内容等の取扱い，選択教科の内容等の取扱い，総合的な学習の時間の取扱い，授業時

数の取扱い，指導計画の作成等に当たって配慮すべき事項が示されている。

総則全体に関しては，小学校と中学校で多少の違いがあるものの，大筋は同じである。

● 各教科・道徳・特別活動 ●

次に〈第2章　各教科〉は，小学校の場合，教科それぞれについて，①教科の目標，②教科の各学年の目標，③それを達成するための内容，④内容の取扱い，⑤指導計画の作成と各学年にわたる内容の取扱いの順序で，細かく明記されている（ただし，生活科，音楽，図画工作，家庭科は④内容の取扱いについての記載がない）。

① 教科の目標

たとえば，小学校における国語の目標は「国語を適切に表現し正確に理解する能力を育成し，伝え合う力を高めるとともに，思考力や想像力及び言語感覚を養い，国語に対する関心を深め国語を尊重する態度を育てる」と記されている。

② 教科の各学年の目標

小学校第3，4学年の社会科の場合，目標は以下のとおりである。

（1）　地域の産業や消費生活の様子，人々の健康な生活や安全を守るための諸活動について理解できるようにし，地域社会の一員としての自覚をもつようにする。

（2）　地域の地理的環境，人々の生活の変化や地域の発展に尽くした先人の働きについて理解できるようにし，地域社会に対する誇りと愛情を育てるようにする。

（3）　地域における社会的事象を観察，調査し，地図や各種の具

体的資料を効果的に活用し，調べたことを表現するとともに，地域社会の社会的事象の特色や相互の関連などについて考える力を育てるようにする。

③ 内　容

第5学年の算数を例にとってみると，A　数と計算，B　量と測定，C　図形，D　数量関係に分けられた内容が示され，そのなかのA　数と計算は，小数について次のように記されている。

小数の乗法及び除法の意味について理解し，それらを適切に用いることができるようにする。

ア　乗数や除数が整数である場合の乗法及び除法の意味について理解すること。

イ　乗数や除数が整数の場合の計算の考え方を基にして，乗数や除数が小数である場合の乗法及び除法の意味について理解すること。

ウ　小数の乗法及び除法の計算の仕方を考え，それらの計算ができること。また，余りの大きさについて理解すること。

④ 内容の取扱い

上記③との関連で見た場合，小数の計算は，整数を整数で割って商が小数になる場合も含めると指示されている。

また上記ウについて$\frac{1}{10}$の位までの小数の計算を取り扱うものとする，となっている。

⑤ 指導計画の作成と各学年にわたる内容の取扱い

理科を例として見ると，次のような指示がなされている。

1，指導計画の作成に当たっては，次の事項に配慮するものとす

る。
(1) 各学年の内容の「A 生物とその環境」,「B 物質とエネルギー」及び「C 地球と宇宙」の相互の関連を図り指導の効果を高めるよう配慮すること。
(2) 指導に当たっては，博物館や科学学習センターなどを積極的に活用すること。
2，内容の取扱いについては，次の次項に配慮するものとする。
(1) 観察，実験，栽培，飼育及びものづくりの指導については，指導内容に応じてコンピュータ，視聴覚機器など適切な機器を選ぶとともに，その扱いに慣れ，それらを活用できるようにすること。また，事故の防止に十分留意すること。
(2) （略）
(3) 個々の児童が主体的に問題解決活動を進めるとともに，学習の成果を日常生活で見られる自然事象の理解に生かすようにすること。

中学校学習指導要領における各教科においても，小学校と同様の順序で説明がなされている。ただし，②教科の各学年の目標について，社会科，理科，保健体育，技術・家庭科は各分野の目標，外国語は各言語の目標となっている点が小学校と異なる。

また国語，音楽，美術，外国語は④の内容の取扱いが記されていない。

〈第3章 道徳〉と〈第4章 特別活動〉は，目標，内容，指導計画の作成と内容の取扱いの順で，簡潔に述べられている。

総授業時数

各教科,道徳,特別活動,「総合的な学習の時間」をどの学年でどのくらいの時間かけて行うかは学校教育法施行規則で定められている。

小学校は学校教育法施行規則第24条の2で「小学校の各学年における各教科,道徳,特別活動及び総合的な学習の時間のそれぞれの授業時数並びに各学年におけるこれらの総授業時数は,別表第1に定める授業時間を標準とする」となっている(図表Ⅲ-1)。備考として,授業時数の1単位時間は45分とすることが定められている。

図表 Ⅲ-1　小学校の授業時数

区　分		第1学年	第2学年	第3学年	第4学年	第5学年	第6学年
各教科の授業時数	国　語	272	280	235	235	180	175
	社　会			70	85	90	100
	算　数	114	155	150	150	150	150
	理　科			70	90	95	95
	生　活	102	105				
	音　楽	68	70	60	60	50	50
	図画工作	68	70	60	60	50	50
	家　庭					60	55
	体　育	90	90	90	90	90	90
道徳の授業時数		34	35	35	35	35	35
特別活動の授業時数		34	35	35	35	35	35
総合的な学習の時間の授業時数				105	105	110	110
総授業時数		782	840	910	945	945	945

(注)　ここで示した授業時数の1単位時間は,45分とする。

図表 Ⅲ-2　中学校の授業時数

区　分		第1学年	第2学年	第3学年
必修教科の授業時数	国　　語	140	105	105
	社　　会	105	105	85
	数　　学	105	105	105
	理　　科	105	105	80
	音　　楽	45	35	35
	美　　術	45	35	35
	保健体育	90	90	90
	技術・家庭	70	70	35
	外 国 語	105	105	105
道徳の授業時数		35	35	35
特別活動の授業時数		35	35	35
選択教科等に充てる授業時数		0～30	50～85	105～165
総合的な学習の時間の授業時数		70～100	70～105	70～130
総授業時数		980	980	980

(注)　1.　ここで示す授業時数の1単位時間は，50分とする。
　　　2.　選択教科等に充てる授業時数は，選択教科の授業時数に充てるほか，特別活動の授業時数の増加に充てることができる。

　中学校の総授業時数は学校教育法施行規則第54条で規定されている（図表Ⅲ-2）。備考において，授業時数の1単位時間は50分とされている。

第2節　[生きる力]

　前述したように，教育内容，取扱い事項，授業時数等がこと細かく決められている現行学習指導要領は，[生きる力] と [ゆとり]

第Ⅲ章　現行学習指導要領の基本的概念

を基本的概念にしている。まず、[生きる力]から考察してみる。

● 「46答申」で初出した「生きる力」 ●

　[生きる力]は現行学習指導要領の成立過程において重要な概念のひとつである。しかし、「生きる力」という言葉自体が教育に関係する答申に初めて登場するのは、1971年6月11日に出された第9期中央教育審議会答申「今後における学校教育の総合的な拡充整備のための基本的施策について」(通称「46答申」)である。この答申のなかで次のように記されている（下線：筆者）。

> 　人間形成の根本問題は、今日の時代がひとりひとりの人間によりいっそう自主的、自律的に生きる力をもつことを要求しつつあることを示している。そのような力は、いろいろな知識・技術を修得することだけから生まれるものではなく、さまざま資質・能力を統合する主体としての人格の育成をまたなければならない。そのための教育がめざすべき目標は、自主的に充実した生活を営む能力、実践的な社会性と創造的な課題解決の能力とを備えた健康でたくましい人間でなければならない。

● 第15期中央教育審議会第1次答申の[生きる力] ●

　「46答申」から四半世紀経って出された第15期中央教育審議会の第1次答申(1996年7月19日)において、[生きる力]という言葉が再び登場した。

　この答申で最初に[生きる力]が出てくるのは次の文章においてである。この箇所は第Ⅱ章ですでに示したが、今一度ここで確認し

たい（下線：筆者）。

> これからの子供たちに必要となるのは，いかに社会が変化しようと，自分で課題を見つけ，自ら学び，自ら考え，主体的に判断し，行動し，よりよく問題を解決する資質や能力であり，また，自らを律しつつ，他人とともに協調し，他人を思いやる心や感動する心など，豊かな人間性であると考えた。たくましく生きるための健康や体力が不可欠であることは言うまでもない。我々は，こうした資質や能力を，変化の激しいこれからの社会を［生きる力］と称することとし，これらをバランスよくはぐくんでいくことが重要であると考えた。

上の文章から，［生きる力］は次の3点から構成されていることがわかる。

①自分で課題を見つけ，自ら学び，自ら考え，主体的に判断し，行動し，よりよく問題を解決する資質や能力

②自らを律しつつ，他人とともに協調し，他人を思いやる心や感動する心などの豊かな人間性

③たくましく生きるための健康や体力

しかし，①②③を検討してみると，それぞれがさまざまな問題を含んでいる。

①について，まず，「自分で課題を見つける」ためには，何が自分の課題であるのかを認識する必要がある。「自分で課題を見つける」のは非常に高度な学習である。大学においてさえ，学部レベルで「自分で課題を見つける」のは困難な場合が多い。それが要求さ

れるのは，大学院の修士レベル以上である。かくのごとく高度なことを児童・生徒に一般化して要求するのは，無理を押しつけるというより無責任と言わざるをえない。

また，「自ら学ぶ」ためには学び方を習得していなければならない。この点について，外国語の学習を例にとるとわかりやすい。ある外国の言葉を「自ら学ぶ」には，外国語を学ぶ際の手段（手法）を知っていて初めて可能なのである。日本人の大多数は中学校で初めて英語という外国語と出会い，学んでいる。その学習をとおして，外国語を学ぶには単語を知ること，文法を学ぶこと，短い文章を繰り返し覚えることなどが必要であるのを身をもって知る。この学習の経験があるからこそ，新しい外国語を学ぶ手段として，放送教材を選んだり，語学学校に通ったり，現地に留学したりするのである。

「自ら考え，主体的に判断し，行動し，よりよく問題を解決する資質や能力」は，思考の訓練を始め，多くの経験から学習して修得できるものである。何もないところに天から与えられるものではない。無から有は絶対生まれない。

②は自律心，協調性，他者への思いやり，感動できる心などをまとめて豊かな人間性としている。

おそらく，現在の子どもの自律心のなさ，言い換えれば強い依存心，協調性のなさ，あるいは他者を思いやることがないことから多くの問題が起きていること，無感動な人間が増えていると言われていることなどから求められたと推察できる。生き生きとした生活を送り，他者ともうまく交われることを［生きる力］の要素としたはずである。

このことは一見何の問題もないかのように思われる。しかし，一

歩間違えば，情緒の国家介入という非常に重要な問題につながる。「依存するな」「協調せよ」「生き生きせよ」などと情緒に国家が介入することは，子どもの情緒の欠如などより何倍も大きな問題になりうる。

③の健康と体力の重視が言われると，飛びつくように体育教育の専門家から強い賛同がなされた。ある体育学者は体育の授業時間をそれまでの週3時間から5時間にせよと述べている。

健康が大切なのは論をまたない。しかし健康や体力を「不可欠」と断言するのは問題がある。健康や体力は人間が生きていくうえで大切な条件であるが，必要十分条件であろうはずがない。さらに先天的，後天的に健康を失った人は［生きる力］がないということになる。それは単なる弱者切捨ての思想でしかない。

当然のことながら，障害者を始めとする弱者と言われる人々にも人権は存在し，彼らに対して人間は思いやりの心を持たなくてはならない。それは人間としての基本的に必要な感覚である。つまり，体力と健康の過度な重視は，②で述べられている「他人を思いやる心」と明らかに矛盾している。また，弱い立場の人々を尊重するのは民主主義国家にとって不可欠なものである。

なお，①②③の前提として「いかに社会が変化しようと」という一文がある。ここに「社会」とあり「状況」ではない。もし「いかに状況が変化しようと」であるなら，個人を取り巻く状況（例えば，経済状況，就業状況，年齢など生理的状況）の変化に対して，それがどのような状況であろうと，というポジティブなイメージで捉えることが可能である。

しかし「社会」であるなら，個人の状況のさらに外側を囲むこと

から，個人の恣意が及ぶことが難しいと感じられる。つまり国家→個人という図式を作り出しており，またその背後にネガティブなイメージがあるのは否めない。

答申は続いて，「[生きる力] は，全人的な力」であるとして多くのことをあげている。わかりやすくまとめると次のようになる。

◎これからの変化の激しい社会において，いかなる場面でも他人と協調しつつ自律的に社会生活を送っていくために必要となる，人間としての実践的な力。

◎紙の上だけの知識でなく，生きていくための「知恵」とも言うべきものであり，我々の文化や社会についての知識を基礎にしつつ，社会生活において実際に生かされるもの。

◎単に過去の知識を記憶しているということではなく，初めて遭遇するような場面でも，自分で課題を見つけ，自ら考え，自ら問題を解決していく資質や能力。

◎これからの情報化の進展に伴ってますます必要になる，あふれる情報のなかから，自分に本当に必要な情報を選択し，主体的に自らの考えを築き上げていく力。

◎理性的な判断力や合理的な精神だけでなく，美しいものや自然に感動する心といった柔らかな感性。

◎よい行いに感銘し，間違った行いを憎むといった正義感や公正さを重んじる心。

◎生命を大切にし，人権を尊重する心などの基本的な倫理観。

◎他人を思いやる心や優しさ，相手の立場になって考えたり，共感することのできる温かい心，ボランティアなど社会貢献の精

神。
◎健康や体力は、こうした資質や能力などを支える基盤として不可欠。

(上記の項目を [1] とする。)

審議会が [生きる力] と示した上の項目それぞれは誰も否定できない。しかし、単に審議会が望ましいと思われる概念を列挙したにすぎないという感は否めない。

例えば「正義感」といっても、何が正義なのか、正義感とは何なのか誰にも明確ではない。ちなみに「正義」を国語辞書(『岩波国語辞典〈第5版〉』)で引くと「正しい道理、人間行為の正しさ」とある。では「拉致(これは正義ではないと国民の大多数は認識するはずである)を行った国家に対して相応の報復を行うのは正義かどうか」となると議論はわかれるはずである。あるいは、「人権尊重」と言われても、死刑囚(加害者)に人権があるとするなら、被害者の人権はどうなるのかという問題が浮上する。「人権を尊重しましょう」という掛け声だけでは何も言っていないことと同じであり、何ひとつ個人にも社会にも作用しない。

同様のことが [1] の項目すべてにあてはまる。

最後に「健康や体力は、こうした資質や能力を支える基盤」と再び、前述の③が繰り返されている。

さらに、[生きる力] をはぐくむために「世界から信頼される、『国際社会に生きる日本人』を育てるということや、過去から連綿として受け継がれてきた我が国の文化や伝統を尊重する態度を育成していくこと」が重要としている。

しかし、これは文章としておかしい。この文章によれば、「[生きる力] をはぐくむ」ために、「『国際社会に生きる日本人』を育て」「我が国の文化や伝統を尊重する態度を育成する」となっている。つまり、「〜を育てるために〜を育てる」になる。わかりやすく言えば、「赤い花を育てるために水を撒く」となるべきところが「赤い花を育てるために、黄色い花と青い花を育てる」となっているのである。赤い花が育つのに、黄色い花と青い花がどのような因果関係にあるのかまったく不明であることと同じ誤謬がここに見出される。

答申はまた、この [生きる力] をはぐくむために、まず学校、家庭、地域社会のそれぞれが教育を充実させ、連携することが必要であるとして、次の点を強調している。

◎学校・家庭・地域社会での教育が十分に連携し、相互補完しつつ、一体となって営む。
◎学校において組織的、計画的に学習する。
◎家庭や地域社会において、親子の触れ合い、友達との遊び、地域の人々との交流などの様々な活動を通じてはぐくむ。
◎家庭や地域社会での教育の充実を図るとともに、社会の幅広い教育機能を活性化していく。

（上記の項目を [2] とする。）

ここで、学校、家庭、社会が一体となって [生きる力] をはぐくむことを期待している。しかし、何を「営む」のか、「学習する」のか、「はぐくむ」のかがはっきりしないままである。

ところが、答申は「子供たちに [生きる力] をはぐくむためには、

自然や社会の現実に触れる実際の体験が必要である」と述べている。ここから，次のような構図が描かれている。

> 具体的な体験や事物とのかかわり→感動・驚き→「なぜ，どうして」→考えを深める→実際の生活，社会，自然のあり方を学ぶ

(この枠囲みの中身を［3］とする。)

この内容が遂行されるために「生活体験や自然体験などの体験活動の機会を豊かにすることは極めて重要な課題」であり，「学校教育においても重視していくことはもちろんであるが，家庭や地域社会での活動を通じてなされることが本来自然の姿であり，かつ効果的であることから，これらの場での体験活動の機会を拡充していくこと」を求めている。ここに［生きる力］の育成＝体験活動という図式が出来上がっている。

その上で，学校教育の目的（ねらい）として次の点をあげている。

◎知識の一方的な教え込みでなく，子どもたちが自ら学び，考える教育への転換。
◎豊かな人間性とたくましい体をはぐくむ。
◎生涯学習の基礎的な資質の育成。

以上を実現するための具体案（方策）は次のとおりである。

◎楽しく学び合い活動をするなかで，存在感や自己実現の喜びを実感する。
◎教育内容を基礎・基本に絞る。
◎子どもたち一人ひとりの可能性を見出し，それを伸ばす。

◎豊かな人間性と専門的な知識・技能や幅広い教養を基盤とする実践的な指導力を備えた教員を配置する。
◎生活する場としての教育環境を持つ。
◎地域や学校，子どもたちの実態に応じた教育活動を行う。
◎家庭や地域社会と連携する開かれた学校にする。

（上記の項目を［4］とする。）

こうした目的（ねらい）を達成するために，学校教育において，子どもたちに育成すべき資質・能力として求めているのは次の点である。

◇国語を尊重する態度。◇我が国の文化と伝統に対する理解と愛情。◇外国語によるコミュニケーション能力。◇論理的思考力，科学的思考力。◇家庭生活や社会生活を主体的・創造的に実践する能力と態度。◇芸術に対する豊かな感性。◇運動に親しむ習慣。◇他人を思いやる心。◇生命や人権を尊重する心。◇自然や美しいものに感動する心。◇正義感。◇公徳心。◇ボランティア精神。◇郷土や国を愛する心。◇世界平和，国際親善に努める心。◇自分の人生（生き方）を主体的に考える態度。

（上記の項目を［5］とする。）

答申が［生きる力］を示している部分を［1］～［5］で整理してみた。［1］に示されているのは，反知性主義とでもいうべき概念である。今までの学校教育の中心であった伝統的な知識の伝達ではもはやこれからの時代を生きていけないとして，生活における知恵を重視している（この場合の知恵は，例えば「お婆さんの知恵袋」といった

類のものである)。その上で好ましいと思われる人物像が期待されている。これを［2］で示したように学校，家庭，地域社会が連携してはぐくむことを求めている。［3］で体験至上主義を打ち出しているが，これは［1］における反知性主義に内包されると言えよう。学校における［生きる力］を示した［4］でも反知性主義に依拠している。その上で「楽しく学びあい活動をする」とか「子どもの可能性を見出す」というような楽観的な児童中心主義がうかがえる。それを具体的に示した［5］では反知性主義はもとより精神主義が主体になっている。

このように整理してみると，［生きる力］は反知性主義であるのが明白である。「これからの変化の激しい社会」は，従来の知識や，紙と鉛筆ではもはや対応できないと考えている。そこで「強い心と身体」という精神主義を結びつけている。反知性主義と精神主義は，そこにいくら善意を包んだ児童中心主義があったにしてもファシズムの教育観と直結するのではないか。

ここで想起されるのは第2次世界大戦前，あるいは戦時下でのドイツの教育である。この時期のドイツの教育も反知性主義と精神主義，そして健康な肉体の育成を目的に遂行されていた。アドルフ・ヒトラー（Adolf Hitler）を始めとするナチ党幹部の多くは「知育」を非常に軽視していた。実際，ヒトラーは次のように考えていた。

　第一に，95％までは若い頭脳が必要とせず，それゆえまた忘れてしまうようなことは一般にはつめこまれるべきではない。(略) 多くの場合個々の教科は学ぶべき材料でふくれあがっている。そこで，ただその一部が個々人の頭の中に残り，そしてまた

これらのいっぱいのものの一部分だけしか役に立たない。

ナチスの教育はすぐに（ナチスが政権を把握している時から）学力低下を招いた。すでに 1938 年の段階で「学校の教育水準は 1933 年以前の状態よりもひどい」ことが判明している。また，1942 年末に，ミュンスターの商工会議所は国民学校の教育水準を「ドイツ語では卒業生の 54.37％ が，算数では 58.45％ が，経済界が徒弟に必要だと考えるレベルを満たしていない」とした。ナチスの反知性主義と精神主義，そして体力重視の教育ではナチスが戦おうとする近代戦は戦えないという皮肉な現象が表出したのである。

今日の［生きる力］の反知性主義，精神主義，健康重視の考え方はナチスのそれと類似しているように見えることにもっと注意を払わなければならない。

● ［生きる力］の英訳 ●

［生きる力］を文部省の白書『平成 12 年度我が国の文教施策』英語版で検索してみると "zest for living" になっているのを見つけることができる。第 15 期中央教育審議会第 1 次答申，第 16 期中央教育審議会第 2 次答申，教育課程審議会答申において［生きる力］がたえず［　］つきであるように，これもまた " " で括られている。

この zest を英語辞書（『小学館ランダムハウス英和大辞書』）で引いてみると，①（レモンの皮など）風味を添えるもの，香辛料，②さわやかな（ぴりっとする）風味，③ここちよい刺激，こ気味よさ，趣，興味，魅力，④強い興味，熱心，が示されている。

文部省はおそらく④の意味でzestを使っていると思われるが，辞書のなかで，その例文としてhave a keen zest for enjoyment（快楽に強い興味を持つ），lose a zest in studying（研究に興味を失う），The hungry man ate with a zest.（腹をすかしたその男はもりもりと食べた），They entered into the game with a zest which was unusual for them.（彼らはふだんとは違った熱心さでゲームを始めた），He found a real zest in learning.（学ぶことに真の喜びを発見した）などがあげられている。

　文部省の英訳がなかなか苦しいと感じるのは，［生きる力］が英訳できない言葉，英語圏にない概念だからである。もちろん英語圏にない概念だからふさわしくないということは言えない。日本には日本の文化と伝統がある。かつて「甘え」という言葉で日本人の精神構造と文化が説明されたことがあるが，これは日本独特なものの一例と言える。「甘え」と言えば日本人は共通に認識することができる。しかし［生きる力］に関しては日本人が共通認識できる言葉ではないし，［生きる力］とは何か，いずれの答申を読んでもいまひとつはっきりしない。

　さらに，「自ら学び，自ら考える力などの［生きる力］」というフレーズが小・中学校の「学習指導要領解説総則編」や答申に繰り返し出てくる。このフレーズを読むと「自ら学び，自ら考える」が生きる力にかかっている。つまり［生きる力］は〈自ら学び，考える力〉を指している。であるとしたら英訳の"zest for living"とは違った意味である。

● 現行学習指導要領における［生きる力］ ●

　より大きな問題は、これほど第15期中央教育審議会第1次答申やそれ以降の各種答申で［生きる力］が繰り返し強調されているにもかかわらず、肝心の現行学習指導要領のなかで［生きる力］という言葉は一切出てこないということである。また、［生きる力］をはぐくむために新設された「総合的な学習の時間」については、学習指導要領の第1章総則の「総合的な学習の時間の取扱い」の箇所以外、その記述が一切なされていない。

　それゆえに、［生きる力］は曖昧に捉えられ、さまざまな解釈を生んでいる。

●［生きる力］と「総合的な学習の時間」●

　第15期中央教育審議会第1次答申で、［生きる力］をはぐくむための具体的な時間として「総合的な学習の時間」の創設が提言されたこと、さらに教育課程審議会の最終答申において、その具体化が示されたことは、すでに第Ⅱ章で指摘した。

　しかし、［生きる力］の概念が明確でないために学習全体で捉えることができず、ましてや国語や算数といった各教科で捉えられてはいない。そこで「総合的な学習の時間」にのみ依存している状態であると言っても過言でない。

　さらに、「総合的な学習の時間」が当初期待されていた教科の枠をこえた横断的・総合的な学習ではなく、単発的な項目の学習に終始するようになったのも、ここに曖昧なままでの［生きる力］を基本的概念としたところに原因がある。

● [生きる力]の変容 ●

　ところが，後述するように，現行学習指導要領は学力低下を中心として批判されていく。この批判の高まりに，中央教育審議会は2003年10月7日に「初等中等教育における当面の教育課題及び指導の充実・改善方策について」という名の答申を河村建夫文部科学大臣に提出した。

　この答申は，[生きる力]の重要性を確認した上で「まずは[生きる力]を知の側面からとらえた[確かな学力]をはぐくむため，学習指導要領に示されている共通に指導すべき基礎的・基本的な内容を確実に定着させること」を提案した。

　さらに，子どもたちに求められる学力＝[確かな学力]と標題をつけ，[確かな学力]とは「知識や技能はもちろんのこと，これに加えて，学ぶ意欲や，自分で課題を見付け，自ら学び，主体的に判断し，行動し，よりよく問題を解決する資質や能力等までを含めたものであり，これを個性を生かす教育の中ではぐくむことが肝要である」とした。

　ここに[確かな学力]という言葉が新たに確立されたのである。文部科学省は図表Ⅲ-3を使って[生きる力]を説明している。

　この図表で示されているように，文部科学省が意図する[生きる力]は「確かな学力」「豊かな人間性」「健康・体力」の3者がクロスする場所にある。

　文部科学省は「『確かな学力』とはどのような力ですか」という質問に答える形で「これからの子どもたちには，基礎的・基本的な『知識や技能』はもちろんですが，これに加えて，『学ぶ意欲』や『思考力・判断力・表現力など』を含めた幅広い学力を育てること

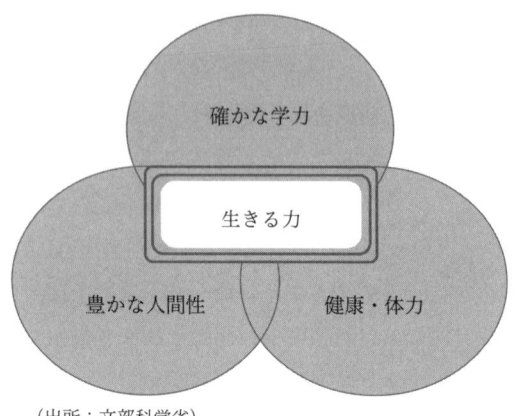

図表 Ⅲ-3　[生きる力] と [確かな学力] との関係

確かな学力

生きる力

豊かな人間性　　健康・体力

(出所：文部科学省)

が必要です。これを『確かな学力』といいます」と説明している。

　ところが，[生きる力] の構成要素であるはずの「豊かな人間性」と「健康・体力」について具体的なことは何も触れていない。曖昧なままで現行学習指導要領の基本的概念となった [生きる力] は，学力低下の批判のなかで「確かな学力」に重きを置いたものにシフトしたのである。

● 人間としての「生きる力」と現行学習指導要領の[生きる力] ●

　原点に戻って考えてみたい。人間に「生きる力」が必要なのは自明の理である。

　1897 年，バーゼル（スイス）に生まれたアドルフ・ポルトマン（Adolf　Portmann）はその著書『人間はどこまで動物か』（原題は *Biologische Fragmente zu einer Lehre vom Menschen*：人間論の生物学的断章）のなかで「人間は生後 1 歳になって，真の哺乳類が生まれ

た時に実現している発育状態に、やっとたどりつく」と述べ、人間を生理的早産とした。ポルトマンが論じているように、人間は完全な保護を必要とする段階から、時間を経て、食事をする、排泄をするなどの基本的な「生きる力」を習得していく。さらに時間と経験を加えて、社会のなかで名を持った個人として「生きる力」を獲得していくのである。

例えば、「食事の最中には音をたてない」というエチケットはまぎれもなく社会で「生きる力」のひとつである。これは「食事の最中には音をたてない」のが他人に不快感を与えない食べ方であるという（少なくとも日本の）文化のなかで生きていく力＝生きる力である。

また「高金利で金を借りると元本を返すことが難しい」という事実も社会生活を営む際に不可欠な「生きる力」である。高利の闇金融業者から借金をした上での自殺が多い実状を考えれば、文字どおりの「生きる力」である。

「食事の最中には音をたてない」「高金利で金を借りると元本を返すことが難しい」のみならず、さまざまな「生きる力」は従来、家庭や社会、あるいは学校教育のなかで、人間（子ども）が成長していく間に自然と身に付けるものであったはずである。しかし、子どもたちがこうした経験を積むことが難しい時代になったため、わざわざ［生きる力］が強調されたとも言える。要するに、家庭や社会、あるいは学校教育のなかで人間（子ども）は「生きる力」を十分に修得できなくなったから、学校教育の場において特別な時間を設けることが要請されているのである。

具体例とした「高金利で金を借りると元本を返すことが難しい」

は，数学における複利計算を学習する時に，教師が例としてあげればよく理解できるであろう。そうした試みは，［生きる力］が叫ばれる以前において，学校の日常としてあったはずである。

それが今日では［生きる力］の実践の授業のひとつとして「金融教育の時間」が求められている。「金融教育で『生きる力』を」と日本銀行の広報誌は謳っている。また，日本銀行は金融広報中央委員会という機関で「平成17年は金融教育元年である」と宣言し，全国の幼稚園，小学校，中学校，高等学校の金融教育をサポートしている。つまり，かつては主として数学や社会科あるいは家庭科の応用であった金融の知識が，「金融教育」という授業の一分野を形成するまでに至っているのである。

金融教育を促進する立場の人からは，「現在の金融の問題はただ金利のことだけではない。ペイオフ解禁，社会保障制度の改革，金融商品の多様化など知っておくべき事実が多数あるから学校での教育が必要である」との意見が出ている。

しかし，これには2つの点から反駁ができる。

1点目は，金融問題は新聞（一般紙）を購読していれば，充分に情報の収集と理解が可能であるということである。

ところが，2004年4月の「朝日総研リポート」によると，20代の新聞無購読率は4割に達し，30代の無購読率も1997年に8.0%だったものが，2003年に17.4%と急上昇している。世代別の無購読率の推移はほとんど変化していないことから，新聞購読を途中でやめているのではなく，若い世代ほど購読する習慣がなくなっているとの調査報告がなされている。また，2人以上の世帯で2003年は30歳未満で42.4%，30代で16.3%が新聞を読む習慣がなく，

これは1997年から倍増している点も明らかにしている。

さらに,無購読の理由として「(新聞を読まなくても)インターネットで十分だから」と回答する人がいるが,30歳以下でそのように答えた割合は2割に留まっている。違った観点から見れば,数字上,30歳以下の約2割が満足な情報を得ないで生活している。自ら情報を遮断した生活を送っているのである(筆者が勤めている大学の学生に新聞購読の有無を聞いたところ,購読している者は1割にも満たなかった)。

この調査報告から考えるに,金融教育よりも先にすべきは社会生活を満足に送るために,例えば,新聞を読む習慣を持つというような広い意味での識字教育である。「読む」という能力の訓練である。「読む」ことは「生きる力」なのである。普通に新聞を読んでいれば,ペイオフ対策もできるし,社会制度の改革に対処する方法も知りえるのである。

2点目は,「学校教育が単に経済的に得をすることを学ぶだけの場でよいのか」というシンプルな問いがある。学校が経済的な損得だけを重視した教育を行うなら,例えば,職業の選択も経済的に恵まれたものを良しとするような拝金主義に陥る可能性はないだろうか。学校は丁稚の手習いの場所ではないはずである。

短絡的な金融教育という名の[生きる力]の教育は,人間としてもっと崇高な,あるいは品位ある「生きる力」を失わせている。

今日,金融教育と同様の学習が「環境教育」や「食育」でも,さらには「心の教育」や「キャリア教育」でも行われている。これはひとえに現行学習指導要領の基本的概念が[生きる力]になっているからである。学校教育に外注されたものが肥大化し,人間本来の

第3節 [ゆとり]

● 学習指導要領における「ゆとり」の経緯 ●

現行学習指導要領のもうひとつの基本的概念は[ゆとり]である。

すでに見てきたように,「ゆとり」が最初に強調されたのは1977年の学習指導要領である。わが国のゆとりを重視する教育の路線はここから始まったと言っても過言でない。

1989年の学習指導要領においてもゆとり重視の教育は継承されていく。また,指導要録を通じて「新しい学力観」を広め,子どもをテストや知識の詰め込みから解放しようとしたのである。

こうした一連の流れを継いで,[ゆとり]は[生きる力]とともに,現行学習指導要領の基本的概念となった。

● 現行学習指導要領における[ゆとり] ●

現行学習指導要領の成立過程において,「ゆとり」がまず取り上げられたのは,第15期中央教育審議会の第1次答申に見られる「子供たちの生活の現状」分析である。ここで,次のような指摘がなされている。

> 現在の子供たちは,物質的な豊かさや便利さの中で生活する一方で,学校での生活,塾や自宅での勉強にかなりの時間をとられ,睡眠時間が必ずしも十分でないなど,[ゆとり]のない忙しい生活を送っている。そのためか,かなりの子供たちが,休業土曜日の午前中を「ゆっくり休養」する時間に当てている。また,テレ

ビなどマスメディアとの接触にかなりの時間をとり，疑似体験や間接体験が多くなる一方で，生活体験・自然体験が著しく不足し，家事の時間も極端に少ないという状況がうかがえる。

　このような［ゆとり］のない忙しい生活の中にあって，1992年及び1994年のNHKの世論調査においても，「夜，眠れない」，「疲れやすい」，「朝，食欲がない」，「何となく大声を出したい」，「何でもないのにイライラする」といったストレスを持っている子供もかなりいることが報告されている。

答申はこうした状況を踏まえ，「過度の受験競争」が子どもの生活から［ゆとり］を奪っている最大の原因としている。これについて，次のように説明している。

　過度の受験競争は，子供たちの生活を多忙なものとし，心の［ゆとり］を奪う，大きな要因となっている。子供たちは，過度の受験勉強に神経をすり減らされ，青少年期にこそ経験することが望まれる様々な生活体験，社会体験，自然体験の機会を十分に持つことができず，精神的に豊かな生活を行うことが困難となっている現状がある。

こうした状況を打破するため，子どもたちが［ゆとり］を持つようにと，完全学校週5日制の実施を提起した。その目的（ねらい）について，次のように説いている。

　今日の子供たちの生活の在り方を省みると，子供たちは全体として［ゆとり］のない忙しい生活を送っており，様々な体験活動の機会も不足し，主体的に活動したり，自分を見つめ，思索する

といった時間も少なくなっているというのが現状である。こうした現状を改善する意味で，家庭や地域社会での生活時間の比重を増やし，子供たちが主体的に使える自分の時間を増やして［ゆとり］を確保することは，今日，子供たちにとって極めて重要なことと考える。

この完全学校週5日制を実施する際の留意点として，学校外活動の充実を要請している。同時に，土曜日に保護者不在の家庭の子どもに対する配慮を求め，以下のような指摘をしている。

・地域における様々な団体などと連携し，土曜日や日曜日における活動の場や機会の提供，情報提供など多様な学校外活動のプログラムを提供する体制を整えていく必要がある。
・幼稚園や小学校低学年で土曜日に保護者が家庭にいない子供や障害のある子供等に対して，遊びや文化・スポーツ活動などの学校外活動の場や機会，指導者の確保等により，これらの子供たちが安心して過ごせるよう，特段の配慮が必要である。

学校が完全週5日制になったとはいえ，労働者の完全週休2日は4割程度の実施状況と言われている。例えば，愛媛県では，2002年度の統計によると週休2日の労働者は全体の25.9%でしかない。しかも，これは正規社員だけの割合で，パート，派遣社員などは調査の対象から外れている。また週休2日であっても土曜日が休みとは限らない。子どもにとって土曜日が休みになっても，その家庭で両親が揃って休みという家庭は少ないのである。

こうした子どもの受け皿として，まず学童保育が考えられる。学

童保育は，月曜日から金曜日まで，子どもが放課後，家庭に保護者がいない場合の制度である。しかし，これは教育委員会が「放課後児童健全育成事業」として行っているため，土曜日は放課後でないとして多くの場合閉所されている。

このため，民間で「キッズベースキャンプ」という企画・運営が起こった。これは土曜日を含む放課後の児童に安心かつ充実のプログラムを与えるもので，送迎を含んだ極めて密度の高いものである。費用は毎日利用すれば，1月当たり5万円から8万円，土曜日だけの利用では5千円である。

こうしたマーケットが今後広がっていくかどうかは未知数である。母親のパート代金を超える費用を払う家庭がどれほどあるか不明である。

民間の企画・運営ではなく，自治体やボランティア団体が企画・運営する土曜日のプログラムがあったにしても，多くの地方の場合，自家用車による送迎が必要である。両親のどちらかが送迎できなければならず，現実的に子どもの多数参加は見込めない。参加できるにしても，そのプログラムが系統的で，しかも子どものニーズにあったものが行われるには多くの困難が予想される。

ところで，答申は「塾通いが増加するのではないかとの懸念がある」と土曜日に塾に通うことを危惧していた。文部科学省が2002年10月30日から11月29日にかけて行った調査によると，通塾率は「小学校2年で15.1%（2001年度は14.7%），小学校5年で27.7%（2001年度は27.6%％），中学校2年で49.8%（2001年度は47.1%）であり，特に小学生では，昨年度から今年度にかけて，通塾率に増加傾向はほとんど認められない」としている。しかし，同

じく文部科学省が2005年3月から4月にかけて行った「義務教育に関する意識調査」によると，小学生（第4～6学年）の通塾率は36.9%，中学生（第1～3学年）では50.9%である。

塾通いは確実に増えており，子どもたちは学校と塾というダブルスクール現象の下で悪戦苦闘している。こうした状況のなかで，心身ともに［ゆとり］があるとは考えられない。

● 授業時数の削減 ●

［ゆとり］を確保するために次になされたのは，授業時数の大幅削減である。それに伴って既存の教育内容は3割削減された。いわゆる教育内容の厳選である。

「教育内容の3割削減」はすぐ既成の事実として各種論文，雑誌文献，新聞報道などで示されている。しかし「教育内容は3割削減される」「勉強する内容を3割削減と発表」「学習内容の3割削減」「教科内容の3割削減」「教科内容を『厳選』し，3割前後，削減する」「教える内容を3割削減」「各教科を30%削減」「カリキュラムの削減」とさまざまな捉え方がなされている。

確かに文部省関係者は「3割削減」という言葉で公言していた。しかし，厳密に考察してみると，各種審議会答申のどこにも「3割削減」という文言はない。また，従来の学習指導要領と現行学習指導要領を詳細に比較して，教育内容が3割削減されたという事実はみられない。教育内容が3割削減されたかどうかは曖昧なままである。

これについて考えてみたい。ここでまず問題なのは「教育内容」とは何かという定義がはっきりしない点である。そのため国語，算

数, 社会科などすべての教科について一律3割削減されたのか, 各教科全体で3割削減されたのか, 学年ごとに3割削減されたのか曖昧模糊としている。曖昧模糊なまま「教育内容の3割削減」という言葉だけが独り歩きしたという感じを否めない。

また,「教育内容の3割削減」を言葉どおり受け取ると, 今度はどのような基準で削減されたのかという疑問が生じる。何かを削減するにあたって, それがどのような基準で削減されたのか一切公開されていない。また, 削減されたことに妥当性があるのかどうかという点についても論及されたことがない。

ところで, 小学校の総授業時数について1989年の学習指導要領と現行学習指導要領を比較すると図表Ⅲ-4のようになっている。(なお, 図表Ⅲ-4～Ⅲ-5-4すべてにおける＊は1989年を1とした場合の1998年の割合である)。

図表Ⅲ-4からわかるように, 現行の小学校学習指導要領では各学年とも1割も削減されていない。

では, 各教科はどうなのか。ここで主要教科（生活科を含む）に

図表 Ⅲ-4　総授業時数の比較（小学校）

学　年	1989年	1998年	＊
1	850	782	0.92
2	910	840	0.92
3	980	910	0.93
4	1015	945	0.93
5	1015	945	0.93
6	1015	945	0.93

図表 Ⅲ-4-1 国　語

学年	1989 年	1998 年	＊
1	306	272	0.89
2	315	280	0.89
3	280	235	0.84
4	280	235	0.84
5	210	180	0.86
6	210	175	0.83

図表 Ⅲ-4-2 社　会

学年	1989 年	1998 年	＊
3	105	70	0.67
4	105	85	0.81
5	105	90	0.86
6	105	100	0.95

図表 Ⅲ-4-3 算　数

学年	1989 年	1998 年	＊
1	136	114	0.84
2	175	155	0.89
3	175	150	0.86
4	175	150	0.86
5	175	150	0.86
6	175	150	0.86

図表 III-4-4　理　科

学年	1989 年	1998 年	＊
3	105	70	0.67
4	105	90	0.86
5	105	95	0.90
6	105	95	0.90

図表 III-4-5　生活科

学年	1989 年	1998 年	＊
1	102	102	1.00
2	105	105	1.00

ついて見ていきたい（図表III-4-1～III-4-5）。

　主要教科それぞれの授業時数の比較を見ると，現行の小学校学習指導要領の第3学年の社会科と理科が67％に減っている他は，概ね80％台の後半である。要するに，1割5分程度しか削減されていないのである。

　中学校における総授業時数は図表III-5のように変化している。

　小学校同様，現行の中学校学習指導要領では，総授業時数は1割も削減されていない。

　次に，主要教科別に見ていく（図表III-5-1～III-5-4）。

　なお，英語は前回の学習指導要領まで選択教科であったので比較できない。

　上記の図表からわかるように，一部の例外を除き，現行の中学校学習指導要領では，主要教科についての授業時数の減少は概ね2割

第Ⅲ章　現行学習指導要領の基本的概念

図表 Ⅲ-5　総授業時数の比較（中学校）

学年	1989 年	1998 年	*
1	1050	980	0.93
2	1050	980	0.93
3	1050	980	0.93

図表 Ⅲ-5-1　国　語

学年	1989 年	1998 年	*
1	175	140	0.80
2	140	105	0.75
3	140	105	0.75

図表 Ⅲ-5-2　社　会

学年	1989 年	1998 年	*
1	140	105	0.75
2	140	105	0.75
3	70〜105	85	0.81〜1.2

図表 Ⅲ-5-3　数　学

学年	1989 年	1998 年	*
1	105	105	1.00
2	140	105	0.75
3	140	105	0.75

図表 Ⅲ-5-4　理　科

学年	1989年	1998年	＊
1	105	105	1.00
2	105	105	1.00
3	105〜140	80	0.57〜0.76

5分である。

　以上，授業時数の観点から，1989年の学習指導要領と現行学習指導要領を比較してみた。

　授業時数の観点から見た場合，もし教育内容が3割削減されていて，授業の進行速度が前回と同じならば，現行学習指導要領の下で授業時数は3割削減されているはずである。しかし実際はそうではない。ここからも「教育内容の3割削減」は曖昧なことがわかる。

　仮に3割削減が事実と考えるならば，授業の進行速度はかなり速くなっている必要があり，児童・生徒に［ゆとり］を生み出すどころか，かえって授業の理解を困難にしているはずである。このように，［ゆとり］のための「教育内容の3割削減」は既成事実のように言われているが，曖昧模糊なのが現実であるのを認識しておきたい。

　しかし実際，小学校第2学年からの70時間の授業時数の減少は，週に換算すると2時間分である。この2時間と「総合的な学習の時間」の3時間分を合わせて5時間分が，国語や算数などの従来の教科の授業時数から削減されている。

　中学校は，国語，社会がともに各学年で週当たり1時間削減され，第2, 3学年の数学も1時間の削減になった。

136　第Ⅲ章　現行学習指導要領の基本的概念

　また，1989年の中学校学習指導要領における選択科目として履修されていた英語の授業時数は第1学年で3-4時間，第2学年で3-6時間，第3学年で4-8時間であったが，現行学習指導要領で週3時間になった（ただし選択教科の時間を利用すれば授業時数を増やすことは可能である）。

　この授業時数の削減は，形式陶冶の勉強をゆるめたことに繋がる。国語，算数，数学，外国語などの形式陶冶が主体となる学習を軽減し，「総合的な学習の時間」を設けることで，学習全体が従来よりもゆるくなっている。これは後述する受験への嫌悪からと推察できる。

● ［ゆとり］の英訳 ●

　ところで，［ゆとり］は文部省の白書『平成12年度我が国の文教政策』英語版で，"room to grow" と英訳されている。第15期中央教育審議会第1次答申，第16期中央教育審議会第2次答申，教育課程審議会答申において［ゆとり］は［生きる力］同様，［　］つきであるが，英語版でも " " で括られている。room はおそらく場所，空間，余地，余裕の意味で使われているのであろう。しかし，［生きる力］の英訳同様，はたしてこれでよいのかどうか，疑問が残る。

● 世論の肯定 ●

　この［ゆとり］を柱に据えた教育，すなわちゆとり教育は当初，世論から概ね肯定された。例えば，毎日新聞の調査（1998年12月4～6日に実施）によると，図表Ⅲ-6に示されているように7割以上

図表 Ⅲ-6　世論調査

◆a)　2002年度から従来の知識偏重の教育を転換するため学習指導要領が改まり，子供の学習内容が大幅に減ります。あなたは賛成ですか，反対ですか。	
賛成	39%
どちらかといえば賛成	32%
どちらかといえば反対	19%
反対	6%
◆〈a)で「賛成」「どちらかといえば賛成」と答えた方だけに〉その理由は何ですか。（二つまで）	
子供にゆとりが生まれる	69%
授業についていけない子供が減る	35%
教師にゆとりが生まれる	18%
基礎を繰り返し勉強することによって学力が伸びる	43%
入試問題もやさしくなり，受験勉強が緩和される	13%

（出所：毎日新聞　1998年12月20日付け）

の賛成を得ている。

　このように世論は当初大いに歓迎したゆとり教育であったが，すぐに学力低下を招くとして世論の猛反対を受けることになったのである。

● ［ゆとり］教育の真のねらい ●

　［ゆとり］教育は第15期，16期中央教育審議会答申，教育課程審議会答申に見られる意図に基づいて確立されたのは本当なのか。

　これについて，教育課程審議会会長の三浦朱門は，斎藤貴男によるインタビューのなかで，次のように発言している。

学力低下は予測し得る不安と言うか，覚悟しながら教課審をやっとりました。いや，逆に平均学力が下がらないようでは，これからの日本はどうにもならんということです。つまり，できん者はできんままで結構。戦後50年，落ちこぼれの底辺を上げることにばかり注いできた労力を，できる者を限りなく伸ばすことに振り向ける。100人に1人でいい，やがて彼らが国を引っ張っていきます。限りなくできない非才，無才には，せめて実直な精神だけを養っておいてもらえばいいんです。

今まで，中以上の生徒を放置しすぎた。中以下なら，"どうせ俺なんか"で済むところが，なまじ中以上は考える分だけキレてしまう。昨今の17歳問題は，そういうことも原因なんです。平均学力が高いのは，遅れてる国が近代国家に追いつけ追い越せと国民の尻を叩いた結果ですよ。国際比較をすれば，アメリカやヨーロッパの点数は低いけれど，すごいリーダーも出てくる。日本もそういう先進国型になっていかなければいけません。それが"ゆとり教育"の本当の目的。エリート教育とは言いにくい時代だから，回りくどく言っただけの話だ。

こうした三浦の発言から断言できるのは，[ゆとり]教育の真のねらい（目的）はエリート教育である(下線：筆者)。

三浦発言の倫理的な問題はさておき，まず，現在の日本の状況が，本当に三浦が目指すような「先進国型」の教育を必要としているか検証してみたい。

● 日本経済の実態 ●

社会経済生産性本部は2002年11月22日,「2000年の労働生産性の国際比較」を公表した。このなかで,OECD諸国間比較を示したのが図表III-7である。なお,労働生産性とは,単位労働力当たり（＝就業者1人当たり,あるいは時間当たり）の生産量のことである。

これからわかるように,日本の労働生産性はOECD 30ヵ国中第20位であり,先進主要7ヵ国では最下位である。

日本は戦後,奇跡の復興を成し遂げたと言われ,高度成長を経験したことから,高い労働生産性があると思われている。しかし,それはあくまで国内での比較にすぎない。国際的に見た場合,アメリカやヨーロッパの先進諸国に届いていないのが現実なのである。

この図表は2000年の労働生産水準を示したものであるが,1970年からの30年間,1989年から1997年までの9年間を除いては常に最下位である（ちなみにこの9年間ですら,最下位のイギリスを

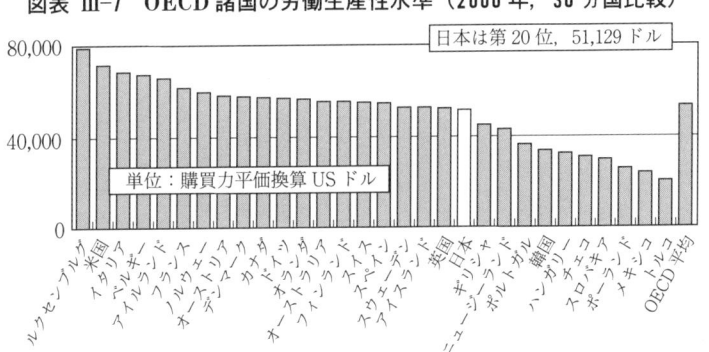

図表 III-7 OECD諸国の労働生産性水準（2000年,30ヵ国比較）

日本は第20位,51,129ドル

単位：購買力平価換算USドル

(出所：財団法人社会経済生産性本部「2000年の労働生産性の国際比較」)

かろうじて上回っていたにすぎない)。

なお,社会経済生産性本部は労働生産性に関するOECD 30ヵ国比較を2000年以降も継続して行っている。それを見ると,2001年は第19位,先進主要7ヵ国中最下位,2002年は第18位,先進主要7ヵ国中最下位,2003年は第19位,先進主要7ヵ国中最下位,2004年は第19位,先進主要7ヵ国中最下位である。

また,国民1人当たりのGDPの国際比較は図表III-8のような結果を示している。

日本の国民総生産は世界第2位であるが,それを1人当たりに換算したGDPは先進国とは言えるにしても,飛びぬけた豊かさを国民が享受しているわけではない。

しかし,日本は労働生産性を上げれば,国民1人当たりのGDPも上がる可能性が高い。社会のインフラ整備,財政の大幅赤字などを考えれば,すでに十分な経済発展を果たしたとは言えない。三浦

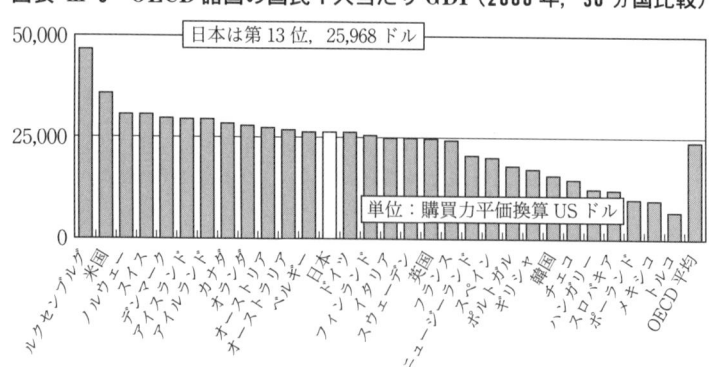

図表 III-8　OECD諸国の国民1人当たりGDP(2000年,30ヵ国比較)

日本は第13位,25,968ドル

単位:購買力平価換算USドル

(出所:財団法人社会経済生産性本部「2000年の労働生産性の国際比較」)

が言うように経済発展を遂げていて，一握りのエリートが安定的な社会を運営すればことたりるという社会では決してない。日本の社会はボトムアップが依然として求められている。

● 社会の現実 ●

いまひとつ別の観点からも，［ゆとり］教育は批判できる。それは教育にゆとりがあるためには社会全体にゆとりがあってこそ可能であるという点である。

まず，厚生労働省の調査による主要先進国の労働時間と年間の休日数（2003年）を見てみよう（図表Ⅲ-9, Ⅲ-10）。

日本は労働時間が長く，年間の休日が少ない。これは労働者の時間的ゆとりが少ないことを示している。労働者の時間的ゆとりが少ないのであるから，家庭生活においても団欒や家族の対話などのゆ

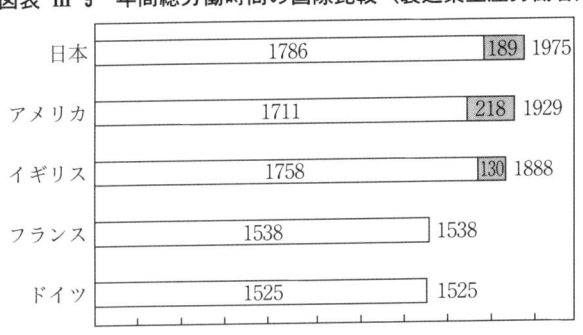

図表 Ⅲ-9 年間総労働時間の国際比較（製造業生産労働者）

国	所定内労働時間	所定外労働時間	合計
日本	1786	189	1975
アメリカ	1711	218	1929
イギリス	1758	130	1888
フランス	1538		1538
ドイツ	1525		1525

(出所：厚生労働省「毎月勤労統計調査」，EU及び各国資料より厚生労働省労働基準局賃金時間課推計)

図表 Ⅲ-10　年間休日数の国際比較

	週休日	法定休日	年次有給休暇	合計
日本	104	15	8.5	127.5
アメリカ	104	10	13.1	127.1
イギリス	104	8	25.0	137.0
フランス	104	11	25.0	140.0
ドイツ	104	8	31.2	143.2

(出所：厚生労働省「就労条件総合調査」，EU 及び各国資料より
厚生労働省労働基準局賃金時間課推計)

とりがないのは必然である。

　また，国家の財政にもゆとりがない。国の借金は 2005 年 9 月 23 日の時点では約 796 兆円，2006 年 9 月 25 日時点では約 828 兆円に上っている。すべての国民 1 人当たりに換算すると 647 万円の借金を抱えている。これに加えて，地方財政の借金も存在している。

● 国民生活の貧困さ ●

　国民の生活にもゆとりがない。国民生活の厳しさを示す指標としていくつか考えられるが，失業率はそのひとつである。この失業率について，内閣府が公表した『平成 15 年度版国民白書』は図表Ⅲ-11 のような増加傾向を明らかにしている。

　また，就業していたにしても賃金が下落している状態は，同白書

図表 III-11 失業率の推移

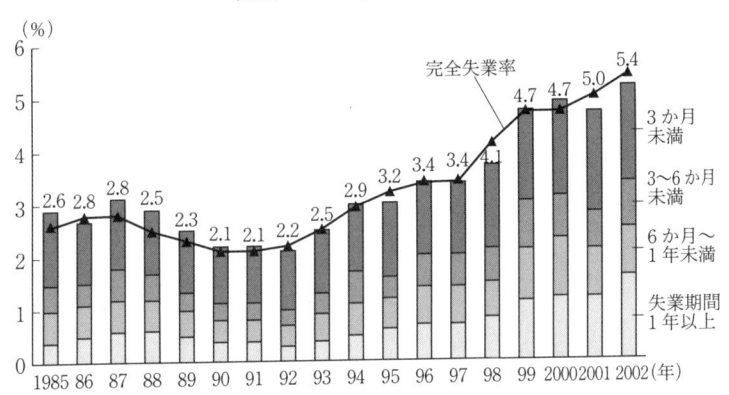

(備考) 1. 総務省「労働力調査特別調査」,「労働力調査」により作成。
2. 失業期間別完全失業者の労働力人口に占める割合及び完全失業率の推移。
3. 失業期間については,1985年〜2001年は「労働力調査特別調査」の各年2月の値,2002年は「労働力調査(詳細結果)」の年平均を利用。
4. 完全失業率については,「労働力調査」の年平均を利用。

(出所:内閣府『平成15年版国民生活白書』)

における図表III-12からも明らかである。

今日では給与水準の下落に加えて,各家庭での格差の問題が生じている(なお,格差の問題は第Ⅵ章で詳述する)。

このように,日本の社会全体にゆとりがないところで,学校教育のみに[ゆとり]を求めても,三浦が述べたことの半分だけが達成される教育,つまり,できない者ができないままで置いていかれる教育が行われるだけの結果になる。

● システムのなかの [ゆとり] ●

自動車のハンドルにはいわゆる「遊び」がある。一見無駄のよう

図表 Ⅲ-12 賃金の推移

(対前年比：％)

グラフ中の値：
- 1986: 3.1
- 1987: 2.7
- 1988: 1.6
- 1989: 4.7
- 1990: 3.7
- 1991: 3.9
- 1992: 2.0
- 1993: 0.2
- 1994: 2.0
- 1995: 1.9
- 1996: 1.0
- 1997: 2.0
- 1998: −1.4
- 1999: −4.7
- 2000: 0.4
- 2001: −0.2
- 2002: −2.4

凡例：現金給与総額(名目)、所定内給与、現金給与総額(実質)、所定外給与、特別に支払われた給与

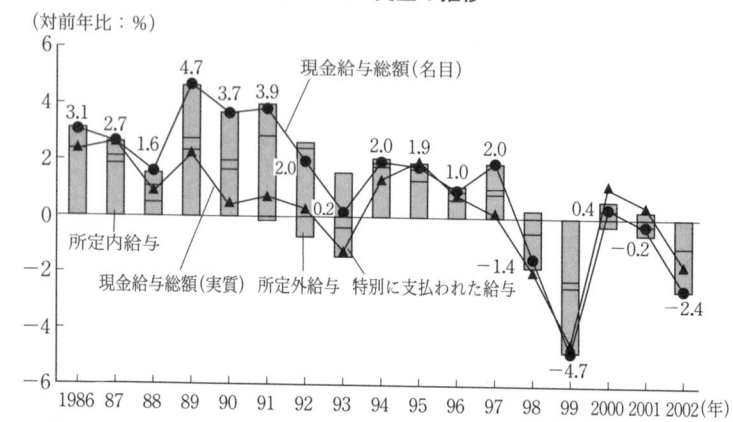

(備考)
1. 厚生労働省「毎月勤労統計調査」，総務省「消費者物価指数」により作成。
2. 常用労働者が30人以上規模の事業所における常用労働者1人の平均月間給与額の対前年増加率。
3. 現金給与総額は，所定内給与，措定外給与，特別に支払われた給与の合計。
4. 所定内給与とは，労働契約，団体協約あるいは事業所の給与規則などによってあらかじめ定められた支払条件，算定方法によって支給される給与で所定外給与を含まない。
5. 所定外給与にはおもに，時間外手当，早朝出勤手当，休日出勤手当，深夜手当などがある。
6. 特別に支払われた給与はおもに，夏季，年末賞与，結婚手当などがある。

(出所：内閣府『平成15年版国民生活白書』)

でも，「遊び」があるからこそ，自動車は運転手の思いどおりに走行する。言い換えれば，ある機械（自動車）のシステムが機能するには「遊び」が必要なのである。

　同じことが［ゆとり］にもあてはまる。［ゆとり］はあらかじめシステムのなかで構築されていなければ何の機能もしない。うまく機能するための大前提は，なによりもまず，社会全体におけるゆと

りである。教育は社会システムのなかのひとつであるから、そもそも、ゆとりのない社会で［ゆとり］教育が実現するはずはなかったのである。

第4節 ［生きる力］と［ゆとり］における反知性主義の問題

● 受験への嫌悪 ●

［生きる力］にせよ［ゆとり］にせよ、競争や受験への嫌悪が強く印象づけられる。

第15期中央教育審議会第1次答申のなかに「過度の受験競争の緩和」という一項がある。さらにそのなかで「［ゆとり］を確保し［生きる力］をはぐくんでいくためには、（略）特に重要な問題として過度の受験競争の緩和がある」というフレーズがある。現行学習指導要領の基本的概念である［ゆとり］のなかで［生きる力］を形成するには、すなわち、学習指導要領に記されている内容を子どもたちに徹底するには、受験競争を緩和せよ、という文脈である。

続けて「幾ら［ゆとり］の確保や［生きる力］の重要性を訴えても、そのような生き方を採ることが難しい事情があるならば、正にそれは画に描いた餅と言わざるを得ない」と述べている。過度の受験勉強が支配している現在の状況下では［ゆとり］と［生きる力］は空理空論でしかないと認めている。

しかしながら答申では、国、都道府県、学校が過度の受験勉強を是正するために、大学における入学者選抜について「面接、小論文、実技検査などの実施、推薦入学の改善、受験機会の複数化、職業教育を主に学習した生徒を対象とする選抜方法の導入」等を求めてい

る。また、高等学校における入学者選抜は、「調査書の活用と充実、推薦入学の活用、受験機会の複数化、面接の活用、偏差値や業者テストに依存しない進路指導」などによって改善されたとしている。

つまり、この答申を簡単に言い換えると、〈過度の受験勉強を是正する〉→〈ペーパー試験を実施しない〉となる。これは本当に正しいのであろうか。

まず現在、子どもたちは過度の受験勉強に迫られている状況かどうかという事実を検証してみたい。

高等学校への進学率は98%を超えているのが現状である。つまり高等学校へはほぼ誰もが入学できる状況なのである。また、大学は2007年度に全入時代を迎えたと言われているが、すでに2001年度に定員割れした大学が全体の3割にものぼっている。もはや高等学校や大学に入学するためだけであれば過度の受験勉強は必要ない。「過度の受験勉強」を要求していない社会状況である以上、それを是正するとか、しないという文脈は成立しないのである。

●「ケータイ入試」●

ペーパー試験からの回避こそが教育の正常化への道といった指摘もなされている。確かにペーパー試験を受けなくても合格できる高等学校や大学は急増している。

現在、私立大学は、全体の4割近くの学生がペーパー試験を経験しない推薦入試によって合格している。ペーパー試験を課さない入学選抜は増えるばかりで、関西地方のある大学では「ケータイ入試」が実施されている。その入試概要は、下記のとおりである。

第 4 節　[生きる力] と [ゆとり] における反知性主義の問題　　147

> 携帯電話の「カメラ機能」と「メール機能」を使用し，課題テーマに沿った 6 組の写真＋文章（各 20 文字以内）によるショートストーリーを完成させ提出（送信）。後日，作品のプレゼンテーションを含めて合否判定します。

この入試は，具体的には次のように行われる。

・step 1「撮る（写真）」
「つながる」というテーマから連想する自分なりのイメージやアイデアで，まずは「これだ！」と思う 1 コマ目の写真を撮ります。
・step 2「打つ（文章）」
撮った写真に対応する表現豊かなコメント文章を，メールの本文として 20 文字以内で入力します。
・step 3「送る（提出）」
そのメールに step 1 の写真データを添付して送信します。
以上を 1 組として，step 1〜step 3 を 6 回繰り返し行います。
＊送信はそれぞれ 6 回，忘れずに行って下さい。

もしも「ペーパー試験を実施しない」のがこれから求められる教育であるならば，ケータイ入試のような様式は望ましいものと言える。しかし，このケータイ入試を実施している大学は，正規の授業として中学校まで遡ってのカリキュラムが組まれているとのことである。

大学というところが，高等学校の内容を習得した者がより高度の

専門的な学問を身に付ける場であるならば，ケータイ入試でその選抜ができるはずがない。大学がその本来の機能を持ちえないのは容易に理解できよう。

つまり，第15期中央教育審議会が認識しつつ求めている図式，すなわち，〈過度の受験勉強を是正する→ペーパー試験を実施しない〉は命題として意味をなしていないのがケータイ入試に具現化している。

別の視点から見れば，高等学校の卒業要件は高等学校までの学習指導要領に記されている内容を習得することと同義のはずであるから，ペーパー試験への回避や嫌悪は学習指導要領そのものを否定しているとも考えられる。つまり現行学習指導要領におけるゆとり教育の実施が，学習指導要領そのものを否定した上で行われるという極めて矛盾した話になっている。

● 日本社会における受験 ●

日本の社会は，従来から受験やペーパー試験を過度に嫌う風潮がある。正しくは，表層的に嫌っているのである。しかし，ある内容が理解できているかどうかを調べたり評価したりする場合，またはある組織や機関の成員になる場合の選抜として，ペーパー試験はかなり公平な手段である。その試験にいくらかの不備はあろうとも，ペーパー試験よりも公平に判断できるものをあげようとするのは容易でない。この前提は誰にも周知のはずであるし，誰も異議を唱えることはできない。

例えば，東京大学の入試が現在のようなペーパー試験を用いた受験という形式ではなく，「3代前からの親の職業によって合格者を

決める」とか「1億円以上の学債を購入する者のみ合格とする」となると、世論は大反対を唱えるであろうし、それに留まらず、東京大学そのもののアイデンティティはまったく違ったものとなるであろう。このように、本質的には誰もが受験やペーパー試験の価値を認めているのである。

しかし、同時に日本人の心性に存在するものに平等主義がある。日本人の平等主義は農耕民族の歴史からとか、横の繋がりを大切にするムラ社会だからとか、社長も社員も平等とみなしてきた企業社会が高度成長を成し遂げたから、などと多くの原因が指摘できよう。

その深い心性はともかく、「平等」の概念は、合格者とそうでないものを生み出す試験やそのシンボルとしてのペーパー試験と相克する。この衝突が表層的に受験とかペーパー試験の嫌悪として現れているのである。現行学習指導要領の基本的指針を示した第15期中央教育審議会の議論もまた、日本人の心性の束縛から逃れていないのが如実に示されている。

● 知識・知性・哲学 ●

さらに問題なのは、受験と知識が混線していることである。受験は確かに多くの問題を抱えている。しかし、それだからといって知識を疎んじるのは大きな間違いである。

知識を得るのはまず、人類の歴史がつくりあげた科学・文化を継いでいくという人類的な見地からの使命がある。先人たちの苦労によって一歩ずつ進歩してきた歴史を担うのは人間だけの特権であり、義務である。知識を疎んじるのは人間の歴史、ひいては人間そのものを軽んじていると同義であることを重く受けとめなくてはならな

い。人間が人間たるひとつの条件が知識の所有である。

　次に、その知識は単に受験でテストされるものとして存在するのではない。知識は人間として生活していく手段でもある。とはいえ、生活の手段であるなら、例えば、計算なら卓上計算機が使えれば良しとする意見がある。確かに卓上計算機が使えれば日常の生活を営むのは可能である。しかし、百の知識があって一つの知識（例えば、卓上計算機を使う知識）を使う人間と、一つの知識しかなくそれを使う人間では、それこそ人間としてのゆとりが違うのは当然である。知識があればあるほど、人間としてのゆとりや深みは増していくはずである。

　さらに、つきつめたところ、知識は知性を形成し、知性は哲学を支える方策である。知識のある人が「頭でっかちなだけの人」と否定的に言われるのは、その人の知識が表層的なもので、哲学を支える知性となっていないからである。真の知識は知性を形成し哲学を支えていくはずである。

　フランスなどで一般的に大学入学要件に使われているバカロレア（baccalauréat）は「対話は真理への道か」「全面的自由という観念に意味はあるか」「自己を意識することは、自分に対し他者となることか」のような、日本で言えば哲学の問題が並んでいる。回答するには的確かつ多様な知識と、それが哲学に結びついていなくてはならない。ここでは、真の知識が知性となり哲学を支えているはずであるという前提に立っているのがわかる。

　このような点から、現行学習指導要領における［生きる力］と［ゆとり］の反知性主義とも言える部分はおおいに反省されなくてはならない。

第 IV 章

現行学習指導要領の内容と考察

[生きる力]と[ゆとり]を基本的概念とする現行学習指導要領は各教科,道徳,特別活動,さらには新設された「総合的な学習の時間」から構成されている。

第IV章では,まず現行学習指導要領において,その内容にどのような特色があるのかを「各教科,道徳,特別活動」と「総合的な学習の時間」に関してそれぞれ考察する。その上で,いかなる問題があるのか検討を加える。

第1節　各教科・道徳・特別活動

● 国　語 ●

　国語の時間は前回と比べて削減された。小学校はそれまで1,601時間であったのが1,377時間に，中学校は455時間であったのが350時間となった。

〈小学校〉

　学校や児童の実態に応じて重点的に指導ができるように，目標および内容を2学年ごとにまとめて示された点が特徴的である。

　内容は，それまで「A　表現」「B　理解」の2領域と［言語事項］から構成されていたが，「A　話すこと・聞くこと」「B　書くこと」「C　読むこと」の3領域と［言語事項］へと変わった。

　漢字については，学年別漢字配当表の字数は前回と同じである。ただし，その指導にあたっては，2学年をセットにして考えている。つまり最初の学年で読めるようになり，次の学年で書けるようになるのを目標としている。

　さらに，それまで「作文指導の時間」と示されていたものが，「文章を書くことを主とする指導」に変わった。具体的には，「作文指導の時間」は第1～4学年で各105時間程度，第5，6学年で各70時間程度であった。しかし「文章を書くことを主とする指導」では第1，2学年で各90時間，第3，4学年で各58時間，第5，6学年で各55時間程度と削減されている。

　国語の時間は，全学年を通じて，コミュニケーション能力が重視される一方，文学作品の読解が少なくなった。

〈中学校〉

　目標および内容は，第2,3学年についてはまとめて示している。

　内容は小学校同様，「A　話すこと・聞くこと」「B　書くこと」「C　読むこと」の3領域と［言語指導］から構成されている。

　漢字の読みは，卒業時までに，学年別漢字配当表の漢字（小学校で配当されている漢字の総数1,006字）に加え，常用漢字の大体を読むこととされている。漢字の書きは，卒業時までに，学年別漢字配当表の漢字が書けるようにすることとなっている。

　この漢字の読み，書きは，総体的に見れば，前回の学習指導要領の中身と同一である。あえて違いを指摘するなら，前回の学習指導要領は，第2学年において学年別漢字配当表の漢字を身に付けることになっていたが，現行学習指導要領は，それが第3学年に持ち上がっている点である。

　作文の時間が少なくなっているのも特徴的である。前回の学習指導要領は，「作文の指導」に配当する授業時数について，第1学年で35〜55時間，第2,3学年で30〜50時間と示されていた。「作文の指導」と明確にしているが，このように具体的な授業時数を示したのは，この「作文の指導」だけであった。ところが，小学校と同様に，「作文の指導」という言葉が消え，その代わり「『B　書くこと』に関する指導」となっている。しかも，この「『B　書くこと』に関する指導」が国語の授業時数に占める割合で記されている。広く見れば，この「B『書くこと』の指導」は，まさしく「作文の指導」にあたる。

　具体的には，各学年の授業時数の10分の2から10分の3程度を割り当てるとなった。つまり，第1学年は28〜42時間程度，第2,

3学年は21〜31.5時間程度となったのである。作文の時間の減少は明らかである。

また、文学作品の通史、すなわち文学史を扱わないことが明示されたのも目を引く点である。

小・中学校の国語では、特に小学校における漢字の取り扱いに疑問を呈することができる。漢字が読めるようになってこそ、読書の広がりもある。また漢字が書けることで、子どもが書く文章も深まる。漢字の学習を通して子どもの生活や学習が奥行きを増すのである。

ところが、国語の授業時間（小学校）は224時間も減っているのに、学ぶ漢字の数は同じである。これでは子どもの学習として無理が生ずる。積み残される子どもが出るのは当然である。

また、2学年が1セットになっている漢字の学習方法について、次のような問題点が指摘できる。すなわち、漢字には部首や作りに意味がある。読めるに留めず、書くことでそれを認識して意味もわかるべきである。また、前の学年の漢字を書けるようにしながら、その学年の漢字を読めるようにするという方法ははたして国語の習得に好ましいかどうかはっきりしない。

作文の時間も削減されたが、日記が書けない、作文が書けない児童の数が増加傾向にあるとの教育現場から指摘されている。こうした状況において、「書く」を後回しにする結果、ますます書くことから遠ざかるのではという懸念がある。

〈高等学校〉

高等学校において生徒が共通に学ぶ必修科目は、「国語総合」（4

単位）のコースと「国語表現Ⅰ」（2単位）のコースどちらかである。それを3年間のうち1年間だけ学習すればよい。例えば、「国語表現Ⅰ」を選んだ場合，高等学校の1年から3年のどこかで週2時間の授業を受ければ，それで高等学校の国語は終わりとなる。

高等学校の国語はその目標を (1) 国語を適切に表現し的確に理解する能力を育成し，(2) 伝え合う力を高めるとともに，(3) 思考力を伸ばし心情を豊かにし，(4) 言語感覚を磨き，(5) 言語文化に対する関心を深め，(6) 国語を尊重してその向上を図る態度を育てる，としている。

この高等学校の国語について，国語学の第一人者である大野晋から批判が出た。大野は，「一体，これはどういうことなのか。先進国で，自国の言語教育を，高校で週2時間でよしとする国などあるだろうか。3年間で週4時間という国もありはしまい。『国語を適切に表現する』だけを取っても，大変な時間と努力を要する。現場の教師なら誰もがわかっている。それなのに，こんなに多くのお題目を総花的に並べたてて，責任回避している」と，否定的見解を表した。

「国語表現Ⅰ」のある教科書に，「新聞に投書してみよう〜自分の意見を表現する」「聞き書きの世界〜身近な人の話を聞こう」「情報手帳で伝えよう，学校生活の知恵〜情報の収集・整理と伝達」という項目が並んでいる。しかし，そこに「読む」項目が欠けているのも大野は驚いている。「話を聞く，意見を言う，ものを書くというのはもちろん大切なことだ。しかし，これらの行為の根本を成すのは『読む』学習だ。それが致命的に軽視されている。読むことで初めて考える力を身につけ，自分で推理していく力を養う。その過程

があってこそ、伝えたいことが具体的な形に書ける。そこを素通りした国語教育など考えられない。基本のところで間違っている」と論じた。

この大野の批判は高等学校の国語だけに当てはまるのではない。

本来、国語の使命は日本人として日々を生活するに足る識字能力の習得である。それは単に新聞が読めるようになるだけではない。社会生活を営んでいく上で、権利を侵されないようにさまざまな文書が理解でき、判断できるということも含んでいる。また自分の意思や用件を伝えることができる文章が書けるようになるのも、基本的人権の上でも必要不可欠であろう。読んで感じるとか、感じたことを書くという営みも人間として当然の行為である。それらができるようにするのが国語の学習である。しかも、それらがすべての児童・生徒に保障されなくてはならない。積み残しは決して許されない。

コラム★「音読」ブーム

時を同じくして、世間では「音読」がブームとなった。音読には確かに価値がある。教育的価値もある。クラス全員が、あるいは一人ひとりが声を出して読むというのは大切なことである。

しかし音読の過剰なブームは、一人で黙って読むという行為がいかに素晴らしいかを忘れている。かつて「黙読」は特権階級のものであった。西欧では特別な修道院で黙読がなされていた。庶民が黙読の習慣を持つようになったのはほんの少し前でしかない。

黙読は孤独な作業である。誰も聞いてくれず、褒めてもくれない。しかし内なる自己との対話ができる。最近の日本人はそうした静かな時間を嫌っているのかもしれない。国語で「読む」ことが軽視されている背景には、落ち着きのない日本の現状も影響しているのではないか。

● 社会科 ●

〈小学校〉

　小学校は，高学年において，選択（内容や事例・題材を複数のうちから選択して学習できるようにすること）が多くなった点以外，特記すべき内容の変化はない。

〈中学校〉

　中学校は，それまでの内容が網羅的で知識偏重になりがちであったとして，基礎的・基本的な内容に厳選したものとなっている。

　具体的には，歴史的分野において，それまで時代区分が「文明の起こりと日本」から「現代の世界と日本」の9区分となっていたが，これが「古代までの日本」「中世の日本」「近世の日本」「近現代の日本と世界」の4区分と「歴史の流れと地域の歴史」の5つになった。このなかでも，〈ルネサンス〉〈ヨーロッパ世界とイスラム世界の接触〉〈幕府の学問奨励〉〈近代科学と文化の発達〉が削除されたのは注視すべきである。

　〈ヨーロッパ世界とイスラム世界の接触〉に関しては，まず，いかなる理由で削除されたのかはっきりしない。さらに，東西冷戦が終結した後の世界の紛争は，ヨーロッパ世界的なるものとイスラム世界の文化と文明の衝突に端を発していることを想起すべきである。ゆえに，現在の国際状況を把握することも，ひいては平和を希求するにしても，〈ヨーロッパ世界とイスラム世界の接触〉の知識なくしては，歴史認識も科学的視野も持てないと言っても過言ではない。

　公民的分野では，〈物価の動き〉〈財政収支の意味〉が高等学校・公民科に移行統合された。また，〈社会生活における個人の役割〉〈家族の望ましい人間関係〉〈現代の文化と生活〉〈資本主義経済，

社会主義経済〉が削除された。
〈高等学校〉

　高等学校は，小・中学校の社会科に対応するものとして地理歴史と公民がある。

　地理歴史では，「日本史A」で古代から中世の項目がカットされ，近現代史中心になった。「世界史A」「世界史B」は世界史における日本の歴史との関連が中心になっている。なお，地理歴史のうち，「世界史A」「世界史B」のうちから1科目，「日本史A」「日本史B」「地理A」「地理B」のうちから1科目がすべての生徒に履修させる「必履修教科・科目」とされた。

　公民では，知識の詰め込みを排除して，環境問題や情報社会の問題などを主体的に学習することが求められている。なお，「現代社会」または「倫理」・「政治経済」が「必履修教科・科目」とされている。

● 算数・数学 ●

　算数・数学の時間は大幅に削減された。
〈小学校〉

　学習時間の削減により，小学校の算数は基本的な四則計算が前回の学習指導要領と比べて軽んじられている。具体的には次のようにである。

・整数の加法，減法は3位数どうしの計算まで。
・整数のかけ算は2位数どうしのかけ算まで。
・整数のわり算で筆算を第3学年から第4学年に移行。
・小数のかけ算は小数第1位までの数どうしのかけ算まで。

・小数のわり算は小数第1位までの数によるわり算まで。

・分数のかけ数は真分数どうしだけ。

現行学習指導要領の第3学年は加法および減法を3位数に限定し，「加法及び減法の計算が確実にできるようにし，それらを適切に用いる能力を伸ばす」としている。さらに続けて「加法及び減法に関して成り立つ性質を調べ，それを計算の仕方を考えたり計算の確かめをしたりすることに生かすこと」となっている。

桁数の少ない計算のみが許されているのであるから，それ以上の計算は教科書に出ていない。しかし，「指導計画の作成と各学年にわたる内容の取扱い」において「問題解決の過程において，桁数の大きい数の計算を扱ったり，複雑な計算をしたりする場面などで，そろばんや電卓などを第4学年以降において適宜用いるようにすること」とある。この結果，教科書には電卓マークが多用されている。また，『小学校学習指導要領解説 算数編』の「第2章 算数科の目標及び内容」において「桁数の多い計算については，既習の計算を基にして児童自らが考え出すことができるように育てておくことが大切である」としている。

さらに，高度になりがちな内容，例えば図形の合同や縮図・拡大図，文字式などは中学校に移行統合された。

〈中学校〉

中学校は，1元1次不等式，2次方程式の解の公式など10項目が高等学校へ移行統合した。また，平方根表など5項目が削除された。

その反面，数学の目標に「数学的活動の楽しさ」が追加された。具体的には作業的・体験的活動を通じて数学を学ぶ楽しさが重視されたのである。

算数・数学の改訂が発表されると,マスコミは「円周率が3になる」と大騒ぎした。

実際,円周率は小学校第5学年の〈内容C　図形〉のなかで「円周率の意味について理解すること」となっている。これに関する「内容の取扱い」で「円周率としては3.14を用いるが,目的に応じて3を用いて処理できるよう配慮する」ことと記されている。また,同学年の〈数と計算〉についての「内容の取扱い」で小数の乗法は小数点以下第1位までと記されている。「円周率が3になる」との騒動はここから生じている。

つまり,半径12 cmの円の面積を求めるには$12×12×3.14$であったはずが,「小数点以下第1位まで」という留保と「3を用いて処理」ということから$144×3$という計算になるのである。

また,中学校数学における2次方程式の解の公式削除に対して批判が集中した。これは単に2次方程式の理解だけでなく,移行の意味,因数分解や平方完成の重要性を無視しているという意味でも批判されてしかるべきである。

円の面積は従来の方法を用いて求めることをしないこと,2次方程式の解の公式を教えないということは,批判されたような狭い意味に限らず,数という世界の不思議さ,美しさを教えないことに問題の中心がある。

理科系の学会,具体的には応用物理学会,日本応用数理学会,日本化学会,日本化学会化学教育協議会,日本数学会,日本数学教育学会,日本物理学会,日本物理教育学会は,この学習指導要領に対して,告示直後の1999年3月12日に次のような見解を表明した(なお,以下の見解のなかで新学習指導要領と記されているものは現行学

習指導要領のことである）。

1. 算数・数学，理科の時間の削減は遺憾である。

　新学習指導要領において，初等・中等教育における算数・数学と理科の授業時間数が削減されたことは，われわれのかねてからの要望に反するものであって，遺憾である。問題解決能力を育成し創造性を培う「考える教育」は，在来教科においてこそなされるべきもので，そのためには十分な学習時間が必要である。配当時間の減少は逆に，数学・理科教育をさらに暗記に偏重した教育へと追いやることになる。とりわけ，科学的・論理的思考力を身に付けなければならない中学校段階での悪影響が懸念される。出来るだけ早い機会に配当時間の回復を望む。また，教育現場においては，学力維持のために選択教科学習の時間，学校設定科目などを積極的に活用することを期待する。

2. 個性を生かす教育のため，規制の緩和を望む。

　新学習指導要領での算数・数学，理科の学習内容は，科学技術分野で将来活躍する児童・生徒に要求されるものとしては，明らかに不十分である。この内容は，「算数・数学，理科などは，新授業時数のおおむね8割程度の時数で標準的に指導しうる内容に削減する」との教育課程審議会の答申にもとづいているが，この趣旨を生かし，さらに児童・生徒の興味関心に応えて，より広く，より進んだ内容を学習させるには，それぞれの学校での実情に即して多様な教育が行われなければならない。このためには，行政からの画一的な規制は行わず，教師の自主的な教育活動や実践研究活動を尊重し，かつ保証する必要がある。（以下略）

図表 Ⅳ-1　先進国における中学校第3学年の年間授業時数（数学と理科）

国	年間時間数
日本	158
イギリス	228
ドイツ	226
オーストラリア	251
フランス	259
オランダ	267
アメリカ	295
オーストリア	390

（出所：西村和雄他『どうする「理数力」崩壊』）

　これらの批判に対して，文部科学省は2002年8月23日，教科書の範囲を超えた「発展的学習」と基礎をじっくり学ぶ「補充的学習」の参考となる教師用指導事例集の小学校算数版を公表した。ここで3桁どうしのかけ算，台形やひし形の面積，小数点第2位以下を含むわり算，多角形の内角の和を求める公式を復活させた。

　また，中学校における2次方程式の解を求める公式は，2006年4月から使用される検定済み教科書において，学習指導要領の範囲を超えた「発展的記述」として復活した。

　しかしながら，小学校，中学校共に授業時数自体が増加するわけではない。理科を含んだ理数系の授業時数は先進国のなかで極めて少ない（図表Ⅳ-1）。

　この理数系の授業時間の削減は，次章で詳細に述べる学力低下の問題に火をつけたのである。

● 百マス計算への賛否 ●

ところで、この時期に小学校の算数で「百マス計算」というものが爆発的に流行し始めた。縦10個、横10個のマス目になった100題の計算問題を、タイムを競いながら解くのである。これは公立小学校教諭であった陰山英男が行っていた実践がテレビに取り上げられ、全国的に広がっていった。

百マス計算自体は40年ほど前に、やはり公立小学校教諭であった岸本裕史が始めたものである。当時は関西を中心に広まるに留まった。岸本が代表委員である「学力の基礎をきたえどの子も伸ばす研究会」の会員の一人が陰山であった。

陰山は、「読み書き計算の徹底は一生の財産になる」というスタンスでこの百マス計算を進めた。また、川島隆太が脳の活性化に好ましいと脳科学の面から百マス計算を援護した。

陰山は多くの教育書を著すようになったが、朝日新聞（2005年7月3日付け）によれば、百マス計算関係だけでも『徹底反復「百ます計算」』182万部、『徹底反復「計算プリント」』42万部を売り上げた。

この動きに対して、佐藤学は、「教室にドリルとストップウォッチを持っていく先生がいるが、これは犬の調教師のようなものだ」という主旨の批判を行った。家本芳郎も「教師がストップウォッチ片手に子どもを競わせるスタイルが問題」と述べている。続いて家本は、「小学校の時につけた学力は簡単に崩れる」として、「計算能力と考える知能は全く別もの」であり、「計算が早ければ偉いという一元的価値観を植え付け、受験戦争につながる。小学生の段階で、人との協調性より競争心を育てるのは時期尚早」と断言した。また、

尾木直樹は、「『有名大学進学者が増えた』と100マス計算の成果が語られるようでは時代錯誤も甚だしい。都市部では、飽きやすい反復訓練より、視野の広い人格教育ができる総合的な学習が求められている」と主張した。

佐藤が批判する「調教」という言葉には納得するところもある。しかし、百マス計算に限らず、「訓練」の面もある程度必要である。子どもの学習は訓練されて身に付くものが多い。訓練されて習得される学習、例えば計算力などは、学習者にとってそれだけで事足りるものではないが、最低限に必要である。それを否定するのは一見、子ども本位、子どもの自主性を尊重しているかに見える。しかしながら、結果的に計算力（あるいは集中する力、継続する力）が子どもに身に付かなければ、それは子どもの学習する権利を奪っているとも言えよう。

また、「受験戦争につながる。協調性より競争心を育てるのは時期尚早」というのは、手段と目的と結果を混同している見解である。百マス計算はあくまでトレーニングであり、学習の習慣をつける手段である。その結果として受験に際して優位になるかもしれないだけなのである。しかし初めから受験を意識してのものではない。重視しているのは「自分のなかで比べて、昨日より早くできた。正解数が多かった」ことである。

さらに尾木が「反復訓練」と「人格形成」を同列にし、その上下をつけているのは明らかにおかしい。子どもにはあきやすくても反復訓練が必要である。それは人格形成とは別次元であり、どちらも重要なものなのである。

創始者の岸本は「こればっかりやっても、時間の浪費や」と述べ

ている。百マス計算はあくまで学習のツールであり，基本に戻った優れたツールのひとつである。それを受験戦争に結びつけて反対することより「このままいくと，親が勉強を教えてくれない子，家が貧しい子の学力が低くなる。僕はそれを放っとったらファシズムになるという視点があるからね。学力，教養，知性が貧しいと，言われたことをまに受けやすい。思い詰め，思いこんだら命がけ。それ，かつての道やないですか」と言う岸本の言葉の方がはるかに強い説得力を持っている。

● 理　科 ●

〈小学校〉

　小学校において，それまでの［A 生物とその環境］［B 物質とエネルギー］［C 地球と宇宙］の3区分は踏襲した。

　ただし，第3学年で学んでいた〈人の骨や筋肉の働き〉〈物の性質と音〉，第4学年での〈重さとかさ〉〈空気中の水蒸気の変化〉，第5学年で学んでいた〈卵生と胎生〉〈水溶液の蒸発による物質の分離〉，第6学年での〈植物体の水や養分の通り道〉〈中和〉など15項目が中学校の理科に移行統合された。

　また，〈動物の活動と天気や時刻などとの関係〉〈男女の体の特徴〉〈植物体の乾留〉など7項目が削除された。さらに第5学年で学習していた〈月の動き〉と第6学年での〈星の動き〉は，取り扱う程度や範囲を軽減して第4学年へ移行させた。

〈中学校〉

　中学校では，それまでの第1分野［物理的・化学的領域］，第2分野［生物的・地学的領域］の基本的枠組みは維持されているもの

の, 全般にわたって内容の配列の再編成がなされている。

第1分野の内容に「科学技術と人間」, 第2分野の内容に「自然と人間」が新設され, しかもいずれかを選択としたのも特徴的である。

全体として, 直接体験や日常生活との関連が重要視されている。とりわけ, 自然環境保全の重要性を認識させることに重点が置かれている。

内容の厳選ということから, 〈比熱〉〈水圧〉〈浮力〉〈遺伝の規則性〉〈生物の進化〉など, 学習が高度となりがちな25項目が高等学校へ移行統合された。また, 〈天気図の作成〉など3項目が削除された。

〈高等学校〉

高等学校では, 新設の「理科基礎」「理科総合A」「理科総合B」「物理Ⅰ」「化学Ⅰ」「生物Ⅰ」「地学Ⅰ」のうち2科目が「必履修教科・科目」になったが, その際,「理科基礎」「理科総合A」「理科総合B」のうち1科目以上を必ず含まなければならないと規定された。「理科基礎」は従来の中学校レベルの中身が主体となっているが, それでも高等学校の理科の履修科目である。

また「物理Ⅱ」「化学Ⅱ」「生物Ⅱ」「地学Ⅱ」では先端的な内容も含んでいる。

● 英　語 ●

〈中学校〉

事実上必修教科になった中学校の英語は週当たり3時間になった。その目標は,「外国語を通じて, 言語や文化に対する理解を深め,

積極的にコミュニケーションを図ろうとする態度の育成を図り，聞くことや話すことなどの実践的コミュニケーション能力の基礎を養う」ことである。

英語の学習における大きな変化のひとつは，それまでは3年間で必修単語507語を含む，総数1,000語程度の単語の習得が求められていたのが，必修単語が100語に削減されたことである。総数も900語程度に減った。

その根底には，例えば，I am の部分さえ覚えていれば，後は学習者が言いたいことを自由に覚えるという発想に基づいている。

これはおかしな話である。もし学習者が後に続く部分を言いたいとしても，どのようにして，どのような言葉をもってくればよいのか指導されないままである。それでは文章が成立しないし，学習にならない。

例えば，ある生徒は「私は生徒です」と言いたい場合と，別のある生徒は「私は女の子です」と言いたい場合を想定してみよう。student も girl も必修単語にないので，教師が教えるか，学習者が自分で辞書から見つけなくてはならない。ところが現行学習指導要領には辞書の引き方も発音記号の読み方もない。教師が教えるとしたら，ある生徒には student を，別の生徒には girl を教えなくてはならない。一斉授業においてこのようなことが可能であるはずがない。

また，pretty と言いたい学習者の場合は名詞でなく形容詞であり，また話が違ってくる。「私は可愛い女の子です」と言いたい時には名詞の前には a か an かを，また，「私は可愛い」と言いたい時には，形容詞の前には a か an をつけないということを教えなく

てはならない。I am さえ教えれば後は学習者が自ら学んでいくということはできない。

このように語彙の削減を行う代わりに，現行学習指導要領ではコミュニケーション能力の育成を重視している。指導上の配慮事項において，第1～3学年において，すべて「コミュニケーションを図れるような話題を取り上げること」とされている。

また，アルファベットの筆記体が削除され，不定詞，動名詞の用法の指示がなくなっている。

〈高等学校〉

高等学校では，外国語（英語）の目標は「外国語を通じて，言語や文化に対する理解を深め，積極的にコミュニケーションを図ろうとする態度の育成を図り，情報や相手の意向などを理解したり自分の考えなどを表現したりする実践的コミュニケーション能力を養う」とされている。

英語の科目としては「オーラル・コミュニケーションⅠ」「オーラル・コミュニケーションⅡ」「英語Ⅰ」「英語Ⅱ」「リーディング」「ライティング」が高等学校で学ぶ科目となっている。

とりわけ重視されるオーラル・コミュニケーションは，それまでの会話，リスニング，討論を統合し，基礎的なⅠと発展的なⅡとなったのである。ただし，「オーラル・コミュニケーションⅠ」「英語Ⅰ」のうちから1科目が「必履修教科・科目」となっている。

問題なのは，各科目すべてにおける目標の最後が，<u>積極的にコミュニケーションを図ろうとする態度を育てる</u>となっている点である（下線：筆者）。この部分は中学校でも同様である。学校教育の英語で一番重視されているのが，「積極的にコミュニケーションを図

ろうとする態度を育てる」ことなのである。

英語の枠組みを作成した教育課程審議会の委員には英語の専門家が一人もいなかったと批判の対象になった。ガイジンと英語でしゃべれない日本人をなんとかしたいという素人考えから出たのが，このコミュニケーションを重視した内容となったというわけである。

ところで，英語（主として中学校）は，算数・数学，理科同様，現行学習指導要領が施行される前から批判の対象となった。そのため，2000年1月26日，中曽根弘文文部大臣は「英語指導法等改善の推進に関する懇談会」に英語教育の在り方を諮問せざるをえなく

コラム★外国語の学習とは何か

この素朴な疑問に立ち返る必要がある。英語だけが外国語だというのは欧米中心主義で，アジアに目を向けなくてはならないという意見もかなり多い。将来，ビジネスで中国語が必要な人，マレー語を話す人と結婚する人間だっているはずである。しかし学校教育は多数の生徒に一斉に知識を与えるものである。個人的な私塾ではない。であるなら，実質的に世界の共通語となっている英語を学ぶのは学校教育として妥当であると言えよう。それを英語に屈したというのは単なる国粋主義でしかない。

日本語以外にも世界にはきわめて多くの言葉があるというシンプルにて重要な感覚を身に付けるために外国語教育はある。それは自分の世界の狭さを知ることであり，広い世界に目を向ける一歩になる。また勉強しなければ「言葉が通じない」世界があると体感するのは，単に英語とか言語の範疇に限らず，もっと広い意味での自己と他者を確認することになる。学ばなくては理解できない世界が世の中にはたくさんあるということを外国語の学習から学んでいくところに学習の深みがあるのではないか。

なった。

　この懇談会は英語の専門家を揃え，審議した結果，2001年1月19日，遠山敦子文部科学大臣に報告書を提出した。それを受けて2003年3月「『英語が使える日本人』の育成のための行動計画」がたてられた。2008年度までに英語が使える日本人を育成する体制を確立するとなっている。

　これによると中学校卒業段階で，平均的な生徒は実用英語技能検定（英検）3級程度の英語力が，高等学校卒業段階では準2級か2級程度の英語力が身に付くようにする。大学を卒業したらビジネスで英語が使えるようにするとしている。また2005年度までに100校のスーパー・イングリッシュ・ランゲージ・ハイスクールを指定するとした。さらにモチベーションを高めるため，毎年，高等学校の生徒1万人に留学支援するとか，外国語長期体験活動推進事業も計画されている。小学校からの英語教育導入も提言され，同時に英語習得を支える国語力の育成にも触れている。

　しかしながら，現行学習指導要領それ自体には何ら言及しておらず，授業時数の拡大なども考慮されていない。

● 道徳─『心のノート』─ ●

　道徳に関して特記すべき変更はなかった。とはいえ，まったく問題が提起されなかったわけではない。『心のノート』が大いに話題となったのである。

　この『心のノート』とは道徳の補助教材として2002年3月に文部科学省が発行し，全国の小・中学校（公立，私立）の児童・生徒全員（1,200万人）に無料配布された。総カラー，パステル調のこ

の補助教材に約11億円（2001年度約7億3千万円，2002年度3億8千万円）がかけられた。小学校1・2年用，3・4年用，5・6年用，中学校用の4種類があり，発行部数は初年度1,200万部で，自然増刷は毎年450万部である（なお，小学校1・2年用だけはタイトルが『こころのノート』となっている）。

この補助教材は作者（著者）も出版社も発行日も公表されていない。ただ「発行 文部科学省」とあり，住所が記されているのみである。

一般の教科書であれば検定があり，採択されたものを各学校が使用するが，この『心のノート』はそうしたチェック機能も，選択権もなかった。補助教材であるから学習指導要領の規定はない。しかし，小・中学校の現行学習指導要領「第3章　道徳」で取り上げられている4つの視点と，『心のノート』で取り扱う内容項目の表現と順序が符号している。

つまり，「1　主として自分自身に関すること。2　主として他の人とのかかわりに関すること。3　主として自然や崇高なものとのかかわりに関すること。4　主として集団や社会とのかかわりに関すること」に対応して，それぞれオレンジ，緑，青，黄色が各章のタイトル頁や各頁の右上に色分けされてつけられている。『「心のノート　小学校」活用のために』，『「心のノート　中学校」活用のために』という教師用のテキストには『心のノート』のどの頁が学習指導要領のどこに対応しているか，最初に記されている。

例えば，『心のノート　小学校3・4年』74頁から77頁の「わたしの成長を温かく見守り続けてくれる人…家族」は現行の小学校学習指導要領における「父母，祖父母を敬愛し，家族みんなで協力し

合って楽しい家族をつくる」と対応している。

　74頁から77頁で「わたしが生まれたとき」「わたしがけがをしたとき」「わたしをしかるとき」「わたしが小学校に入学したとき」，家族はどんな心配や願いごとをしたか各自が書き込むようになっている。続けて，ゆき子さんという人物を登場させ，そのゆき子さんの例にならって，家族のことをまとめてみるようになっている。さらに「家族といっしょにする，楽しいひとときのことを書こう」という項目があり，「にこにこしているあなたがいるだけで，家族は楽しくなります」とまとめられ，家の人からメッセージを書いてもらうようになっている。

　この『心のノート』への文部科学省の意気込みは強く，2002年4月に遠山文部科学大臣自らが小学校に出向いて，児童一人ひとりに手渡し「しっかり使って下さい」と激励した。またこの補助教材の作成協力者会議の座長である河合隼雄文化庁長官は，「心のせんせい」として，同年6月下旬に京都市立西陣中央小学校で，さらには9月中旬に東京都港区立白金小学校で，実際にこの本を使って道徳の授業を行い，話題となった。

　『心のノート』は親の教育をも目的にしている。ある校長は，「親が変わらなければ心の教育はどうにもならない。そう思わされる事例は，実に多い。しかし，親を教育するとは言いづらい。ここに『心のノート』の大きな出番があると考えるのである。(略)『心のノート』は金曜日に家に持ち帰り，月曜日に学校に持ってくるようにさせる」と言明した。

　また地域社会の教育も目指している。『心のノート』は「大人自身の道徳心を目覚めさせてくれるものである。『心のノート』の活

用によって，学校発信の社会改革が可能なのである」と作成に関わった押谷由夫は述べている。「公民館や図書館など人々がよく利用する場所に『心のノート』の一部を拡大して掲示したり，子どもたちの書いてくれたことを紹介したりすることも効果的」と，具体的な扱い方まで言及している。

この『心のノート』に関して，日本臨床心理学会は，「心理学を人を管理したり操作する道具にすることを批判し続けてきた」立場から反対を表明した。社会学の立場からは，「心理学的な，あるいはセラピー的な権力の作動」「ネオリベラリズムに固有の権力形態」に通じるものという観点から批判されている。

学校現場は，2002年4月から現行学習指導要領が完全実施されたため，多忙さに追われて『心のノート』に対応する余裕はなかった。これが衆議院決算行政監視委員会で問題になり，7月12日，文部科学省初等中等教育局教育課程課長の名前で各都道府県・指定都市教育委員会の指導事務主管課長にあてて，所轄に何校の小・中学校があるか，そのなかで配布されていないのは何校かをまとめて8月19日までに提出するよう要請した。この結果，9月に配布された学校が多かったと推察されている。

この『心のノート』は一見，問題がない。前述したゆきこさんの家族に関しても，恵まれた家庭が子どもを見守り，子どもはその家族に感謝して，家族の一員であることの自覚を深めることに問題はない。それらは「良きこと」であり「好ましいこと」である。しかしながら，現実は多くの場合そうはならない，あるいはなれないのが家族や家庭である。まさに問題はこの点にある。『心のノート』ではその暗の部分が一切除外されているので，まったく深みのない

ものになっている。

　また「ゆき子さんの家庭」は，高齢社会を視点に置いた現行学習指導要領らしく，3世代が同居している家庭である。おじいちゃん（祖父）は「わたしの一番の理かい者」で，おばあちゃん（祖母）は「いつもあたたかく見守ってくれる」人である。しかし，現実に子どもを取り巻く家庭環境はおじいちゃんは認知症で徘徊しているかもしれないし，おばあちゃんはお母さん（母親）と長くいがみあっているかもしれない。またゆき子さんの家族はどうして祖父母と同居しているのであろうか。ゆき子さんの父親は家を建てるには収入が少なかったのかもしれないし，親の面倒をみることを第一に考えていたのかもしれない。この『心のノート』はそうした家族関係の心のヒダを一切拒否するスタンスをとっている。こうした世界観が補助教材としてふさわしいかどうか大きな疑問として投げかけられている。

　また，親や地域社会の教育にも寄与するものであるという発言には「余計なお世話」と一笑に付すことは可能である。しかし，逆に考えれば，ここまで学校教育が介入してくるほど，今の日本は学校以外に価値や規範といった国民の共通言語を持っていない。『心のノート』が浮き上がらせた問題は，国家による個人の心への介入以上に，学校しか求心的なものがない空洞化した日本のリアリティである。

● 特別活動 ●

　小学校の特別活動はその目標および内容（「学級活動」「児童（生徒）会活動」「クラブ活動」「学校行事」によって構成されている）共に，

前回とほとんど変わっていない。細かな点についてあえて違いを指摘するならば,「学級活動」に「望ましい食習慣の形成」が加えられた。また,「クラブ活動」が年間標準時数外となり,各学校で適切な時数を充てるとされた。

中学校,高等学校は,その構成内容から必修の「クラブ活動」が削除された。

特別活動は体験が重視され,地域との交流やボランティアなどを行うことになった。また将来の職業や生活を目指したガイダンスの機能の充実が求められている。入学式や卒業式などでの国旗掲揚,国歌斉唱は従来どおり「指導するものとする」となっている。

第2節 「総合的な学習の時間」

●「総合的な学習の時間」の時間配分と内容 ●

現行学習指導要領で新設された「総合的な学習の時間」が成立した経緯,ねらいについては,すでに述べたとおりである。

時間配分は,小学校の場合,第3,4学年は年間105時間,第5,6学年は年間110時間である。中学校では,第1学年は年間70～100時間,第2学年は年間70～105時間,第3学年は年間70～130時間といった具合に,幅を持たせている。なお,高等学校は,卒業までに105～210時間を標準としている。

内容に関しては,各教科,道徳,特別活動と異なり,現行学習指導要領それ自体のなかでは,「総則」でごく簡単に説明がなされているにすぎない。

詳細については文部省から出された『学習指導要領解説—総則編—』に記されている。このなかで,趣旨や学習のねらいが記載され

ているが、その中身は、教育課程審議会答申で説明されている内容とほぼ同じである。

●「総合的な学習の時間」の事例 ●

「総合的な学習の時間」の具体的な展開は各学校にまかされている。ここでは2つの例をあげて考察してみる。

〈事例1　穀組ふるさとクリーン作戦〉

「穀組ふるさとクリーン作戦」という授業を展開しているある小学校は「総合的な学習の時間」では最先端を行く学校である。全国からの見学者も多く、「総合学習は村おこし」とすら言われている。

この穀組では日常的に、ごみ・空き缶拾い、わき水の森周辺のごみ拾い、ごみの多い場所の地図の作成、ポスター描き、学級廃品回収、再生紙作りなどをしている。それとは別に「総合的な学習の時間」の1時間で図表Ⅳ-2のような授業を進めている。

この実践は現行の学習指導要領にそったものではなく、それ以前の先駆的実践例である。穀組の例は「環境」に基づく課題に対処しようとする意図は見える。しかし、この実践の疑問を一言で言えば、「ごみ拾いを授業として行うことが学校教育で妥当か」である。

ごみを拾うこと、むやみに捨てないことは子どもに対する基本的なしつけである。しかし、学校の近くにごみがたまっていたら役所に電話してしかるべき措置を要求するのが筋である。それ以上でもそれ以下でもない。この実践に対して、環境問題という奥が深い問題をあまりに安易に用いているご都合主義と批判できるかもしれないが、それ以前の話にしかなっていない。町が清潔であるのはタッ

図表 Ⅳ-2　4年毅組　毅組クリーン作戦（総合活動）
―わき水の森周辺のごみ拾い―

子どもの活動	分	教師のかかわり
1.　3回目のわき水の森周辺のごみ拾いをしての感想を出し合う。 ・自分たちの置いたごみ箱について ・2回目のごみ拾いから一ヵ月経って、拾ってみて ・ノートへ想ったことをメモ 2.　グループ毎，バズセッション ・近くに住む方に聞いてみて 3.　今後わき水の森周辺のごみ拾いをどんなふうに進めて行くか考える。	10 25 10	○ごみ箱の利用状況はどうだったか発問する。 ・わずかでも利用してくれてあってうれしかったというような感想などを聞く。 ・工夫する点をとりあげる。・もっと作る。・袋を入れる。 ○今まで以上に多くのごみがあった驚き，不安，疑問点など，大事に聞いていく。 ・自分の身体で感じた想いを聞く。 ・感想を次の視点でまとめ板書する。 　　ごみのあった場所　どんなごみがあったか ・自然をこわされる心配，自然を想う気持ちに共感しながら聞く。（この日の子どもの日記の紹介） ・必要に応じて，もう一度ごみ拾いの様子を振り返る。ビデオを活用する。 ・＜新たな気づき・疑問・怒り＞をとりあげる。 　ごみ箱を置いているのに，なぜ入れてくれないのか。わき水の森近くなのに困る！いけないことだ！ ○新たな疑問・怒りを抱いている子どもの想いを全体に問う。 ・自分はどう思い，今後どうしていくべきなのか考えるように促す。 ○わき水の森周辺に住む人はどんな反応であったか発問する。 ・ごみが多くて困る話や，高校生のマナーの悪さを指摘している子どものチラシのプリントも配布する。 ・子どもの聞いてくれたことを補足する意味で，実際に話してくれた方のカセットテープを流す。 ○わき水の森周辺のことを毅組クリーン作戦としてどう進めるか発問する。 ・地域の方の声を生かす方向で考えてみる。 ・4回目のごみ拾いをするなどの考えを次時への課題とする。

（出所：平野朝久編著『子どもが求め，追究する総合学習』）

クスペイヤーの義務であり，権利である。市民エゴでは決してないし，子どもの責務でもない。

ともあれ，この授業の成果として，「今まで以上にごみ拾い活動に積極的に取り組んでいった」とある

「総合的な学習の時間」の授業時数は小学校では社会や理科より多く，中学校では幅をもたせているため，最大限活用した場合，主要5教科よりも多くの時間を割くことが可能である。このように学校教育で大きなウエイトを持つ時間が「ごみ拾い」であることの妥当性の有無が何よりもまず，指摘できる。

こうした「ごみ拾い」は準備がほとんど必要ないせいか，全国に広がっている実践である。安易にできる活動だからといって，全国のあちこちで，子どもたちが町のごみを授業時間のなかで拾うのが学校教育のねらいのひとつかという疑問がある。

「そうですよ。うちの学校のねらいはごみ拾いを進んでする子どもの育成です」というのも，ひとつの見識かもしれない。しかし，実践例としてあげたこの小学校の児童の目標は，当時から今日まで(1) こつこつ勉強する，(2) 友がきをつくる，(3) 自分を大切にする，となっている。「ごみ拾い」をする，とはなっていない。

問題なのは，「ごみ拾いが学習かどうか」だけでなく，学校全体の教育から乖離した所で「総合的な学習の時間」の活動が行われていることである。これでは当初の目的である学校の特色を生かすとは言い難い。

〈事例2 沖縄を知ろう〉

広島県のある中学校の第2学年での実践例，テーマは「沖縄を知

ろう」。この「総合的な学習の時間」のキーワードは環境,平和,沖縄である。「平和学習を通して,沖縄について学習する」「戦争のもたらすものは何か」を主題としたこの学習の目的は次のとおりである。

・戦争の残虐性,悲惨さを理解させる。
・太平洋戦争の沖縄戦における日本帝国軍部の指令および県民の犠牲や国民生活について理解させる。
・ヒロシマの中学生として,学びとり考えなければならない課題について考えさせる。

具体的なカリキュラムは次のように編成されている。

①「総合的な学習の時間」についてのオリエンテーション。
　・VTR「沖縄」鑑賞。
　・沖縄について知っていることを書かせる。
　・事前学習として「平和学習を始めます」を読む。
②1年生での学習を振り返るとともに,人間の人権や生命を否定する戦争がなぜ起こったのかを知る。
　・映画「かんからさんしん」鑑賞。
　　感想文を書く。
　　映画の内容についてわかったこと,疑問点を出し合う。
　・「もっと沖縄を知ろう,沖縄の5つの顔」を読み,感想・疑問点を書く。
③沖縄戦について学ぶ。
　・太平洋戦争末期の国民生活の悲惨さ,沖縄戦での地上戦の状況,県民の犠牲などを理解させる。
　・平和学習のまとめ(感想文を書く)。

④「もっと知ろうオキナワ」の取り組み開始。
⑤各班で下の項目を参考にしてテーマを決める。

- 沖縄戦について…集団自決，ガマ，ひめゆり部隊，対馬丸，戦時中の食事，など。
- 日本軍の侵攻について（加害的な面）…東南アジアや太平洋地域での戦争，中国での15年戦争（南京事件），など。
- 日本や世界の戦争被害について…アウシュビッツ（アンネの日記），東京大空襲，呉や福山の空襲，など。
- 戦後の世界や日本の諸問題…基地について（沖縄や岩国など日本各地に置かれている基地），日本の他の被害（第五福竜丸事件），朝鮮戦争，キューバ危機，ベトナム戦争，湾岸戦争，など。

⑥調べ学習に取り組む。

- 各班のテーマに関して，3項目程度を分担して調べる。
- わかったことを，文字・写真・絵・グラフなどでわかりやすい新聞記事にまとめる。

⑦新聞完成。
⑧学級発表会→クラスの代表2班を決める。
⑨合同班長会。
⑩学年発表リハーサル。
⑪学年集会で各クラスから発表。

　平和教育と呼ばれるものが「総合的な学習の時間」に導入された代表的な事例とも言える。
　この実践事例でまず気がつくのは「させる」の多いことである。

「考えさせる」「書かせる」「理解させる」と続いている。

　本来,「総合的な学習の時間」のねらいは「(1) 自ら課題を見付け, 自ら学び, 自ら考え, 主体的に判断し, よりよく問題を解決する資質や能力を育てること。(2) 学び方やものの考え方を身に付け, 問題の解決や探究活動に主体的, 創造的に取り組む態度を育て, 自己の行き方を考えることができるようにすること。(3)(省略)」となっているはずである。

　しかし, この実践では教師の強い恣意が「させる」という言葉で, 子どもに直接に向かっている。つまり,「第2次世界大戦をした日本は誤りだった。特に軍部は中国でひどいことをした。オキナワでも県民を犠牲にした。今では米軍の基地が平和を脅かすものになっている」ことを生徒に強くアピールしようとしている。広島や沖縄をヒロシマ, オキナワと書くのも, 沖縄という地名を意味するのではなく, 平和教育の象徴としての名前という意図が見える。

　言うまでもなく, 平和教育は重要な教育である。世界が平和であってほしいと願わない人はまずいない。過去の過ちから学ぶことも, それが教育されることは必須である。しかし, この実践には特定の歴史観, 政治的志向が感じられてならない。学習方法も「させる」という押しつけなら, その中心になるものも押しつけられている。そうした学習から,「総合的な学習の時間」が目指す子どもの育成ができるとは思えない。

　ところで, 広島で生まれ育った佐藤俊樹は「私は8月6日がいやだった。吐き気がするほどいやだった。『ヒロシマの声を全世界に!』『広島は喪に服しています』と連呼する, したり顔の識者や記者やアナウンサーたちがいやだった。―その『ヒロシマ』っていっ

たい誰のことなんだよ？」と書いている。そして、平和教育のための作文について、同級生が作った最高傑作の話として次を紹介する。

> ぼくのおばあさんは原爆のとき、似島にいました。畑を耕していました。原爆がおちたとき、ピカっと光って、その後ドーンときました。その爆風があんまりすごかったので、おばあさんの髪がふきとんでしまいました。入れ歯もおっこちて、こわれてしまいました。それを聞いてぼくは原爆はほんとに悲惨だと思いました。戦争は絶対にしてはいけないと思いました。

佐藤によれば、この話はあまりに傑作すぎて、教師にはもっと穏当な話（作文）を提出したとしている。佐藤に限らず、子どもはそれほど愚かではない。教師の恣意などすぐに感じとる。それは教師の気持ちにあわせた活動や学習をするだけで、自ら学ぶのでも判断することでもない。

さらに佐藤は、「『原爆はほんとに悲惨だと思います。戦争は絶対にしてはいけないと思いました』という結論以外は許されなかった。そのなかで自由をもとめるとすれば、息苦しさを逃れるとすれば、オーバーな作り話にして全体を茶化すしかないだろう。検閲は笑い話を生む。旧ソ連圏の社会主義国でもそうであったし、戦後の広島市でもそうであった」と締め括っている。

事例として紹介したこの平和教育は絶対的な正当性をもつものである。しかし絶対的なものを教える場合には、極めてデリケートな配慮が必要である。でなくては教育の［ゆとり］が見えてこない。現行学習指導要領であれほど［ゆとり］を強調しているのに、ここ

では［ゆとり］がまったくない。［ゆとり］のない授業は自由がない。自由のない平和教育などありえないはずである。

●「総合的な学習の時間」の問題点 ●

　以上，2つの例を検討したが，「総合的な学習の時間」はいくつかの問題を抱えている。

　まず，「総合的な学習の時間」のカリキュラム編成が各学校に任された結果，教育の質の保証が難しくなったことである。

　小学校第3学年から中学校第3学年まで，各学年，年間100時間を超える授業時間が，各学校の裁量でなされている。つまり，かつて School-Based Curriculum と言われた形態が「総合的な学習の時間」で現実となったのである。School-Based Curriculum は各学校の実情や地域の実態に合ったカリキュラム編成ができると期待された。しかし，教師がカリキュラム編成の教育を受けていないという事実がある。まさに素人の手によるカリキュラムである。授業は一般的に，大学で教員免許を取得し，採用試験に合格した「資格を持った」教師の手によって行われている。しかし，教師はカリキュラム編成に関しては特別な教育を受けてもいないし，採用試験においてカリキュラム編成能力を試されて選抜されたわけでもない。これは病院に例えてみれば，内科学を学んだことのない者が内科の患者に治療を行うようなものである。こう考えてみると，各学校でのカリキュラム編成のあやうさが認識できる。

　当然のことながら，政治的な意識の強い教師は，政治的な内容や政治的なアプローチで「総合的な学習の時間」のカリキュラムを編成する。「これからの社会はとにかく英語だ」と思っている教師は

英語に関わる「総合的な学習の時間」を作り上げる。文部科学省の指導事案のケースを模倣するだけの教師もいるであろう。あるいは,とりあえず毎回何かしらのビデオ鑑賞をしておしまいとしている教師も少なくないはずである。

　大学で教科の指導法を学んだ上で,検定に合格した(つまりある一定の水準を保った)教科書を用いる既存の授業ならば,多少のばらつきはあるにしても,一定の教育の質は確保できる。しかし「総合的な学習の時間」にはその保証がない。

　また,School-Based Curriculum はその理念は素晴らしいにしても,影の部分も見逃せない。すなわち,〈学校の実情にあった〉あるいは〈地域の実情にあった〉カリキュラムは,既存の,言い換えれば全国的に平均の学校教育の目標よりも低いレベルにあわせるという可能性も大きいのである。

　また,「総合的な学習の時間」には評価がないことも問題である。カリキュラムは一般に,「目的」「内容」「方法」「評価」の4つの柱から成り立っている。その1つの「評価」がないのは,4本で立てるテントの支柱が3本しかなく,テントが張れないのと同じ状況である。「評価」のないのはカリキュラムとして成立するとは言い難い。

　ところで,東京都の都立高等学校における「総合的な学習の時間」の取り扱いは,学校によって取り組み方に大きな差がある。昨今,都立の高等学校では地盤沈下が言われているが,しかし,かつて「名門」と呼ばれた高等学校を中心に復活へのさまざまな努力や試みがなされている。

　そこで,それぞれの高等学校における「総合的な学習の時間」の

取り扱い方を調べると，次のような実態が明らかとなった。

日比谷高等学校では，「総合的な学習の時間」は，教育課程表（2007年度入学者用）を見ると，各学年で1単位組み込まれている。同校の場合，1単位とは45分授業で，しかも「総合学習（総合的な学習の時間）は，集中的に学習」すると記されている。しかし，2002年度からの時間割例（1年）を一見する限り，「総合的な学習の時間」は組み込まれていない。

戸山高等学校の場合，「総合的な学習の時間」は当初「本校では1, 2年生での行事や生徒の自主活動で十分実施されている」とし，第3学年での選択講座としてのみ存在した。その後，「進学指導重点校」，さらには文部科学省から2004年に「スーパーサイエンスハイスクール」の指定を受け，第1, 2学年への実施引下げを試行中である。

小石川高校は2006年度から中高一貫の小石川中等教育学校に変わったが，そこでの「総合的な学習の時間」は，生徒の知的好奇心をのばすため，「教科の学習との関連を図り，大学や研究所とも連携しながら，知を深める」ものを用意している。

このように，名門復活の気運にある高等学校では「総合的な学習の時間」はほとんど無視されるか，既存の教科に組み込まれている。

ところが，都立の底辺校と言われる高等学校では，積極的に「総合的な学習の時間」の年間カリキュラムを組み，「応急処置」「交通ルール」「アイヌ民族と北海道」「鯨と日本文化」などの授業を行っている。

「総合的な学習の時間」は教育の質を保証するのが難しいと論じたが，学校全体として教育の質が保証されていると推察される高等

学校では「総合的な学習の時間」は行われず，教育の質を保証できていないと懸念される高等学校では「総合的な学習の時間」が，内容の質はともかく，授業として年間標準時数分だけ行われているという現実がある。

● 外注される「総合的な学習の時間」●

　東京都杉並区では「総合的な学習の時間」のカリキュラムを外注で行ったことがある。

　2005年4月から小・中一貫教育を区立和泉中学校と和泉小学校，新泉小学校で試行するため，杉並区教育委員会は2004年11月，「総合的な学習の時間」の半分ほどを使って行う授業「学び科」のカリキュラム，教材，教員用の指導ガイドの作成を民間のシンクタンク「三菱総合研究所」に委託した。経費は約1,200万円である。

　杉並区教育委員会はこれに先立つ4月，区立富士見丘小学校の「総合的な学習の時間」に演劇体験の授業を取り入れるため，日本劇作家協会に3年間378万円で委託した。女優の渡辺えり子や詩人の谷川俊太郎，劇作家の鴻上尚史などが講師になって授業を計画した。

　こうした「外注方式」には2つのメリットがあると言われている。ひとつは教師の負担が減ることであり，もうひとつは普通の学校の教師が作成するカリキュラムより，子どもに質の良いものが与えられるということである。

　しかし問題は，外注はすべて税金でまかなわれることから，利益を得る子ども（その授業を受ける子ども）とそうでない子どもの間で不公平が生じる点である。杉並区のような財政的に豊かな区では日本劇作家協会のメンバーによる演劇体験といった試みが可能である

が，そうでないところでは考えられない。また「総合的な学習の時間」本来の目的，意義から逸脱するのは言うまでもない。

外注に求めたのは，「より良いものを」，「本物を」と説明する杉並区であるが，「総合的な学習の時間」のカリキュラム編成の難しさを豊富な財源によりカバーしようとしたものであろう。

第3節　現行学習指導要領におけるその他の特徴と問題点

● 選択教科等に充てる時間の増加 ●

中学校では「各教科」「特別活動」「道徳」「総合的な学習の時間」の他に，「選択教科等」がある。現行学習指導要領の特色のひとつとして，この時間の大幅な増加があげられる。

その内容は，生徒の特性等に対応しながら，課題学習や補充的な学習，発展的な学習など，各学校が適切に決めることとされている。

授業時数の点から見ると，前回（1989年）の学習指導要領では以下のとおりであった（図表Ⅳ-3）。

図表 Ⅳ-3　選択教科等の授業時数（1989年）

第1学年	105～140
第2学年	105～210
第3学年	140～280

この時間数は一見すると多く思えるが，当時は外国語が選択科目であったため，実際にはこのなかの105～140時間は英語の授業が行われていた。ところが今回の改訂で外国語が必修になったため，選択教科等の時間が次のように大幅な増加になった（図表Ⅳ-4）。

第Ⅳ章　現行学習指導要領の内容と考察

図表 Ⅳ-4　選択教科等の授業時数（1998年）

第1学年	0〜30
第2学年	50〜85
第3学年	105〜165

また，選択教科の種類も変化した（図表Ⅳ-5）。

図表 Ⅳ-5　選択教科の種類の比較

前　回			現　行
第1学年	第2学年	第3学年	第1・2・3学年
外国語	音楽	国語	国語
その他特に必要な教科	美術	社会	社会
	保健体育	数学	数学
	技術・家庭	理科	理科
	外国語	音楽	音楽
	その他特に必要な教科	美術	美術
		保健体育	保健体育
		技術・家庭	技術・家庭
		外国語	その他特に必要な教科
		その他特に必要な教科	

　生徒に履修させる選択教科の数は，第2学年で1以上，第3学年では2以上となっている。第1学年については，図表Ⅳ-4からわかるように，選択教科を履修しなくともよいことになっている。

　有名高等学校への合格を最優先と考える中学校は，「総合的な学

第3節　現行学習指導要領におけるその他の特徴と問題点　189

習の時間」の授業時数を最低限度におさえる一方，選択教科等を最大限活用して，主要教科をメインにした受験準備のための授業を実施していると言われている。このような選択教科等と「総合的な学習の時間」の組み合わせは別に問題はないが，現行学習指導要領本来のねらいとは大きく乖離している。

● 「態度を育てる」 ●

　学習指導要領にしばしば使用されている「態度を育てる」という言葉には日本人の心性が現れている。

　現行の小学校学習指導要領における目標が明示されている箇所を見ると，「国語を尊重する態度を育てる」「（数量や図形についての算数的活動を通して）進んで生活に生かそうとする態度を育てる」「生物を愛護する態度を育てる」「生命を尊重する態度を育てる」「創造的に表現する態度を育てる」「楽しく明るい生活を営む態度を育てる」のように記述されている。

　中学校の現行学習指導要領にも「態度を育てる」という記述の頻度が高い。例えば，国語の［第2学年及び第3学年］の目標は次のとおりである（下線：筆者）。

（1）「A 話すこと・聞くこと」の目標
　　自分のものの見方や考え方を深め，目的や場面に応じて的確に話したり聞いたりする能力を身に付けさせるとともに，話し言葉を豊かにしようとする<u>態度を育てる</u>。
（2）「B 書くこと」の目標
　　様々な材料を基にして自分の考えを深め，自分の立場を明らか

にして，論理的に書き表す能力を身に付けさせるとともに，文章を書くことによって生活を豊かにしようとする態度を育てる。

（3）「C 読むこと」の目標

　目的や意図に応じて文章を読み，広い範囲から情報を集め，効率的に活用する能力を身に付けさせるとともに，読書を生活に役立てて自己を向上させようとする態度を育てる。

　どの文章も最後が「態度を育てる」で締められている。国語の目標でありながら，国語の技能・技術とは無関係な，学習者の態度の育成を重要視している。ところが「態度を育てる」とは具体的にどのようなことであるのかはまったく示されていない。

　例えば，「文章を書くことによって生活を豊かにしようとする態度を育てる」を一例として考えてみたい。これは「文章を書く」という手段で「生活を豊かに」することを目指していると考えられる。しかし，ここに「しようとする態度」という文章が挿入されていることで，「文章を書くこと」＝「生活を豊かにする」とならなくなっている。

　この「文章を書く」を「日記を書く」に置き換えてもう少し詳しく検討してみたい。「日記を書くことによって生活を豊かにする」ことは国語教育のひとつであるはずである。ところが，現行学習指導要領の文脈からすれば，「日記を書こうとする態度が生活を豊かにする」となる。ここで重要になるのは「日記を書く」という行為ではなく「書こうとする態度」である。これでは日記をどのように書けば生活が向上するかは問題ではなく，日記帳を用意するという，日記を書くという行為の手前で国語の目標が設定されていると言え

る。

こうした態度主義とでも言うべき心性も日本人独特のものであろう。第2次世界大戦末期に,「婦人会」が竹やりをもって米軍の攻撃に備えたが,竹やりでB29と交戦できないのは明らかであった。それでも竹やり訓練が行われたのは,「勝とうとする態度」が国民全体に求められていたからである。態度さえ示しておけば非国民にもならず,誰からも非難されることはなかった。

戦争末期という時代の狂気が支配していた時に留まらない。今日でも,仕事が終わっても意味もなくその場に残っているケースが多い。前章で日本の社会における労働時間の長さと生産性の低さを国際比較から示したが,日本の社会で重視されているのは仕事の出来不出来よりも「仕事に向かう態度」である。企業で成果主義が容易に根づかないのは,竹やり訓練と相似形であり,また,現行学習指導要領にも態度主義が網羅されているのである。

● 学校教育と「地域」 ●

現行学習指導要領において学校全体が関わるひとつが「地域」という問題である。

「地域」が取り上げられるのは,現行学習指導要領の総則に「開かれた学校づくりを進めるため,地域や学校の実態等に応じ,家庭や地域の人々の協力を得るなど家庭や地域社会との連携を深めること」とあるのに由来する。これを受けて教育目標に「地域」の文言を入れている学校は非常に多い。

例えば,人口1千人足らずの山梨県北都留郡小菅村の小菅小学校は「ふるさと小菅村を愛し,自主・自律の精神に満ちた,未来に夢

を育む児童の育成」を学校教育目標にしている。これを具体化したものとして，2004年度には，「大菩薩御光太鼓の発表，クリーン作戦，生活科や総合的な学習の時間など，地域や地域の人々とのふれあいを通して，豊かな心の育成を図る」としている。

また都市部でも，東京都目黒区立第七中学校は，2005年度の学校の教育目標を達成するための基本方針のひとつとして「家庭や地域社会との連携をより一層深めながら，開かれた学校づくりに努め，地域に根ざした教育を推進」し「学校評議員会の充実を通し，家庭・地域との連携を図る。また，積極的に家庭・地域・生徒の評価を汲み取り，学校運営に反映させ，開かれた学校づくりを推進する」としている。またこれに関係する指導の重点として「住区行事への参加や地域清掃などを通してボランティア精神を養い，地域との交流を深める」ことや「住区祭り等地域の行事への生徒会の協力や，PTAと住区の共催行事の推進を通して，生徒の社会性を育み，地域とともに歩む学校」を掲げている。

このような学校から地域に向かう姿勢に対して，神奈川県の教育委員会は「協働」という言葉で学校と地域社会の連携を示している。この活用事例を見ると①地域産業を児童・生徒が体験するもの（「ワカメ養殖漁業体験教室」「米づくり，わら細工，もちつき大会」「乗船体験」），②昔の話を聞くもの（「地域のお年寄りから学ぶ教育活動」「30年前の三ツ境」「30年の移り変わり」），③地域の環境整備（「通学路清掃」「環境美化作業」「有害看板撤去作業」），④福祉施設との交流（「成和ナーシングプラザとの交流会」）など，さまざまなものがある。

例えば，「地域のお年寄りから学ぶ教育活動」は2001年から取り組みが開始されている。三浦郡葉山町立長柄小学校の1年生に地区

の老人会が3日間にわたり，たこ揚げ，こま回し，竹馬等を伝承的な遊びとして教えた。また6年生は社会科の調べ学習に関連して地域のお年寄り16名から戦争中や戦後の話を聞いたのである。

「有害看板撤去作業」は1996年から続いているもので，大和市立緑野小学校，南林間小学校，西鶴間小学校，南林間中学校の保護者や関係者が地域住民からトラックを借りて有害看板を撤去するものである。

多くの学校や地域で同じような目標があり，活動がなされている。「総合的な学習の時間」で扱われるものも多いし，地域祭り参加などは生徒指導の分野になっている。

公立学校は，区市町村立ということを考えれば，地域と関連せざるをえない。またそこに生まれ，育っている児童・生徒にその地域環境を教えるのは意味のないことではない。しかしこれらの活動はくしくも「住区祭」という言葉に「祭」があるように，学校教育のなかで「祭」的な意味合いが濃い。

お年寄りの話を聞くのも，福祉施設の訪問も「祭」であり，一過性のイベントでしかない。教育課程のなかでどのように位置づけられ，評価されているのかが曖昧である。

さらに，「有害看板撤去」は学校教育への地域の教育力の活用であると同時に学校教育の地域への開放・活用であり，児童・生徒，教職員と地域住民との学習・交流の場であると神奈川県教育委員会は認識を示している。しかし，有害な看板それ自体，神奈川県に限っていえば条例違反なのである。教育の問題である前に法律違反である。学校に管理の義務はなく，警察の管轄のはずである。

かつて「学校のスリム化」という言葉が流行した時代があった。

学校は学校教育本来の目的だけをなすべきであるという論である。家庭で行える，または行うべきものは家庭で行い，地域に関しても同じである。限られた授業時間で学校でしかできないことのみにスリム化しようとしたのである。地域と関わる学校の教育は学校のスリム化と正反対の方向を向いている。

● 「国際化」と学校教育 ●

地域が重視されているのと平行して「国際化」も学校教育において重要な目標になっている。

そもそも，第15期中央教育審議会の第1次答申において「国際化と教育」という項目があった。ここで「国際化が急速に進展する中で，絶えず国際社会に生きているという広い視野を持つとともに，

コラム★生まれた地域で死んでいく

生まれた地域で一生を過ごすというのもひとつの生き方である。経済アナリストの森永卓郎が好んで使う「年収300万円」という数字が特別な家庭のように言われるのは都会のことで，地方都市や郡部では世帯主が年収300万円以下の家庭は多い。しかし持ち家のある場合も多く，最近の消費物資のデフレ状況を見れば生活するのはそれほど困難ではない。階層によって子弟の教育がほぼ決定づけられている今日，このような家庭からは都会の名門大学に進学することはほとんどなく，高等学校を卒業して就職するか，仕送りの不要な地元専門学校に進学する場合が多い。それならば，小さい時から地元の「祭り」に参加し，それを楽しみにする生活は望ましい。そう考えると地域を重視した学校教育はどこにも問題がないはずであるが。

第3節　現行学習指導要領におけるその他の特徴と問題点

国を超えて相互に理解し合う」ことが重要な課題となるという基本姿勢を示した。

これを踏まえて答申は,「国際理解教育の充実」を求めている。つまり,学校教育においては,「国際化」という概念は「国際理解教育」にすり替えられている。この国際理解教育は,「各教科,道徳,特別活動などのいずれを問わず推進されるべき」と記されている。

こうした考えは教育課程審議会の答申に引き継がれて,「各教科等に加え『総合的な学習の時間』においても（国際理解教育の）視点に立った教育の充実を図っていくことが必要」とされたのである。

また,中学校における外国語科の必修を唱える基本方針のなかでは,次のように示されている。

> 国際化の進展に対応し,外国語を使って日常的な会話や簡単な情報の交換ができるような基礎的なコミュニケーション能力を身に付けることがどの生徒にも必要になってきている。

このような観点から,特に中学校において,国際社会で広くコミュニケーションの手段として使われている英語を原則履修としたのである。これを受けて中学校の現行学習指導要領は,外国語の目標を,「外国語を通じて,言語や文化に対する理解を深め,積極的にコミュニケーションを図ろうとする態度の育成を図り,聞くことや話すことなどの実践的コミュニケーション能力の基礎を養う」としたのはすでに述べたとおりである。

それでは,国際理解教育は学校教育のなかでどのように具体化さ

れているであろうか。今日の学校教育の実態を見る限り，中央教育審議会の答申で求められたように，「国際理解教育」が「(各教科等で) いずれを問わず推進」されているとは言い難い。

　外国語の学習が国際理解教育のひとつのツールとして行われていることを除けば，国際理解教育そのものを内容として行っているのは，主として「総合的な学習の時間」と特別活動に担われているのが実情である。

　このことは，日本教育新聞社が2003年に全国の教育委員会，私立の高等学校，首都圏の公立の高等学校を対象に国際理解に関するアンケートを行った結果からも確認できる。

　このアンケートの結果，「総合的な学習の時間」に国際理解教育を取り入れている学校は全体の7割を超えている。また，各市町村教育委員会は，① ある学年の児童・生徒全員を海外に派遣，② 中学校での海外派遣，③ 海外姉妹校との交流，④ ALTを増員，⑤ 市町村在住の外国人との交流を通じて，基礎的な文化の交流や語学学習，⑥ 教員の国際理解教育研修，⑦ 小学校における英会話教育，⑧ 交換留学，などに力点を置いていると回答している。これらは外国語学習，「総合的な学習の時間」，特別活動の範疇になる。

　ここでの問題点として，① ALTとのコミュニケーションが難しい，② お金がかかる，予算が確保できない，③ 人材確保が難しい，④ 教員の研修が行き渡らず，教育力が上がらない，⑤ 外国人との交流の機会が少ない，⑥ 優れた教育プログラム・教材の確立が困難，⑦ 継続が難しい，⑧ 成果がわかりにくい，などがあげられている。

　生徒 (中学生) にとって意義ある海外での体験 (留学や語学研修)

は，費用が約20万円かかることから，全員参加が難しく，教育に差が出るとの指摘もある。

また，高等学校段階になると，公立校の3割しか国際理解教育を取り入れておらず，4割強の学校が将来においても取り入れる予定がないと回答している。しかしながら，私立校は6割以上が取り入れており，検討中を含めると8割近くが国際理解教育を推進しようとしている。

公立校，私立校ともに「国際理解教育」は英語教育の充実を目的にしたり，外国人講師による授業での実践を中心にしている。ここで問題は，生徒間の英語の学力格差が大きい，指導者の確保が難しい，大学受験指導とのバランスがとりにくい，などがあげられている。研修旅行や海外派遣の効果は認識されているものの，費用の点から普及するのは難しい。

しかしながら，かなりの数の中学校，高等学校による海外への修学旅行が実施されている。海外への修学旅行が国際理解教育の一助となっているかどうかは，個々の学校のカリキュラム次第である。単なる物見遊山に終わる場合もあれば，国際理解への重要な第一歩ともなる。

とはいえ，一般的な日本人において，国際理解がそれほど重要である事項とは言えないのも事実である。「国際化」でイメージされるのが，国際金融市場で活躍するとか，国際学会で発表する，世界中を気楽に旅するなどであるなら，それは国民のなかの極めて限定された範囲での話である。あるいは，食料の自給率が低いことなどから日常生活がグローバル化のなかにあるといっても，それが意識されることはほとんどないし，意識されたからといってどうなるも

のでもない。外国人労働者が増加している事実はあるが、ほとんどの場合、日本人労働者と「棲み分け」しているのが現状である。また、外国語のコミュニケーション能力の育成に力を注いでも、大多数は学校を卒業すれば外国語コミュニケーションをまったく必要としない生活を送るのである。

つまり、ほとんどの児童・生徒は生涯において国際化とは無縁であるのが事実である。その意味で、現在行われている国際理解教育は形式的であると考えられ、わずか数日の海外への修学旅行は「しないよりは経験になる」というのが公平な判断であろう。

また、国際理解教育を推進したいと主張しながらも、現実の日本の社会は、在日韓国・朝鮮人等への差別が顕著であるのを鑑みれば、国際化への意識が二重構造になっていると言わざるをえない。

しかし、それでも国際理解教育が学校教育においてなされなくてはならない。国際理解教育は「外国（人）」を理解するのが目的ではなく、自己以外の〈他者〉を理解するのに有効な教育になりうるからである。自己と他者では、たとえ同じ日本語を使ってもそれが示すものが違う場合がある。つまり同じ言語を使用していても、意図するもの、意味するものが異なる。また快感、不快感に至っては（同じ地域に住んでいても、あるいは家族であっても）それぞれの人間で異なる。そのような自己と他者の差異を認識し、違っていても同じ社会に住んでいる、あるいは同じ人間であるという意識から、他者を尊重し、理解しようとし、共に生きていく（共生）というまなざしや意識をはぐくむことに国際理解教育は重要な教育方法である。

国際理解教育が単に目的でしかない場合、それは形骸化した教育になる危険をはらんでいる。けれども、深い人智を育てる方法のひ

とつとしての教育という思想を忘れないならば、たとえ物見遊山でしかない修学旅行であっても、子どもに益するものは非常に大きいのである。

さらに国際化の教育は、たえず日本人としての意識化が強調されている。とはいえ、民族の優位性を意識させるのが目的であってはならない。伝統的な文化に対する復古趣味、懐古趣味に留まってもならない。ここで重要なのは、自分が生まれて育った国において、無事に生まれ、いくばくかの不満はあろうが世界的水準から考えれば極めて恵まれた環境に生きていることへの感謝と敬意を持つことである。その上で、自分がその社会、国家に対していかなる貢献ができる人間になれるかを認識させ、努力を促すのが教育の目的である。それは軽薄な愛国者の育成ではないのは言うまでもない。

● 国旗と国歌 ●

現行学習指導要領は、国歌と国旗に関して従来よりも拘束力を強めている。

この背景には、1999年8月13日に「国旗及び国歌に関する法律」が公布、即日施行され、日章旗と君が代が法律的に国旗と国歌になったことが関係している。現行学習指導要領は、この法律が制定されてから初めて施行された学習指導要領である。

小学校社会科において第3、4学年で「我が国や外国には国旗があることを理解させ、それを尊重する態度を育てるよう配慮すること」、第5学年で「我が国や諸外国には国旗があることを理解するとともに、それを尊重する態度を育てるよう配慮すること」、第6学年で「我が国の国旗と国歌の意義を理解させ、これを尊重する態

度を育てるとともに，諸外国の国旗と国歌も同様に尊重する態度を育てるよう配慮すること」と記されている。

また小学校音楽において，第1学年の共通教材に「日のまる」が示され，「国歌『君が代』は，いずれの学年においても指導すること」となった。

中学校社会の公民的分野においては，「『国家間の相互の主権の尊重と協力』との関連で，国旗及び国歌の意義並びにそれらを相互に尊重することが国際的な儀礼であることを理解させ，それらを尊重する態度を育てるよう配慮すること」と述べられている。

小学校，中学校，高等学校すべてにおいて，「入学式や卒業式などにおいては，その意義を踏まえ，国旗を掲揚するとともに，国歌を斉唱するよう指導するものとする」とされている。この最後の文言「指導するものとする」は，1989年の学習指導要領からである。それ以前は，1958年の学習指導要領から「望ましい」とされているのである。

教育界でたえず論議の的となったのは，「君が代」の「君」は誰を指しているのかという点であった。これについて，1987年12月の参議院決算委員会で，西崎清久文部省初等中等教育局長は「(君が代の意味は) 象徴であられる天皇陛下を中心として日本国あるいは日本国民というものがとこしえに繁栄するようにという意味であると (教える)。これははっきり歌詞の意味として教えることは必要である」と答弁している。

この答弁はこれ以後，「君が代の君は，象徴としての天皇」と文部省の見解の基になっている。1999年5月に出された『小学校学習指導要領解説 音楽編』においても，「君が代」は「日本国憲法の

第3節 現行学習指導要領におけるその他の特徴と問題点

下においては，日本国民の総意に基づき天皇を日本国及び日本国民統合の象徴とする我が国の末永い繁栄と平和を祈念した歌であることを理解できるようにする必要がある」と明記されている。

ところで，朝日新聞（1989年2月12日付け）によれば，すでに1989年の学習指導要領が公示された際，国旗・国歌に関して「『今後は教員が従わなければ，処分の対象になる』と文部省の担当官は説明」している。

実際には「国旗及び国歌に関する法律」の制定以後，処分が多く行われるようになった。例えば，1999年4月に入学式の国家斉唱のピアノ伴奏をするよう校長からの職務命令を拒否した東京都日野市の市立小学校教諭に対して，東京都教育委員会は地方公務員法に違反するとして戒告処分した。

教育現場の混乱から東京都教育委員会は2003年10月23日，教育長横山洋吉の名で「入学式，卒業式等における国旗掲揚及び国歌斉唱の実施について」という通達を出し，こと細かな指示をしている。

しかし国旗・国歌を巡る混乱は続いたままであった。東京都に関して言えば，2004年5月までに約250人の教職員が処分されている。さらに処分されたことを「服務事故」とみなし，その再発を防ぐための研修が被処分者に義務づけられた。東京都教育委員会の服務事故再発防止研修実施要綱によると，「研修成果を確認するために被処分者には，自ら行った『非行』に関する報告書を作成させる」ことになっている。

2007年2月27日に最高裁判所は，前記の戒告処分を受けた東京都の音楽教諭に対して，「校長の職務命令は思想及び良心の自由を

保障した憲法 19 条に違反しない」という判断を示した。

　この判断は，教諭の考えを「歴史観ないし世界観」,「社会生活上の信念」と指摘し，憲法で保障されている「思想・良心の自由」にあえて踏み込まない形をとった。つまり判決では,「思想・良心の自由」が侵害されるのは (1) 思想の強制，(2) 告白の強要という 2 つの基準を示した。その上で，ピアノ伴奏は音楽教諭にとって通常の職務のひとつに過ぎず，(1)(2) には当たらないと結論づけたのである。

　2007 年 2 月 28 日現在，学校教育における国旗・国歌を巡る同種の訴訟は 13 件起こされており，係争中の教職員は全国で延べ 950 人に上る。この最高裁判所の判断の影響は大きいと考えられる。国旗掲揚，国歌斉唱の徹底に拍車がかかると推察できる。

　こうした国旗・国歌に関しては，教育学の立場からも多くの論議がなされてきた。近年，広田照幸は「考えてみれば『ある旗や歌を国旗・国歌として認める』ということと,『ある特定の状況や機会に，国旗・国歌に対する身体的な表現を，一人ひとりが強制される』ということの間には，ずいぶんと大きな隔たりがある」と論じている。これは日の丸，君が代が国民的な合意をいまだに得ていないということである。

　本来，国旗や国歌は国民の自然なシンボルであるはずである。それが戦後 60 年を過ぎても，学校現場での論争のひとつであるのは，誰にとっても不幸なことである。さらに最高裁判所の判決という司法判断によって学校に定着していくとすれば，何らかの影を感じざるをえない。

　ところで，日野原重明は朝日新聞（2006 年 8 月 26 日付け）の連載

エッセイ「94歳・私の証 あるがまま行く」のなかで「第二の国歌をつくろう」と次のように提唱した。

> 若者が参加する華やかな国民行事には,「君が代」に代わる斬新な第二の国歌を全国民で歌いたいと思います。心を高揚させ,正義と友情と平和をたたえるようなもう一つの国歌を。私も当選は期待せずに,作詞作曲に挑戦したい気持ちでいっぱいです。たくさんの日本人が,その日を待っているに違いないと私は思うのです。

何度も最高裁判所の判断が下されながら「君が代」が歌われていくか,それとも一世紀近くを生きた日野原が前向きに提唱するように新しい国歌が創られて,誰もが自然に歌うようになるか。その分岐はひとつの歌の分岐にとどまらず,国民と国歌の関係,ひいては国民の国家に対するスタンスを変えていくものになろう。

● 絶対評価 ●

現行学習指導要領は,前回の学習指導要領以降に表れた評価の考え方,すなわち「絶対評価」を継承しつつ,確固たるものとしている。

1999年12月17日,中曽根弘文文部大臣は教育課程審議会に対して「児童生徒の学習と教育課程の実施状況の評価の在り方について」を諮問した。これを受けて教育課程審議会は翌2000年12月4日に最終答申を提出した。

この答申によれば,「評価」は次の3段階で充実を図っていくことが必要としている。

（1） 児童生徒の個人の学習状況等の評価
（2） 各学校における児童生徒の学習状況や教育課程の実施状況等の評価
（3） 国全体あるいは地域全体として見た児童生徒の学習状況や教育課程の実施状況等の評価

このうち，(1) 児童生徒の個人の学習状況等の評価は，従来からの評価の論議のなかで中心的な位置を占めてきたし，現在もそうであり，この評価こそが出発点となるものである，としている。

答申は続けて，「今後は，新しい学習指導要領等が，基礎・基本を確実に身に付けさせることはもとより，それにとどまることなく，自分で課題を見付け，自ら学び，自ら考え，主体的に判断し，行動し，よりよく問題を解決する資質や能力などの『生きる力』の育成を目指していることを踏まえ，これからの児童生徒の学習状況等の評価の在り方を検討することが課題である」と説いている。

さらに，この課題を踏まえると，「これからの児童生徒の学習状況等の評価の在り方としては，学習指導要領に示す目標に照らしてその実現の状況を見る評価（いわゆる絶対評価）を基本に据えるとともに，児童生徒の自ら学び自ら考える力などの『生きる力』の育成の状況を総合的に評価する工夫をしていくことが必要である」と論じている。

なお，同様のことが答申の「概要」でも言葉を変えて述べられている。すなわち，「学習指導要領が示す目標に照らしてその実現状況を見る『目標に準拠した評価（いわゆる絶対評価）』を一層重視し，児童生徒のよい点や可能性，進歩の状況などを評価する個人内評価を工夫することが重要」である。

ここからわかるように，評価が相対評価からはっきりと絶対評価に変更されたのである。

相対評価とは，個人の得点を集団成員の得点と比較することにより，その相対的位置を明らかにする方法である。もう少し具体的に言えば，クラスのある子どもがクラス全体のなかで相対的にどの程度の力をもっているかを評価する方法である。これは一般に，1.2.3.4.5.と5段階で記述される。それらの割合は，集団の得点分布が正規分布（平均50，標準偏差10）に従うものとの前提で求められている。これまでの学校では概ね，1が7％，2が24％，3が38％，4が24％，5が7％として評価される場合が多かった。

相対評価は長く続いてきたものである。しかし，受験競争を助長する，クラスのなかで誰かを蹴落とさないと良い成績が取れないから友情を阻害する，というような非難がなされてきた。

例えば，田中耕治は相対評価を「排他的な競争」として批判し，「勝ち組」と同時に「負け組」が必ず生まれてしまう極めて非教育的な発想とみなしている。勉強して何を学んだかではなく，勉強で勝ったか，負けたかという受験学力に重きを置くことを問題視しているのである。また，相対評価は「発達をあきらめさせる評価」という論も展開した。

この相対評価に対して，絶対評価はテストの点数だけにとらわれない評価方法であり，子ども一人ひとりが意欲，関心，態度等を持ってどれほど学習が進んだかを示すものである。それゆえに，例えば5段階評価で，誰もが5の評価はありえることになった。

しかしながら，絶対評価は現場の教師には煩雑で，ネット上ではいくつかの絶対評価作成ソフトが無料で配布されている。

絶対評価を基にして，現実に子どもはどのように評価されたかを調べるため，2004年4月，毎日新聞社は神奈川県横浜市に学校別（公立中学校145校）の評定一覧を情報公開請求した。情報公開法に基づいて横浜市教育委員会が公開すると，1学年の生徒数が40人以上の公立中学校144校で，ある学校では英語（2年生）の「5」が80人中44人，実に55％の生徒が「5」の評定であった。別の学校では82人中1名のみが「5」であった。これは1.2％にあたり，学校間の格差は実に45.8倍もある。

またある学校では全9教科において「5」評価数の平均が4割を超えていた。この学校では第3学年の平均が4.02という高い数字である。これについて，この学校の校長は「興味や関心を持ち，意欲的に学習する生徒が多いから」と高い原因を説明し，「絶対評価ではありえること」と回答している。

このように，意欲，関心，態度を中心としてペーパーテストを重視しない評価では教師の主観が入り込む可能性が否定できない。教師が意図せざるにしても，教師の個々の子どもに対する好き，嫌いが成績に反映しないという保障はどこにもない。またうまく自分を主張できる子もいれば，そうでない子どももいる。

また，絶対評価には次のような問題をはらんでいる。

愛知県では，4つのブロックに分けられた公立高等学校の一般入試を生徒は2回受験できる。しかし，その両方を不合格になる生徒数が絶対評価の導入と同時に増えていったという事実がある。これは内申書の評定が高くなった生徒が進学校に集中したからと推察されている。自分の実力以上の内申書，いわばインフレ内申書で受験したものの，学力が伴わず不合格だったというわけである。この結

第3節 現行学習指導要領におけるその他の特徴と問題点

果，近年，中学浪人まで生み出す事態になった。

このような状況は高等学校側で見通されており，文部科学省によると，2004年春の高校入試では大阪府，広島県，兵庫県，鳥取県の各府県は絶対評価による内申書の導入を見送った。その代わり，兵庫県では教科ごとの評価基準を作り，県内の全中学に配った上で，2005年からの内申書導入を決めている。また栃木県では絶対評価による内申書と学力検査の比重をそれまでの9対1から1対9へと変更した。

受験に過敏になったためにできた絶対評価が，受験にはなんら役に立たない，あるいは効力が薄くなったと言える。しかしこのことは，日ごろの学習成果がほとんど評価されないというジレンマももたらしている。

絶対評価が導入されたのは，現行学習指導要領で教育内容の大幅な削減がなされ，基礎・基本を重視することから，すべての児童・生徒がその内容を習得できるという仮定に基づいたものでもあった。現行学習指導要領に関する文部省サイドのスポークスマンで，ミスター文部省と評された寺脇研は「（学習指導要領の改訂で）みんなが百点をとります」と公言していた。

ところで，絶対評価の発想は初めてのものではない。20～30年前の京都府でも同じことが主張された。子どもに到達してほしい基準点を設けて，そこに達すればしかるべき評価を与えたのである。京都府はこの施策を推し進め，高等学校を小学区制に定めたまでの経緯がある。しかしこの試みは府政が代わると同時に中止された。結果的に，低学力と公立高等学校の地盤沈下が負の遺産として残ったのである。

絶対評価の導入はこの歴史に学ばず，今また同じ轍を踏んでいる。それは，今日の教育が逼塞していて，その打開策として期待されたとも考えられる。また前述したような親や教師の心情に容易に入り込んだともいえる。その背景には，日本人の平等意識が存在している。学校においてはなおさら強調され，皆と同じ教育を受けたい（受けさせたい），皆と同じ到達をしたい（達成させたい）というものがエトスにある。

　絶対評価にも学ぶべきことはある。しかし，人間には差異があり，相対的ななかで生きていくことが社会のなかで生きるということであり，人間の尊厳でもあるという厳粛な事実を忘れている。

第Ⅴ章

学力低下論議と現行学習指導要領のゆらぎ

現行学習指導要領の施行時期と前後して学力低下の論議が盛んになった。この問題は当初，大学生の学力低下を懸念したことから始まったが，それを契機として，さまざまな立場からの学力低下に関する論争が起こった。

文部省（文部科学省）は現行学習指導要領によって学力低下は起こらないとしたが，「学びのすすめ」を表明して以降，基礎学力重視に傾いていった。中央教育審議会はこうした動きから，現行学習指導要領の「はどめ規定」を解除し，「最低基準」とする旨の答申を提示した。2004年になると国際的な学力調査の結果が出され，日本の児童・生徒の学力低下は明白になった。

第Ⅴ章ではこの学力低下論議を検討するとともに，これに対応するかのようにゆらいだ現行学習指導要領について考察する。

第1節 学力論争

●『分数ができない大学生』から始まった学力低下論●

現行学習指導要領が告示された翌1999年6月，西村和雄らによって『分数ができない大学生』が出版された。西村らはこの著書のなかで，分数の計算などの小学校レベルの計算ができない大学生が私立のトップ校ですら約2割もいる現状を指摘した。その原因は，小学校の教育に責任があるのではなく，数学を大学入試科目からはずしていることにあるとして，問題の所在は大学の入学試験のあり方によると指摘した。

これを受けるかのように，学力低下に関する論議の始まりの時点においては，西村らの指摘する大学生の学力低下に論点が集中した。

産経新聞（1999年5月27日付け）は，駿台教育研究所が1999年1月に行った調査から，7割の大学で学力低下が問題になっており，3割の大学で高等学校の補習授業を行っていると伝えた。それは，大学が入学試験の科目を減らしたり，推薦入学枠を増やしたりして入学試験のハードルを低くし過ぎたことに起因するとしている。

また，読売新聞（1999年5月30日付け）は，国立大学の全学部を対象にした調査で，8割の学部長が「学力低下がある」と回答したことを踏まえて，「深刻化する学力低下」とした。その上で，これを2つの視点から述べている。

ひとつは，1999年にすでに3割を超える私立の短期大学で定員割れが生じている状況から，もはや進学先を選ばなければ誰もが大学に入学できる時代が到来し，それによる大学生の多様化という現実があるとした。

今ひとつは，厳しい選抜を実施している大学においても学力低下が見られることから，一律に知識を押しつける教育から，能力に応じて個性豊かな人材を育てる教育に転換しなければならないと論じた。それには大学の入学試験で「概念理解」を問い，自主的に考える力やそれを表現する力を試す方向に変えるべきとしたのである。

ともあれ，文部省の1998年の調査によると，全国の国公私立大学599大学1,547学部のうち，半数近い273大学で学力低下から補習授業を行ったり，学力別クラス分けをしていた。これは1996年の調査時より倍増している。

こうした調査報告などにより，大学における学力低下の問題がますますクローズアップされていった。

ところが間もなく，大学に起因する学力低下の論調が，現行学習指導要領に対する批判，とりわけ，ゆとり重視の教育への批判に傾斜していった。新聞，雑誌も現行学習指導要領の実施による学力低下を危惧するキャンペーンをはったのである。

ここで西村らは当初の言明とは違って，小学校からの学習指導要領を批判し始め，ついには施行される予定の学習指導要領それ自体の実施中止を求める署名運動まで行った。

こうした運動へと変化したのは次のような経緯による。

当初，西村らの大学人は経済学部の学生の数学的知識がないことに困惑していた。それが入学試験で数学を課していないシステムそれ自体からくるものとしても，大学の教育で回復できない能力の欠如は，つまるところ，小学校からの教育に問題があるのではと問題を投げかけたのである。そのため，初めの言明とは違って，学習指導要領の中身に疑問を呈したのである。

西村らはいくつかのデータから算数・数学の学力低下を主張した。また，学力低下は算数・数学だけに留まらず，基礎教科の学力全体の低下が危惧されるとした。それが教育内容の3割を削減する（現行）学習指導要領で一層拍車がかかり，ひいては「国を滅ぼす」と警鐘を促したのである。

　これと軌を一にして通産省の外郭団体である「地球産業文化研究所」から2000年10月13日に「学力の崩壊を食い止めるための，教育政策に関する緊急提言書」が提出された。この提言書で「(1977年に改訂された学習指導要領の実施以来進められてきた)『ゆとりの教育』によって，小・中・高等学校における基礎教科の授業時間数が大幅に減少したこと，および大学入試における面接入試・論文入試に代表される『小数科目入試』が普及したことが，基礎教科の選択離れとも深く関わって，(学力低下が) 引き起こされた」としている。そこで「2002年度に予定されている『新学習指導要領』実施の全面中止」を訴えた。

　［ゆとり］を標榜する現行学習指導要領に対して，外郭団体とはいえ，政府の身内からも批判が出されたのである。

　この頃世間では，現行学習指導要領での「台形の公式が消える」「円周率が3.14から3になる」「人体のしくみが除外される」などを，主として大手進学塾が電車内の広告などで大きく取り上げていた。こうした現象が世論を「学力が低下していくであろう」から「すでに学力は低下しているが，今後さらに低下していく」という論調に引き込んでいったのである。

● 反学力低下論 ●

このように現行学習指導要領を巡って，学力低下を憂慮する意見が多く聞こえるなか，子どもたちの学力は低下していないとする意見，学力低下はしていてもかまわないとする意見もあった。前者は児童中心主義教育を支持する立場，後者は教育への市場原理の導入を支持する立場，あるいはネオリベラリズムを標榜する立場に依拠していた。

〈児童中心主義教育を支持する論者からの否定論〉

児童中心主義教育を支持し，体験型・参加型学習論を主張する代表者の一人である加藤幸次は，2001年8月に著した『学力低下論批判』のなかで次のように述べている。

> 知識の暗記量を増やそうとする考え方はIT時代にふさわしくない。知識や情報はコンピュータによって大量かつ豊かに瞬時に手許に届く時代である。したがって，今後は，問題解決能力こそ学校が目指すべき学力の内容であるべきである。社会をめぐり，自然をめぐり，自分自身をめぐって，子どもたちはいろいろな問題に興味を持っているに違いない。さらに，人類は世界のグローバル化に伴って，かって当面したことのない新たな困難な問題を解決して行かなければならない。まさに，環境問題，国際問題，情報化に伴う問題に代表される困難な問題を創造的に解決して行く力を育てて行くことこそ，今後の学校教育の最大の目的である。すなわち，子どもたちは，グローバル社会における「地球市民」として「生きて」行かねばならないはずである。

第Ⅴ章　学力低下論議と現行学習指導要領のゆらぎ

　さらに，加藤は学力低下論を経済不振と政治的閉塞状況から生み出された「時代の狂気」とみなし，その背後に政治的プロパガンダの存在を感じている。

　加藤が主張したその根底にあるのは，子どもの学習に信頼を寄せ，それが社会の重要な課題を解決していくというスタンスである。こうしたスタンスに反対するのは難しい。反対の意見は，子どもを信頼していないことになるし，ひいては人間への不信感に通じると見なされがちだからである。

　しかし，引用した短い加藤の見解ですら次のようにいくつかの矛盾点を指摘できる。

『知識や情報はコンピュータによって大量かつ豊かに瞬時に手許に届く時代である。』

　加藤が主張したいのは，知識や情報はコンピュータによって得ればよい時代なので，わざわざ知識や情報を個人が修得しておく必要はない，ということであろう。

　しかし，まずコンピュータを利用するにはコンピュータリテラシーが必要である。パソコンを操作するための必要な知識・技能・情報はパソコンから自動的に得られるものではない。また多くの場合，キーボードはローマ字変換を使用するから，ローマ字の知識も必要不可欠である。こうした「基本のき」のような知識・技能・情報が前提となってコンピュータが使用できるのである。

　こうしたコンピュータリテラシーが修得できたにしても，パソコンから知識・情報を収集するには多くの事前の知識・情報が必要である。

　例えば，フランス北西部の保養地ドーヴィル（Deauville）で過ご

そうとしてネットで情報を集める場合を考えてみよう。フランス観光局のサイトから，ノルマンディー地方を選びドーヴィルを選択しなくてはならない。まずここでドーヴィルがノルマンディー地方にあるという知識・情報が必要である。ドーヴィル観光局のサイトは日本語もあるが，簡単な紹介しかない。宿泊先を探すには英文サイトを開いて accommodation をクリックする必要がある。ここで accommodation がホテルなどの宿泊施設を示す単語であることを知っていることが前提である。さらにホテル紹介が出てくれば，現在1ユーロがいくらなのかという経済の知識・情報がなければ，宿泊料金の目安がわからないのである。ある場所の宿泊施設を探すだけでも，このように多様な知識と情報があってコンピュータからの知識と情報が入手できるのである。加藤が考えているように自然と得られるものではない。

『問題解決能力こそ学校が目指すべき学力の内容であるべきである。社会をめぐり，自然をめぐり，自分自身をめぐって，子どもたちはいろいろな問題に興味を持っているに違いない。』

加藤は子どもが社会，自然，自己に関する問題に興味を持っているという前提に立っているが，子どもを何か特別なスーパーマンのように捉えている。大人が情報を与え，子どもが受け入れなくては何ら問題意識や興味を持つことはない。

例えば，子どもの時間の概念は瞬間，瞬間から始まっている。生まれた時には「乳を飲む」だけの瞬間の時間しかなかったはずである。それが成長するにつれて，子どもの生活体験の時間が長くなり，1日を考えるようになり，数日を意識するようになり，もっと長い時間の概念を持つようになる。この過程は母親を始めとする子ども

の外からの知識・情報の働きかけによって成り立っていくのである。

　大雨が降って生活に支障をきたす場合，幼い子どもであれば「外に遊びに行けない」だけである。しかし，子どもは，成長するにつれて雨はなぜ降るか，雨の降る季節，水害の起こる原因，水害の歴史など多くの知識・情報を得ていくのである。こうして積み重ねた知識・情報から，大雨が降った場合にはどうしたらよいかという問題解決ができるようになる。何も学習のないところに問題解決への知恵は生まれない。

　『人類は世界のグローバル化に伴って，かって当面したことのない新たな困難な問題を解決して行かなければならない。まさに，環境問題，国際問題，情報化に伴う問題に代表される困難な問題を創造的に解決して行く力を育てて行くことこそ，今後の学校教育の最大の目的である。』

　環境問題にしろ，国際問題にしろ，現代社会は問題が山積で解決の糸口すらないように見えるのが現状である。加藤が述べているのは，大人の絶望的な状況を将来子どもが解決していくであろうという希望である。それが学校教育の最大の目的としている。

　教育の根本的な目的のひとつがより良き社会を目指すことならば（この仮定に異論を唱えるのは難しい），子どもに期待をかけるのはしごく当然のことと言えよう。

　しかし，現実が直面する問題と教育との関係について，宮澤康人は次のように論じている

　　現実の問題（例えば環境危機）は「人類にとって前例のない経験であり，既成の知識では対処できない類の危機である。それゆえ，

誰もが『真理』を手にしていない，という意味で『ソクラテス的』状況」である。また「人類が蓄積した知識や方法論を無視して，素手で立ち向かうのは不可能に近い」。そこで「大人の困難を子どもに肩代わりしてもらおう」という考えが出てくる。同時に，「救済者としての子ども」というイメージが起こる。アメリカの子ども観を研究したバーナード・W・ウィッシイ（Bernard W. Wishy）は「子どもは，エネルギー，純粋さ，神秘的力において，優位にあるがゆえに，大人が犯した過ちの救済者となるだろう」と子どもに大きな期待をかけている。こうした考えは児童中心主義の底流に流れるものである。つまり現状の絶望的な事象を子どもが解決してくれるであろうという観測を生み出している。

この宮澤の論を換言すれば，環境問題や国際問題などは現実にいまだ誰も解決できない問題である。解決できないという点において教師も子どもも平等なのである。そこで，大人が生きている時代には解決できそうもないから，子どもが将来解決する人間になってくれるであろうという希望をかけるということである。

また宮澤は「とりわけ日本のように，汎神論的心情も，体験至上主義の発想も強い，そういう文化においては，近・現代が生みだした難局に直面した場合に，人びとは，西洋以上に容易に，児童中心主義的な思想のとりこになりやすい」とも説いている。

このように現在の問題を子どもが将来解決してくれるであろうという期待をかけるのは，人間は進化していく（＝人間は眼前の難問を未来は解決できるほどに進化する）という明るい人間観ではある。しかし，そこに根拠がないことを考えれば，絶望的な状況を将来へ

先送りするだけの無責任な思想でもある。

　このような宮澤が批判する児童中心主義のスタンスは，子どもの学習を概念で捉えるに留まってしまう。つまり「学習」というものが将来の人類を救うという壮大なビジョンを描くあまりに，個々の子どもたちの学力の定着というものを軽んじる傾向に陥りやすい。その結果，子どもたちの学力低下を引き起こし，またそれに関して罪悪感を感じないのである。

〈教育への市場原理導入，ネオリベラリズムを支持する論者からの容認論〉

　教育への市場原理導入を積極的に提案する論者たちは，単純労働をする人間が社会に必要不可欠であり，彼らの生活に高度な学習は必要ないと考えている。学力の「棲み分け」といってよい。この見解は，とりわけ経済団体から強い。高等学校への進学率が95％を超え，さらに高等教育が大衆化した現在において，現実への反動のようにこうした意見は多くなっている。

　また，ネオリベラリストと呼ばれる人々からは，現在の教育は過剰という意見も聞かれる。

　国家論として現在の教育を過剰とみなすのも，教育の大部分が税金で賄われていることを考えれば，タックスペイヤーの心情として理解できなくもない。勉強が嫌いな子どもたち，学校に不適応な子どもたち，単純労働に就くであろう子どもたちの教育費のために多額の税金を使うのは無駄という見解が一部にはある。

● 文部省の見解 ●

すでに述べたように，学力低下が論議されていた時，文部省のスポークスマンは寺脇研であった。

寺脇は1999年に雑誌『論座』における苅谷剛彦との対談「子供の学力は低下しているか」において，現行学習指導要領と学力との関係に関する文部省の見解を示している。

そこでは，まず，「『ゆとりはつくった，学力は落ちない』なんてあり得ないんです」と授業時数の削減が学力低下に繋がるのを当然としている。さらに，学力低下は1992年に学校週5日制が月に1回導入された時点から始まっているとしている。「『土曜日にやらないなら，学力落ちるんでしょ』と言われたときに，『はい』と言わないからややこしいことになっちゃった」と述べている。

しかし，寺脇は，「小中学校で教育内容は3割は削減されるけど，わからないで授業に出る，そういう子は一人もいないようにする。つまり中学校卒業時点で，全員が百点というか，きちんと内容を理解できる」と続けている。

つまり寺脇は，教育内容が3割削減されるため，その意味では学力低下は避けられない。しかし，そこで教えられる内容はすべての子どもが中学校卒業時には完全に理解しうると明言しているのである。

しかし，すぐに「学力分業制」という言葉を出している。これについて寺脇は，「昔はすべての子に，国語も算数も理科も社会も大好きな，できる子になってほしいという美しいフィクションがあって，全部を押しつけてきた。今後は『自分は数学という分野で日本の社会の活力となっていきますよ』という学力分業制の考え方でい

い」と説明している。

さらに「『学力が低下しますよ』と言ったのは，最初に言ったように『瞬間的な学力では低下しますよ』ということで，トータルな学力は低下しては困る」と次のように述べている。

「小中学校でゆったりしていたほうが，高校，大学で死にもの狂いで勉強してもらえるはずで，トータルでは決着がつく話」

「教えるのを減らすのは小中学校だけ。高校，大学はむしろいまの勉強では足りなくなるでしょう。高校は選択の幅を広げるし，大学は簡単に卒業できなくなる」

また，学力低下については，従来の意味での学力は低下するが，新しい意味での学力，すなわち「コンピュータがいじれる」とか，「男女共同参画に対する考え方が進む」ことは別だとしている。

そして結論として，「要は昔のように学校ですべてを収める考え方をはっきり捨てた」と締め括っている。

ここで寺脇の見解をまとめてみると次のようになる。

1. 小・中学校での学力低下は織り込み済み。
2. 従来の学力は低下しても，コンピュータリテラシーやジェンダーの考え方が進む。
3. 中学校卒業時点では全員が学習指導要領の内容を完全に理解できる。
4. これからは学力分業制の時代である。
5. 高等学校・大学での勉強が厳しくなる。
6. 学校ですべてを収める時代ではない。

この6点をそれぞれ検討してみよう。

1. 小・中学校での学力低下は織り込み済み。

現行学習指導要領が，学力低下を招くのを織り込み済みというのは，すでに述べた三浦朱門の考えと同じである。三浦はエリートを養成するためにその他大勢の児童・生徒の学力低下を容認するとした。寺脇にはそのような隠れた意図は見えず，総授業時数が削減されるから学力低下は当然としているだけである。

しかし，ここで総授業時数が削減されることがすぐに学力低下に結びつくまでになにがしかの対策はなかったのかという疑問が起こる。総授業時数の削減に加えて，「総合的な学習の時間」の新設が従来の国語や算数，英語など形式陶冶を主体とした教科（わかりやすく言えば知的教科）の授業時間を減らしている。1992年から学力低下が起こっていたなら，さらに知的教科の学習時間を減らす「総合的な学習の時間」の新設がなぜなされたのか誰もが納得できる説明がない。総授業時数を削減するのは（具体的には土曜日が休日になるのは）社会の趨勢から当然であるにしても，知的教科の授業時数を確保する手段はあったはずである。それが授業時間の削減＝学力低下では短絡的というそしりを免れない。

2. 従来の学力は低下しても，コンピュータリテラシーやジェンダーの考え方が進む。

この対談は「新しい学力」，「旧学力」という区分を前提に論議が展開されている。「新しい学力」とは寺脇が例示しているように，コンピュータリテラシーやジェンダーに関する考え方が進んでいく「ようなもの」である。ここで「ようなもの」と記したが，この論議に限らず，「学力」自体の定義がはっきりしていないまま学力低下が論議されている。「子供の学力は低下しているか」という論争

なら，せめてこの論争における両者間だけでも「学力」の定義があってしかるべきであった。しかしながら，次の3から考えると，学習指導要領に記されている内容を習得することが学力であると推察できる。

3．中学校卒業時点では全員が学習指導要領の内容を完全に理解できる。

これは当時「誰もが百点」と言う言葉で有名になった。少し考えてみれば「誰もが百点」はありえることではないのに，保護者や教師の究極の願いを巧みについたことから，寺脇には全国から講演依頼が殺到した。「うちの子は百点であってほしい」「クラスの生徒は誰もが百点であってほしい」という素朴な，しかも学校教育で根本的な希望を「はい。今度の学習指導要領なら可能です！」と全国で講演したのである。

個人の能力差という事実を踏まえれば「誰もが百点」は決してありえない。いわば，足を怪我した子どもが2名含まれている百人の集団を前にして「誰もが100メートルを13秒で走れます」と約束しているのと同じである。

つまり明らかな誤謬が存在している。問題はこうした言動を放置した文部省の責任と同時に，この言葉を聞きたがった保護者や教師のスタンスである。

4．これからは学力分業制の時代である。

「誰もが百点」と言いながら，それは昔のフィクションであったと前言を否定している。さらに分業される学力が寺脇の言う「新しい学力」のカテゴリーならば，「勉強はできないが女の子には優しい」も学力分業の一例になりうる。さらには，三浦が言う「実直な

精神」も新しい学力になりうる。つまりここではからずも「実直な精神だけを養っておいてもらえばいい」とする教育課程審議会会長の見解と同一線上に位置すると見なされても仕方ない。

5. 高等学校・大学での勉強が厳しくなる。

確かにエリートを志す生徒・学生にとって勉強は厳しくなるはずである。社会が成果主義のシステムであるなら，学べば学ぶほど得るものも多くなる可能性が高い。例えば，語学に関するなら英語を使えるのは当然であり，英語の他にも別の語学を習得することが好ましい。それも日常会話レベルよりビジネスレベル，さらに国際的な知的階級と会話が交わせるレベルといった具合に，たえずより高い次元のものを要求されていくのが今日のエリートの世界であろう。

しかし，それはあくまでもエリートの世界のみの話である。一般の生徒・学生においては高等学校も大学も実質的に全入時代である。第Ⅲ章で例示した「ケータイ入試」だけで入学できる大学が存在するのである。書類審査だけの大学も多い。高等学校や大学での勉強は易きに流れるばかりなのが現状である。

6. 学校ですべてを収める時代ではない。

人生80年の時代であること，ライフスタイルの変化，社会の変容などを考えれば，もはや学校だけで学習が終わる時代でないのは明らかである。しかし，ここで論議されているのは現行学習指導要領のなかにおける学力低下なのである。論議している範囲は学校教育である。そのなかで「学校ですべてを収めない」と結論づけるのは，もはや責任放棄でしかない。

この寺脇の発言について，苅谷は「そうなるとますます，個人の意欲や置かれた環境，地域性が重要な要素になる。カルチャーセン

224　第Ⅴ章　学力低下論議と現行学習指導要領のゆらぎ

ター型の塾があるのは都市部ですし，地域間格差や階層差，家庭の影響が露骨に出てくる」と反論を試みている。これに対して寺脇は「格差を埋めていくのが社会教育」と述べ，自治体が塾を誘致すればよいとしている。

　寺脇が主張するように，学校教育の補完として社会教育に期待するのは意味のないことではない。しかし再度繰り返すが，この論争はあくまでも学校という枠組みのなかでの現行学習指導要領についての話なのである。そこで結論が社会教育での補完ならば，学校教育に責任を持つのは誰なのか，誰もいないのかという暗澹たる気持ちにならざるをえない。

第2節　現行学習指導要領を巡る文部科学省の転換

● 学力向上への傾斜 ●

　学力低下を織り込み済みのようなスタンスをとっていた文部省であったが，2001年4月26日に遠山敦子が文部科学大臣に就任すると，文部科学省は「学力向上」を主たる指針とするようになった。

　具体策としては，2002年度から「学力向上フロンティア事業」を打ち出したのである。これによって，(1)「学力向上フロンティアスクール」，(2)「スーパーサイエンスハイスクール」，(3)「スーパー・イングリッシュ・ランゲージ・ハイスクール」が全国で指定された。

　(1)「学力向上フロンティアスクール」は，推進地域内の小学校と中学校のなかから複数の学校（原則として，1都道府県当たり，小学校と中学校あわせて18校程度）を学力向上フロンティアスクール

として指定するものである。

　学力向上フロンティアスクールにおいては，児童・生徒一人ひとりの実態に応じたきめ細かな指導の一層の充実を図るという観点から，次のような方法がとられる。

・発展的な学習や補充的な学習など個に応じた指導のための教材の開発
・個に応じた指導のための指導方法・指導体制の工夫改善
・児童生徒の学力の評価を生かした指導の改善

(2)「スーパーサイエンスハイスクール」は，科学技術，理科・数学教育を重点的に行う学校として指定された。そのねらいは，端的に言って，将来有為な科学技術系人材の育成である。

　スーパーサイエンスハイスクールでは次のような取組みが目標となっている。

・高等学校および中高一貫教育校における理科・数学に重点を置いたカリキュラムの開発（現行学習指導要領によらない教育課程の編成実施も可能）
・大学や研究機関等と連携し，生徒が大学で授業を受講，大学の教員や研究者が学校で授業を行うなど，関係機関等との連携方策の研究
・論理的思考力，創造性や独創性等を一層高めるための指導方法等の研究
・科学クラブ等の活動の充実
・トップクラスの研究者や技術者等との交流，先端技術との出会い，全国のスーパーサイエンスハイスクールの生徒相互の交流等

(3)「スーパー・イングリッシュ・ランゲージ・ハイスクール」は，英語教育を重点的に行う学校として指定された。英語教育を重視したカリキュラムの開発，一部の教科を英語によって行う教育，大学や海外姉妹校との効果的な連携方策等についての実践的研究を行うのを目的にしている。

● 「学びのすすめ」●

次に，文部科学省は遠山文部科学大臣の名で 2002 年 1 月 17 日，「確かな学力向上のための 2002 アピール『学びのすすめ』」を発表した。現行学習指導要領の実施を目前に控え，文部科学省が学力向上に積極的な姿勢を示したものである。

この前文において「これからの日本と世界は様々な面でこれまで以上に激しい変化に直面することになると予想されます。そのような中で，これからの社会を担う児童生徒が主体的，創造的に生きていくため，一人一人の児童生徒に『確かな学力』を身に付けることが重要となると考えます」と「確かな学力」という言葉を中心に据えた。

その上で，次の 5 点からなる基本方針を打ち出している。

1 <u>きめ細かな指導で，基礎・基本や自ら学び自ら考える力を身に付ける</u>

　小人数授業・習熟度別指導など，個に応じたきめ細かな指導の実施を推進し，基礎・基本の確実な定着や自ら学び自ら考える力の育成を図る

2 <u>発展的な学習で，一人一人の個性等に応じて子どもの力をよ</u>

り伸ばす

　学習指導要領は最低基準であり，理解の進んでいる子どもは，発展的な学習で力をより伸ばす
3　学ぶことの楽しさを体験させ，学習意欲を高める

　総合的な学習の時間などを通じ，子どもたちが学ぶ楽しさを実感できる学校づくりを進め，将来，子どもたちが新たな課題に創造的に取り組む力と意欲を身に付ける
4　学びの機会を充実し，学ぶ習慣を身に付ける

　放課後の時間などを活用した補充的な学習や朝の読書などを推奨・支援するとともに，適切な宿題や課題など家庭における学習の充実を図ることにより，子どもたちが学ぶ習慣を身に付ける
5　確かな学力の向上のための特色ある学校づくりを推進する

　学力向上フロンティア事業などにより，確かな学力の向上のための特色ある学校づくりを推進し，その成果を適切に評価する

　文部科学省は学力の向上を目指す姿勢を示したが，「学びのすすめ」のなかで，「文部科学省としては，『心の教育』の充実と『確かな学力』の向上とが教育改革の特に重要なポイントであり，とりわけ，今の学校教育における大きな課題であると考えております」と述べている。この「学びのすすめ」を見る限り，文部科学省はこの時点では，まだ［ゆとり］の考えをまったく放棄するまでに至っていないと思われる。

　また，この段階で「確かな学力」それ自体の定義については何ら

言及していない。しかし、その後、文部科学省はさまざまな場で「確かな学力」という言葉を頻繁に使っていく。

●「学力向上アクションプラン」と「教育の構造改革」●

さらに文部科学省は、2003年度には、「学力向上フロンティア事業」を発展させた「学力向上アクションプラン」を策定し、さまざまな方面で学力向上を目指した施策を展開していく。このプランに含まれる具体的な施策としては、例えば、公立小・中学校の放課後の補習を奨励するための放課後学習チューター制度がある。

また2003年5月27日、遠山文部科学大臣は「教育の構造改革」という名のメッセージを教育関係者に向けて発表した。サブタイトルが「画一と受身から自立と創造へ」と記されたこのメッセージの内容は次の4つの柱から成っている。

1. 一人ひとりの子どもの個性や能力に応じた学校教育の展開など「個性と能力の尊重」
2. 国際社会の一員としての教養ある日本人の育成など「社会性と国際性の涵養」
3. 各学校や地域が個性あふれる学校づくりに切磋琢磨し、多様なニーズに応えるための「多様性と選択の重視」
4. 学校が説明責任を果たすとともに教育の質を評価によって保証する「公開と評価の推進」

これは先の「学びのすすめ」とは異なって、あくまで［生きる力］を中心としており、その知の側面としての「確かな学力」を重視した教育観から成っている。そのため、通常言われるところの学

力とは一線をひいたものになっている。

寺脇が言うような「新しい学力」という概念をもってすれば，文部科学省（旧来の文部省を含む）の方針は，短期間に「新しい学力」→「基礎学力」→「確かな学力」へと転換を重ねている。

第3節　現行学習指導要領のゆらぎ

● 中央教育審議会答申（2003年10月7日）●

文部科学省は「学力」に関して右往左往しているかのように見えたが，2003年5月15日，遠山文部科学大臣は中央教育審議会（会長：鳥居泰彦）に「今後の初等中等教育改革の推進方策について」を諮問した。

この諮問に対して，中央教育審議会は2003年10月7日に「初等中等教育における当面の教育課程及び指導の充実・改善方策について」という答申を河村建夫文部科学大臣に提出した。

この答申ではまず，［生きる力］が［確かな学力］に重きを置いたものにシフトしたのは第Ⅲ章で述べたとおりである。

続いて，学習指導要領の「基準性」の一層の明確化を求めている。具体的には，各学校に対する学習指導要領の「『基準性』の趣旨についての周知が不十分であるため，学習指導要領に示されていない内容を加えて指導することが適切な場合であってもそれが十分考慮されていない状況も見受けられる」と懸念を示している。その上で，学習指導要領において多く見られる「〜は扱わないものとする」などの取り扱う内容の範囲や程度を明確にする記述，いわゆる［はどめ規定］は，「必要に応じ児童生徒の実態等を踏まえて個性を生かす教育を行う場合には，この規定にかかわらず学習指導要領に示さ

れていない内容を指導することも可能」と明言し，［はどめ規定］の解除の必要性を主唱した。

さらに授業時数の「標準」については，「指導に必要な時間を確保することがその趣旨である」とし「各学校において当初からこれ（標準時数）を下回って教育課程を編成することは通常考えられない」と述べている。このために「週時程・時間割の見直し，短縮授業の見直し，国で定める基準としての35週以上にわたる授業の計画」などを望んでいる。

［ゆとり］のために授業時数が大幅削減されたはずであったのが，ここで「あれは最低限度の話である」と言い換えたと読み取れる。

また「総合的な学習の時間」に関しては［生きる力］をはぐくむという現行学習指導要領の基本的なねらいを実現する上で極めて重要な役割を担うものと再度確認している。しかし「改善すべき課題が少なくない状況」との認識を示し，各学校で取り組み内容に対する不断の検証が必要としている。加えて，現行学習指導要領それ自体における「総合的な学習の時間」の位置づけを一層明確化する方途について検討するよう指摘している。

この答申は「個に応じた指導」の一層の充実も求めている。多くの小学校で「学習内容の習熟の程度に応じた指導」が効果をあげている実態に鑑み，習熟度別の指導を評価しつつ，その積極的な取り入れを奨励している。学習指導要領においても「補充的な学習」や「発展的な学習」について例示することが必要であるとした。

答申は，以上をサポートするために各教育委員会による校長や教員への指導と周知徹底を求めている。国には「学力向上フロンティアスクール」等における成果の普及や教材の開発を期待し，教員志

望の大学生が児童・生徒の学習支援にあたることも肝要とした。地域，学校，保護者の連携も再度強調している。

現行学習指導要領はそのねらいを継続的かつ積極的に周知することを必要としながらも，不断の検証を行い，必要に応じて見直しを図っていくことを当然とした。

小・中学校の現行学習指導要領が施行されてわずか1年半，高等学校にいたっては施行されてわずか半年でこのような答申が出されたのは極めて異例である。

さらに特記すべきは，この答申において［ゆとり］というタームが一切使われていないことである。現行学習指導要領の基本的概念になっていた［生きる力］と［ゆとり］のうちの一方が消失したのである。

●「最低基準」としての学習指導要領 ●

この中央教育審議会答申によって，実質的に学習指導要領が「最低基準」になったのは画期的なことである。

1958年に告示された学習指導要領が法的拘束力を持つようになって以来，教師は学習指導要領で示される内容をそのまま教えることを義務づけられた。つまり，それ以上教えてはならないし，それ以下でもいけないという規制のなかで教育活動をせざるをえなかった。

最高裁判所は1976年5月21日，いわゆる「旭川学テ事件」（正式名称：建造物侵入，暴力行為等処罰に関する法律違反被告事件）に関する判決文のなかで，「学習指導要領についていえば，文部大臣は，学校教育法第38条，106条による中学校の教科に関する事項を定

める権限に基づき，普通教育に属する中学校における教育の内容及び方法につき，上述のような教育の機会均等の確保等の目的のために必要かつ合理的な基準を設定することができる（略）少なくとも法的見地からは（略）必要かつ合理的な基準の設定として是認することができるものと解するのが，相当である」と，学習指導要領の法的拘束力を確認している。

このように法的拘束力を持ち，規制を設けている学習指導要領であるが，具体的に見ると，現行学習指導要領（1998年12月14日告示版）は次のように記している（下線：筆者）。

例えば，中学校理科・第1分野の「2　内容（1）身近な物理現象」では，以下のように「3　内容の取扱い」が示されている。

(2) 内容の（1）については，次のとおり取り扱うものとする。
ア　アの（ア）については，全反射も扱うが，屈折率は<u>扱わないこと</u>。
イ　アの（イ）については，実像と虚像を扱うが，レンズの公式は<u>扱わないこと</u>。また，像の位置，像の大きさの関係を実験により定性的に調べること。
ウ　アの（ウ）については，音の伝わる速さについて，空気中を伝わるおよその速さを扱う程度とし，気温などとの関係には<u>触れないこと</u>。
エ　イの（ア）については，力の合成と分解は<u>扱わないこと</u>。また力の単位として「ニュートン」を用いること。
オ　イの（イ）については，水圧は<u>扱わないこと</u>。

このように逸脱を厳しく規制しているのが実態である。発展的な

学習への［はどめ規定］とも言える。しかし，前記の中央教育審議会答申（2003年10月7日）はこの［はどめ規定］を解除する必要性を唱え，学習指導要領は最低基準であるとの見解を示したのである。

ところが詳細に検討してみると，最低基準という考えは，これより遡って，文部省ですでに述べられている。1999年10月に出された雑誌『論座』のなかで，寺脇は「指導要領は全員に共通して教えるミニマム（最低線）だということです」と発言している。この発言は，従来の「上限基準としての学習指導要領」あるいは「絶対基準としての学習指導要領」から「最低基準としての学習指導要領」への転換を表すものとして注目された。

また寺脇は，2001年1月の雑誌『論座』のなかで，大島理森文部大臣のコメントを援用して，自身の発言の妥当性を強調している。ちなみに，この大島文部大臣の発言は以下のようなものである。

　学習指導要領は，最低基準であり，理解の速い子には，より高度な内容を教えることも可能であることを明確にする。これまでもそうした建前ではあったが，現実には，全員一律の対応になっていた。このため，今回は，この趣旨を現場に徹底する。

さらに，2001年4月2日に開催された第14回教育改革国民会議の審議において，文部科学事務次官は「学校現場では，学習指導要領は最低基準ではなく，『これだけ教えればよい』という到達基準だと認識されていることが多い。今回の改訂でスリム化されたので，最低基準性は非常に明確になったはず。20人授業の中で，伸びている子はさらに伸ばし，遅れている子には丁寧に繰り返し教えていくことで，これまでの悪平等をなくしていこうと考えている」と説

いた。

ところで、「最低基準」は文部科学省の公式文書にも学習指導要領の施行以前に明記されている。具体的には、2001年8月に文部科学省から出された「新しい学習指導要領のねらいの実現に向けて」において、「学習指導要領は最低基準」と述べられている。

さらに、文部科学省は2001年11月に「新学習指導要領パンフレット」（教師向け）を出し、そこで「最低基準性の一層の明確化と個に応じた指導の充実」という項目を設けている。この項目で次の図式を示した。

　新しい学習指導要領では
教育内容の厳選・選択学習の幅の拡大
　　　　　　▼
学習指導要領の最低基準性が一層明確に
　　　　　　▼
発展的な学習、補充的な学習など、個に応じた指導の充実

この時点までに出来上がっていた小・中学校の教科書は、1998年12月告示の現行学習指導要領の中身にそって、厳しい検定を受けたものであった。［はどめ規定］を忠実に遵守したものでなければならなかったのである。

例えば、小学校算数の第1学年において現行学習指導要領では「100までの数について、その表し方と意味を理解すること」と記されている。ある教科書会社が申請した算数の教科書では、その項目にあった定規の挿絵で100以上を示す小さなヒゲのような目盛り

の線がついていた。この挿絵すら削除を求められたのである。

しかし、検定中であった高等学校の教科書は「学習指導要領は最低基準」とされ、進行中の検定規定を変更する措置がとられた。具体的には「発展的な内容の記述を許容する」とされ、学習指導要領に記されていない内容までも教科書に含まれることが可能になった。

コラム★求められる旧課程参考書・問題集

「学習指導要領は最低基準であり、さらに発展させて教えてよい」、あるいは「教えるように」と言われても、小・中学校用の教科書が現行学習指導要領にそった内容であったため、授業に使用できるテキストが事実上ないことが問題となった。ここで旧課程のままの参考書や問題集を求める学校が増えた。2002年秋に大阪市の増進堂・受験研究社は改訂前の教材を持って営業に回ると売り上げが上昇した。算数・数学・理科は在庫がなくなり、急遽、旧課程のものを増刷するという事態になった。

また全国約2,000の書店に教材を卸している日教販（東京都）は都市部を中心とした約150書店に旧課程の参考書や教材を送り、それらは店頭に並んだ。普通、新課程になると旧課程の参考書や問題集は返品になり処分されるのが常であったため、このような事態は教材や参考書会社にとってはビジネスのダブルチャンスとなった。

しかし、全国のすべての小・中学校が副教材や参考書を購入するわけではない。地方、それも郡部では、一括して副教材を購入するのは保護者の経済力や教育への意識から「絶対考えられない」とする学校も多い。

1976年5月の「旭川学テ事件」に対する最高裁判所の判決はイデオロギー的な問題が中心であったが、そこで示された「機会均等の確保」がイデオロギーとはまったく別の面で失われつつある一つの事例と言える。

また、すでに示したが、2002年1月17日、文部科学省は遠山文部科学大臣の名で「確かな学力の向上のための2002アピール『学びのすすめ』」を公表し、このなかでも「学習指導要領は最低基準」としていた。

2002年4月から小・中学校学習指導要領が施行された後も、「最低基準としての学習指導要領」をとりたてて強調する動きは続いた。

● 現行学習指導要領の一部改正 ●

中央教育審議会の答申を受けて、文部科学省は2003年12月14日、総則を中心にした小・中学校学習指導要領の一部改正を告示した。また、翌2004年3月23日に『学習指導要領解説―総則編―』（小・中学校）を一部補丁という形で発行した。

この一部改正された小・中学校学習指導要領は、中央教育審議会答申が打ち出した［はどめ規定］の解除というタームそのものを援用していない。その代わり、第1章総則の第2〈内容等の取扱いに関する共通的事項〉において、次のような説明で［はどめ規定］の解除を示している。

> 学校において特に必要がある場合には、第2章（各教科）以下に示していない内容を加えて指導することができる。また、第2章（各教科）以下に示す内容の取扱いのうち内容の範囲や程度等を示す事項は、すべての児童（生徒）に対して指導するものとする内容や程度等を示したものであり、学校において特に必要がある場合には、この事項にかかわらず指導することができる。

実際、小学校では社会、算数、理科、家庭、中学校では国語、社

会，数学，理科，保健体育，技術・家庭において，上記と同じ内容が追加されている。

　例えば，中学校学習指導要領における数学（第3学年）では「A 数と式」は「平方根表は取り扱わないものとする」とあるが，一部補訂の『中学校学習指導要領解説―総則編―』で「学校においては（略）個性を生かす教育を充実する観点から，生徒の学習状況などその実態等に応じ，特に必要があると判断する場合には（略）規定に関わらず（平方根表の）指導を行うこともできる」としている。

　ところが，「まずは学習指導要領に示しているすべての生徒に対して指導するものとする内容の確実な定着が求められる」という大前提は崩していない。学習指導要領に記されている内容がすべての生徒に定着するまで，それより先には進んではいけないと釘をさしている。これは寺脇が盛んに繰り返した「みんなが百点を取ります！」が内包していた問題とコインの表裏である。

　いかなる内容になったとしても，子どもそれぞれに能力の違いがあることから，すべての子どもに内容が同一に定着することはない。すると，現実的にこの［はどめ規定］の解除は従来と同様，文字どおり［はどめ］になっている。

　文部科学省は学習指導要領が最低基準であると示したが，日々の授業や学習において従来どおり絶対的な基準（絶対条件）にならざるをえない。

　また，「総合的な学習の時間」に関しては，一層の充実を期して，小学校学習指導要領の総則のなかで，「各学校においては，学校における全教育活動との関連の下に，目標及び内容，育てようとする資質や能力及び態度，学習活動，指導方法や指導体制，学習の評価

の計画などを示す総合的な学習の時間の全体計画を作成するものとする」と追記されている。中学校学習指導要領の総則では,「各教科,道徳及び特別活動で身に付けた知識や技能等を相互に関連付け,学習や生活において生かし,それらが総合的に働くようにすること」が書き加えられている。

第4節 学力調査の結果

●「OECD 生徒の学習到達度調査」●

　肯定的であれ,否定的であれ,学力低下の論調は各個人の体験（例えば,大学で経済学の講義をしていてとか,四則計算も満足にできない高校生がいたとか）から論が展開されている。調査結果を基にしていても限られた範囲でのものであった。

　こうした各個人の体験に基づく学力低下（観）はかねてより論じられた歴史がある。夏目漱石は旧制第五高等学校に赴任した時,校長から「最近の学生は学力が低下している。お前調べろ」と言われ,調査の結果「最近の学生の学力は非常に低下している。その原因は学校制度だ。かつての制度に戻すべきだ」と回答した。また三木清が「現今の若者の学力低下を憂う」という論文を著した事実もある。

　現行学習指導要領との関わりから,学力低下が体験的な感覚でなく,統計的に証明されたのは 2004 年 12 月 7 日に公表された「OECD 生徒の学習到達度調査」結果である。

　「OECD 生徒の学習到達度調査」(通称 PISA : Programme for International Student Assessment) は「経済協力開発機構」(OECD) が 2003 年,15 歳児を対象に実施したものである。世界の 41 の国と地域（OECD 加盟国 30 ヵ国,非加盟国 11 ヵ国・地域）から約

276,000人が参加し，日本からは無作為に，高等学校第1学年に在籍する約4,700人が選ばれた。2000年の第1回調査に続いて，今回が2回目である。

　この調査は，義務教育修了段階の15歳児が持っている知識や技能を，実生活のさまざまな場面で直面する課題にどの程度活用できるかどうかを評価（記述式が中心）するものである。思考プロセスの習得，概念の理解，さらにはさまざまな状況でそれらを生かす力を重視している。したがって，単に，特定の学校カリキュラムがどれだけ習得されているかを見るものではない。

　またこの他，生徒自身に関する情報を収集するための生徒質問紙および学校に関する情報を収集するための学校質問紙を実施した。

　先回の調査は，①数学的リテラシー，②読解力，③科学的リテラシーについてなされたが，今回は新たに，④問題解決力が付け加えられた。

　これら①から④について「経済協力開発機構」が規定した内容は次のとおりである。

　①数学的リテラシーとは，「数学が世界で果たす役割を見つけ，理解し，現在及び将来の個人の生活，職業生活，友人や家族や親族との社会生活，建設的で関心を持った思慮深い市民としての生活において確実な数学的根拠にもとづき判断を行い，数学に携わる能力」である。

　②読解力とは，「自らの目標を達成し，自らの知識と可能性を発達させ，効果的に社会に参加するために，書かれたテキストを理解し，利用し，熟考する能力」である。

　③科学的リテラシーとは，「自然界及び人間の活動によって起こ

240 第Ⅴ章 学力低下論議と現行学習指導要領のゆらぎ

る自然界の変化について理解し，意思決定するために，科学的知識を使用し，課題を明確にし，証拠に基づく結論を導き出す能力」である。

④ 問題解決能力とは，「問題解決の道筋が瞬時には明白でなく，応用可能と思われるリテラシー領域あるいはカリキュラム領域が数学，科学，または読解のうちの単一の領域だけには存在していない，現実の領域横断的な状況に直面した場合に，認知プロセスを用いて，問題に対処し，解決することができる能力」である。

この調査結果における平均得点を国際比較したのが図表Ⅴ-1である。

また，前回（2000年）との比較について見たのが図表Ⅴ-2であ

図表 Ⅴ-1 平均得点の国際比較

	数学的リテラシー	得点	読解力	得点	科学的リテラシー	得点	問題解決能力	得点
1	香港	550	フィンランド	543	フィンランド	548	韓国	550
2	フィンランド	544	韓国	534	日本	548	香港	548
3	韓国	542	カナダ	528	香港	539	フィンランド	548
4	オランダ	538	オーストラリア	525	韓国	538	日本	547
5	リヒテンシュタイン	536	リヒテンシュタイン	525	リヒテンシュタイン	525	ニュージーランド	533
6	日本	534	ニュージーランド	522	オーストラリア	525	マカオ	532
7	カナダ	532	アイルランド	515	マカオ	525	オーストラリア	530
8	ベルギー	529	スウェーデン	514	オランダ	524	リヒテンシュタイン	529
9	マカオ	527	オランダ	513	チェコ	523	カナダ	529
10	スイス	527	香港	510	ニュージーランド	521	ベルギー	525
11	オーストラリア	524	ベルギー	507	カナダ	519	スイス	521
12	ニュージーランド	523	ノルウェー	500	スイス	513	オランダ	520
13	チェコ	516	スイス	499	フランス	511	フランス	519
14	アイスランド	515	日本	498	ベルギー	509	デンマーク	517
15	デンマーク	514	マカオ	498	スウェーデン	506	チェコ	516

（出所：国立教育政策研究所編『生きるための知識と技能2―OECD生徒の学習到達度調査（PISA）2003年調査国際結果報告書』）

図表 V-2　前回（2000年）と今回（2003年）の比較

	順位	読解力	得点	数学的リテラシー	得点	科学的リテラシー	得点
2000年	1	フィンランド	546	日本	557	韓国	552
	2	カナダ	534	韓国	547	日本	550
	3	ニュージーランド	529	ニュージーランド	537	フィンランド	538
	4	オーストラリア	528	フィンランド	536	英国	532
	5	アイルランド	527	オーストラリア	533	カナダ	529
	⋮						
	8	日本	522				
2003年	1	フィンランド	543	香港	550	フィンランド	548
	2	韓国	534	フィンランド	544	日本	548
	3	カナダ	528	韓国	542	香港	539
	4	オーストラリア	525	オランダ	538	韓国	538
	5	リヒテンシュタイン	525	リヒテンシュタイン	536	リヒテンシュタイン	525
	⋮			6 日本	534		
	14	日本	498				

（出所：『朝日新聞』2004年12月18日付け）

る。

　まず，①「数学的リテラシー」に関して日本は第6位であった。マスコミは「6位へ転落」と大見出しをつけた。確かに前回の調査は1位であった。しかし，依然として統計的に第1グループで，世界のなかではトップクラスである。

　とはいえ，習熟度が低い方からレベル1未満―レベル6まで7つに区分すると，レベル2以下の生徒が3割いる。具体的な問題でも小学生レベルの問題で3割が正答できていない。レベル6の生徒は8.2％とOECD平均の倍である。できる生徒，できない生徒の差がついているのがわかる。3割の生徒（つまり高等学校の階層化，序列化が進んでいる現在の状況では3割の学校）は，高等学校としての

数学の授業内容をまったく理解していないのである。

「数学で学ぶ内容に興味がある」と答えたのは日本の生徒32.5%に対して、ニュージーランドでは55.8%、フランスでは67.2%にのぼっている。その他、数学への興味、関心を問う質問でもいずれも平均を大きく下回っている。

②「読解力」の平均得点は第1位のフィンランドが543点に対して、日本は498点で14位であった。これは1位から8位のスウェーデンの8カ国の平均得点より、統計的に有意に低い。この平均得点は前回の調査より24点のマイナスであり、参加国中でもっとも激しい減点となった。ここでも、得点分布が上位5%、上位10%、上位25%に位置する者の得点はOECD平均より高いが、下位10%、下位5%に位置する者の得点はOECD平均より低い。つまりこの3年間で「できない子ども」が増えたという事象が明らかになった。とりわけ文章や図を論理的に解釈してそれを表現できない生徒が目立った。

③「科学的リテラシー」はフィンランドとともに最高得点を得ている。特に上位5%に位置する生徒の得点は715点であり、もっとも高い。前回の調査と比べても上位の生徒は高得点である。しかし、下位の生徒の得点は下がっている。

④「問題解決能力」は第4位で、韓国、香港、フィンランドとともに第1グループである。上位5%に位置する生徒の得点はもっとも高い。レベル1未満がアメリカでは23.7%、イタリアでは24.7%であるのに対して、日本は9.9%と低い数字になっている。

この調査は学習の背景についても13ヵ国の生徒に質問し、分析を行っている。学級の雰囲気は、日本は韓国に次いで良好な状態で

ある。反面,「教師は熱意をもって仕事をしている」などの教師のモラール（志気）は第11位と低迷している。生徒のモラールは中程度である。インターネットやコンピュータ・プログラムなどの活用頻度は低い。家庭における文学全集，詩集，美術品などのクラシックな文化的所有は平均より低い。家庭にこれらの文化的所有がある生徒の方が，「数学的リテラシー」が高いことも判明した。さらに週当たりの自宅での学習時間はOECD平均が8.9時間であるのに比べて，日本は6.5時間しかなかった。

●「国際数学・理科教育動向調査」●

「OECD生徒の学習到達度調査」結果が公表された1週間後，すなわち2004年12月14日，国際教育到達度評価学会（通称IEA：The International Association for the Evaluation of Educational Achievement）の「国際数学・理科教育動向調査の2003年調査」(TIMSS 2003：Trends in International Mathematics and Science Study 2003）の結果も公表された。

この国際調査は1964年から継続的に実施されており，今回は世界25ヵ国と地域からの第4学年（日本の小学校4年生）116,951名と，46ヵ国と地域からの第8学年（日本の中学校2年生）224,503名が参加した。なお，調査対象となる児童・生徒は，国際的に決められたガイドラインに従って抽出されている。

調査の目的は，初等中等教育段階における児童・生徒の算数・数学及び理科の教育到達度（educational achievement）を国際的な尺度によって測定し，各国の教育制度，カリキュラム，指導方法，教師の資質，児童・生徒の学習環境条件等の諸要因との関係を明らか

にすることにある。

調査の結果,日本は小学校4年生の算数において前回と同じく第3位,理科は2位から3位となり,中学校2年生の数学が前回と同じく5位,理科が4位から6位となった。

ちなみに,第1回からの順位は図表V-3のように変化している。

また,調査に含まれている質問紙に対する回答で,日本は数学・理科ともに「勉強の楽しさ」「勉強への積極性」「得意な教科かどうか」「勉強に対する自信」「自宅で宿題をする時間」などが国際的に

図表 V-3　TIMSS2003の成績（国際比較）

①算数・数学の成績

	小学校	中学校
1964年（第1回）	実施していない	2位/12か国/地域
1981年（第2回）	実施していない	1位/20か国/地域
1995年（第3回）	3位/26か国/地域	3位/41か国/地域
1999年（第3回追調査）	実施していない	5位/38か国/地域
2003年（第4回）	3位/25か国/地域	5位/46か国/地域

（注）小学校については4年生の成績。中学生については1964年及び1981年は1年生,1995年,1999年,2003年は2年生の成績。

②理科の成績

	小学校	中学校
1970年（第1回）	1位/16か国/地域	1位/18か国/地域
1983年（第2回）	1位/19か国/地域	2位/26か国/地域
1995年（第3回）	2位/26か国/地域	3位/41か国/地域
1999年（第3回追調査）	実施していない	4位/38か国/地域
2003年（第4回）	3位/25か国/地域	6位/46か国/地域

（注）小学校については1970年及び1983年は5年生,1995年及び2003年は4年生の成績。中学校については各年とも2年生の成績。

（出所:文部科学省『データからみる日本の教育2006』）

みてかなり低い状況であった。例えば、数学の勉強が楽しいかを4つの選択肢で尋ねた設問に、「強くそう思う」と回答した日本の中学校2年生は9%で、国際平均値の29%を大きく下回っている。

とりわけ注目されるのは、日本の子どもたちの宿題をする時間である。小学校4年生が0.9時間（国際平均値1.4時間）、中学校2年生は1時間（同1.7時間）で最短である。一方、テレビやビデオを見る時間は小学校4年生が2時間（同1.7時間）、中学校2年生では2.7時間（同1.9時間）で国際的に「最長」との結果も現れた。

さらに「希望の職に就くために数学で良い成績を取る」と思う中学校2年生は、シンガポールや香港では70%を超えていたのに、日本では47%の生徒しかそのような意識がないのも確認された。

● 2つの調査結果から見えてくるもの ●

「OECD生徒の学習到達度調査」と「国際数学・理科教育動向調査」による調査結果から、次の事柄が見えてくる。

まず、総じて学力は以前より低下している。これは「できない子ども」が増えたためと推察できる。学力が下位の児童・生徒が増加して全体の学力を低下させているのである。「できない子ども」は基礎的な学力がついていないこともさることながら、考える力が弱い。これは基礎学力がないから考える力が弱いのか、基礎学力も思考力も弱いのかはこれらの報告からは不明である。

さらに、国際的にみて自宅における学習時間が短く、テレビの視聴時間が長い。これは単なる生活習慣というより、その背後にある学習への積極性、学習を楽しむ気持ちが希薄なことから生じていると考えられる。

これら2つの調査結果から現行学習指導要領の誤謬を指摘する意見が多く見られたが，調査対象とされた児童・生徒は，1989年に改訂された学習指導要領に基づいて学習している。したがって，これらの調査結果をもって現行の学習指導要領の是非を論じるのは早急すぎる。

しかし彼らは今を生きている，［ゆとり］教育の受益者である。1989年の学習指導要領よりさらにゆとりを重視する教育が推進された現行学習指導要領において学力がどうなっているかを推論するのは可能である。学習への「意欲・関心・態度」を重視しているにもかかわらず，「意欲・関心・態度」が薄い児童・生徒が増加しているのが懸念される。また基礎学力が低下し続け，論理力などの思考力も低い児童・生徒が増えているであろうというのも当然の懸念である。

● その後の動き ●

「OECD生徒の学習到達度調査」と「国際数学・理科教育動向調査」による実証的なデータをもって，現行学習指導要領への疑義が高まっていった。

こうした風潮を受けて，2004年12月17日，中山成彬文部科学大臣は中央教育審議会総会で，「現行の学習指導要領が狙いとしている，知識技能を幅広く活用する力や学ぶ意欲が必ずしも身についていない。教育課程の基準全体の見直しについて本格的な検討に着手してもらいたい」と発言した。中央教育審議会に現行学習指導要領の抜本的な見直しを審議するよう要請したのである。1958年以降，おおよそ10年を周期として改訂されてきた学習指導要領が，

小・中学校では実施されて3年弱，高等学校に至ってはわずか2年弱で見直しが求められたのである。

これを受けて，2005年2月15日，中央教育審議会は「義務教育特別部会」を立ち上げた。

また中山文部科学大臣は2005年1月18日に開催された宮崎県でのスクールミーティング終了後，「(理科などの)授業時間がだいぶ減っており，学力が上がるはずがない。特に国語・数学・理科・社会という基本的な教科の時間をいかに確保していくかだ」とし，主要4教科の授業時数を増やす考えを強調した。その上で，体験重視の「総合的な学習の時間」を削減し，(その時間を)主要教科の授業に振り替えることも含めた見直しの必要性に言及した。マスコミはこの発言に対して，「『ゆとり』大転換論」「『ゆとり』の象徴岐路」「教師は『困惑』『歓迎』」などと大きく報道した。

続けて中山文部科学大臣は，4月21日の茨城大学教育学部付属中学校でのスクールミーティングの場で，「ゆとり教育」の導入について「学校だけで学んでいる人には申し訳なかった」と謝罪するまでに至った。このことは，現職の文部科学大臣が現行学習指導要領を否定したと同様である。つまり行政のトップがその行政にノーを突きつけたのである。

ところで，朝日新聞社が2005年3月12, 13日の両日に行った全国世論調査（電話）によると，調査対象の78％の人がゆとり教育の見直しに賛成していた。学校週5日制には62％が反対，「総合的な学習の時間」を減らして主要教科を増やすことには51％が賛成している。

政府も国民もゆとり教育は間違っていたと思い，軌道修正を求め

ていたのである。

　文部科学省は2005年4月22日，小学校第5学年から中学校第3学年の児童・生徒約45万1千人に対して実施した2003年度学力調査（2003年度小中学校教育課程実施状況調査：2004年1月〜2月に実施）の結果を公表した。この調査は現行学習指導要領で学ぶ子どもを対象にした初の学力調査であった。

　前回（2001年度）との同一問題（総問題数の約3割）で見ると，正答者の割合（正答率）が上回るか同程度だった問題が8割を超えた。特に正答率が高かったのは国語で，小・中あわせた全体の正答率は84.2%であった。しかし，表現力や思考力が試される記述式問題では63.4%と，前回よりも0.9ポイント下がった。

　この学力調査から，学力改善の兆しがうかがえた。このことはゆとり教育がそれほどの学力低下を招いてはいないとも分析できる。しかし，文部科学省は「基礎を徹底する現場の努力で成果が上がりつつあるが，想定した正答率と比べると不十分なものもある」と評価は避けた。また中山文部科学大臣は"脱・ゆとり教育"の方針に変わりないとの見解を明らかにし，反ゆとりの方向を強調した。

　同年8月25日，結城章夫文部科学次官は児童・生徒の学習到達度を測るために，小学校第6学年と中学校第3学年の全児童・生徒計約240万人が参加する「全国学力テスト」を2007年度から実施する方針を発表した。

　なお，この全国一斉学力テストは2007年4月24日に行われた。原則全員参加の一斉テストとしては43年ぶりのことである。テストに参加したのは，全国の小・中学校3万2,756校の児童・生徒計約233万2,000人。大学入試センター試験と比較すると，参加人数

は約4倍，会場数では約40倍となり，費用の総額は77億円であった。かつては「学テ闘争」が行われたほど，学力テストは左右のイデオロギー闘争の象徴であった。しかし今回は，公立の学校では愛知県犬山市の14校のみが「学力テストは競争原理を持ち込み，教育格差につながる」と参加を見送るだけに留まった。今日の教育現場は，イデオロギーの問題を云々する場ではなく，子どもの学力のレベルを知りたいという強い要求が支配しているのを如実に物語っている。

2005年10月31日に内閣改造（首相は小泉純一郎）が行われ，新しく文部科学大臣に就任した小坂憲次は，ゆとり教育について，「目指した方向性は間違っていないが，自ら判断し，自ら学ぶ心が育つという，ゆとり教育が目指した通りの結果が必ずしも出ていない部分がある」と述べるに留まった。

小坂の関心は，ゆとり教育よりもむしろ愛国心に関わる教育に関してであるようにうかがえる。小坂は，「2003年に（教育基本法の）改正についての（中央教育審議会）答申を得て以来2年が経過しているが，（国を『愛する心』か『大切にする心』かという）表現の問題について十分煮詰まっていない。自分の帰属するものに対する愛情とはそれを大切にする心。そういった趣旨がしっかり伝わる表現であれば理解が得られると思うので，その調整に時間をかけていく必要がある」と述べている。

2006年3月27日，中央教育審議会の外国語専門部会は小学校第5学年から，週1回程度の英語の授業を「必修化」すべきと提言した。この提言では「英語と国語を同時に学ぶことを，他者や異文化とのコミュニケーション能力育成のための教育と位置づけ，両言語

の積極的な結びつきで『相乗効果』を引き出す教育内容を検討すべき」としている。

●「教育基本法」の改正 ●

2006年9月26日,安倍晋三が首相に就任した。「戦後レジームからの脱却」「美しい国,日本」を標榜する安倍首相は「教育基本法」の改正に着手した。改正教育基本法は同年12月15日の参議院本会議で与党の強行採決という形で成立し,12月22日に公布・施行された。

1947年3月31日に公布された教育基本法は教育の憲法ともいうべき性格を有していたが,戦後60年をして初めて改正された。この意味するものは大きい。

改正された教育基本法は,前文と18条から成る。主な改正のポイントは,〈1〉公共の精神や,伝統と文化の尊重を強調,〈2〉現在の教育環境に合うよう生涯学習,大学,私立学校の条文を追加,〈3〉義務教育の「9年」の年限を削除し,家庭教育,幼児期教育を規定,などである。

〈1〉について,具体的には,これまでの教育が個人の権利の尊重に傾きすぎたとして,「公共の精神」が加えられた。また教育の目標のひとつに「道徳心を培う」が組み込まれた。

かねてより論議されていた「愛国心」に関しては,「愛国心」という言葉自体は盛り込まれなかったものの,「伝統と文化を尊重し,それらをはぐくんできた我が国と郷土を愛するとともに,他国を尊重し,国際社会の平和と発展に寄与する態度を養うこと」と記された。

〈2〉には次のような条文が追加された。
・(生涯学習の理念) 第3条「国民一人一人が，自己の人格を磨き，豊かな人生を送ることができるよう，その生涯にわたって，あらゆる機会に，あらゆる場所において学習することができ，その成果を適切に生かすことのできる社会の実現が図られなければならない。」
・(大学) 第7条「大学は，学術の中心として，高い教養と専門的能力を培うとともに，深く真理を探究して新たな知見を創造し，これらの成果を広く社会に提供することにより，社会の発展に寄与するものとする。2　大学については，自主性，自律性その他の大学における教育及び研究の特性が尊重されなければならない。」
・(私立学校) 第8条「私立学校の有する公の性質及び学校教育において果たす重要な役割にかんがみ，国及び地方公共団体は，その自主性を尊重しつつ，助成その他の適当な方法によって私立学校教育の振興に努めなければならない。」
〈3〉に関しては義務教育年限の9年が削除された。また「家庭教育」の項目は以下のように追加されている。

　父母その他の保護者は，子の教育について第一義的責任を有するものであって，生活のために必要な習慣を身に付けさせるとともに，自立心を育成し，心身の調和のとれた発達を図るよう努めるものとする。2　国及び地方公共団体は，家庭教育の自主性を尊重しつつ，保護者に対する学習の機会及び情報の提供その他の家庭教育を支援するために必要な施策を講ずるよう努めなければ

ならない。

幼児教育に関しては,「幼児期の教育は,生涯にわたる人格形成の基礎を培う重要なものであることにかんがみ,国及び地方公共団体は,幼児の健やかな成長に資する良好な環境の整備その他適当な方法によって,その振興に努めなければならない」としている。

教育基本法が改正された理由は,社会の荒廃が目立ち,その原因が今日の教育にあり,その教育は戦後から継続しているままの教育基本法が一番の礎になっているからであった。しかし,社会の荒廃の原因のひとつが教育である可能性は否定できないものの,そのすべてではない。社会問題の解決をすべて教育に委ねようとするのは,為政者と国民の傲慢である。ここで,教育基本法の改正はそのスタートに間違いがあると言わざるをえない。

改正された教育基本法は公共の精神という言葉を導入しているが,「公共の精神」とは何かという国民的コンセンサスがない。「公共」が意味するものもはっきりしない。はっきりしない語句は今後都合のよいように使われる危惧がぬぐえない。おそらくは愛国心とリンクするものになっていくのであろう。

また義務教育の年限が削除されたことなどから考えると,この改正教育基本法は能力主義的なるものである。それに加えて家庭教育の重視が主張されていることから,個人の能力とともに家庭の能力(子どもにいかに良き教育を与えられるかという情報力や経済力さらには文化資本など)によって子どもが受ける教育が決まってしまう。

さらに教育基本法の改正は憲法改正の布石という見方もある。であるなら,愛国心の重視のような国家に重きを置いた概念,個人

第 4 節　学力調査の結果　253

（あるいは家庭）が責任を持った（逆から見れば「負わせた」）新自由主義的な色彩が今後の憲法改正の基調を予想させる。

● 「教育再生会議」 ●

　安倍政権は 2006 年 10 月 10 日，首相の諮問機関「教育再生会議」を発足させた。

　メンバーは野依良治（理化学研究所理事長）を座長に，各界より選ばれた。そのなかの海老名香葉子は亡くなった落語家の林家三平の妻であり，2 人の息子を落語家に，2 人の娘を芸能人の妻に育てた後に，テレビのワイドショーなどで活躍している。

　品川裕香は「新しい歴史教科書をつくる会」の教科書を編集出版した扶桑者の編集者を経て，『みんな違ってみんないい―学級崩壊の教訓を生かした特別支援教育へ』（共著）や『怠けてなんかない！　ディスレクシア～読む書く記憶するのが困難な LD の子どもたち』など軽度発達障害に関する著作がある。

　なお，メンバーのなかに教育学の専門家は一人も含まれていない。

　教育再生会議は，2007 年 1 月 24 日，第 1 次報告「社会総がかりで教育再生を～公教育再生への第一歩～」を提出した。その骨子は次のとおりである。

① 当面の取り組み

　▽ゆとり教育見直し▽授業時数の 10% 増加▽いじめや暴力行為を繰り返す子供に出席停止措置▽高校での奉仕活動必修化▽大学 9 月入学の普及促進▽教員免許更新制導入▽教育委員会の抜本改革

② 今後の検討課題

　▽学校週 5 日制の見直し▽小学校の英語教育▽教育バウチャー制度

この第1次報告では、教育改革の具体策の最初に「ゆとり教育」の見直しをあげている。学習内容や授業時数を削減してきた結果、「国民に学力低下の不安が広がっている」として、授業時数の10%増加や「薄すぎる教科書の改善」を目指した学習指導要領の改訂を求めている。

さらに、教育再生会議は6月1日に第2次報告「社会総がかりで教育再生を～公教育再生に向けた更なる一歩と『教育新時代』のための基盤の再構築～」を発表した。

第2次報告は「学力向上」「心と体—調和の取れた人間形成」「大学・大学院改革」「財政基盤の在り方」を骨子とし、各々は次のとおりである。

① 学力向上

▽夏休み等の活用や授業時間の弾力化、土曜授業を可能にして授業時数の10%を実現▽教科書を質量ともに充実▽社会人採用の拡大や事務負担の軽減で教員が子供と向き合う時間を確保▽教育委員会に「学校問題解決支援チーム」を創設▽習熟度別指導の拡充や学校選択制の拡大

② 心と体—調和の取れた人間形成

▽徳育の教科化。点数評価はせず、多様な教科書と副教材を使用▽奉仕活動の必修化（高校）▽家庭教育支援や育児相談の充実など、親の学びと子育てを応援▽有害情報防止の啓発活動推進▽幼児教育の将来の無償化を検討▽ワークライフバランスの促進

③ 大学・大学院改革

▽少なくとも国内5校の世界の上位30校入りを目指す▽大学卒業認定の厳格化▽奨学金の拡充▽9月入学の大幅促進▽ODA予算

等による留学生の受け入れ促進▽中核大学で大学院への内部進学者を最大3割程度に制限することを目指す▽国立大学の大胆な再編統合や学部再編▽教員の一律年功序列型給与システムの打破

④財政基盤の在り方

〔小・中・高校〕▽学校裁量予算の拡充▽メリハリある教員給与体系▽「公教育費マップ」作成など地方の教育費確保　〔大学・大学院〕▽競争的資金の拡充▽寄付金に対する優遇税制の充実▽各大学の努力と成果をふまえた国立大学法人運営費交付金の配分方法の検討

その上で、これからの検討課題として、①学校、教育委員会の第三者評価制度、②6・3・3・4制の在り方、③「教育院（仮称）」構想、④小学校での英語教育の在り方、⑤教育バウチャー制、⑥育児支援や幼児教育の在り方、⑦大学入試の抜本的改革などをあげている。

全体として、新自由主義的な方向をもった報告である。個人の自己責任と経済的な効率を重視している。安倍首相は「すばらしい報告をまとめていただいた。こうすれば日本の教育は良い方向に変わるという提言だ」と絶賛した。

しかし、提言を実行に移す予算については、委員のなかでも「改革すれば予算は減るのが基本だ」という考えもある。首相にしても予算拡充に前向きな姿勢を示さず、報告は最終的に、「真に必要な教育予算の財源は確保する」という曖昧な表現に終わっている。

現在、教育再生会議は12月の第3次報告に向けて検討を進めている。

教育再生会議の第1次、第2次報告を見るかぎり、なんらの目新

しさはない。この会議では、教育に造詣が深いとは決していえない委員が、大衆に迎合しやすい場当たり的、思いつきの見解を、脈絡もなくただ述べている。さらに、閣僚からも批判が出たが、世間一般の人を見下すような姿勢が垣間見えた。

第 VI 章

学力の二極化と格差問題

　学力低下の問題を考察していくと,「できる子ども」と「できない子ども」が二極化しているのがわかる。その背景に家庭の所得格差がある。また学校と職業の連結では, かつては職業高等学校から大企業の中堅社員としてのルートがあったものの, 現在ではそうしたルートに漏れが生じている。このような社会構造から, 偏差値の低い高等学校ではフリーターにならざるをえない生徒が多数生まれている。こうした児童・生徒を取り巻く状況に現行学習指導要領のゆるい内容が拍車をかけている。その結果, かつては希望の象徴であった「学校」の機能が重大な局面を迎えている。
　第VI章では格差の問題を広く考察した上で, 格差と学習指導要領の関連について論を進める。

258 第Ⅵ章 学力の二極化と格差問題

第1節 タテの格差からヨコの格差へ

● 学力の二極化 ●

　学力低下が論じられているうちに，子どもたちの学力に格差が生じていることが明白になってきた。

　例えば，国内の高等学校（国・公・私立の全日制課程）3年生を対象に実施した学力調査（「2002年度高等学校教育課程実施状況調査」）の数学Ⅰは図表Ⅵ-1のような結果を示している。

　本来なら成績分布は中間層が一番多い「山」型になるはずが，高

図表 Ⅵ-1　「2002年度高等学校教育課程実施状況調査」の結果　数学Ⅰ

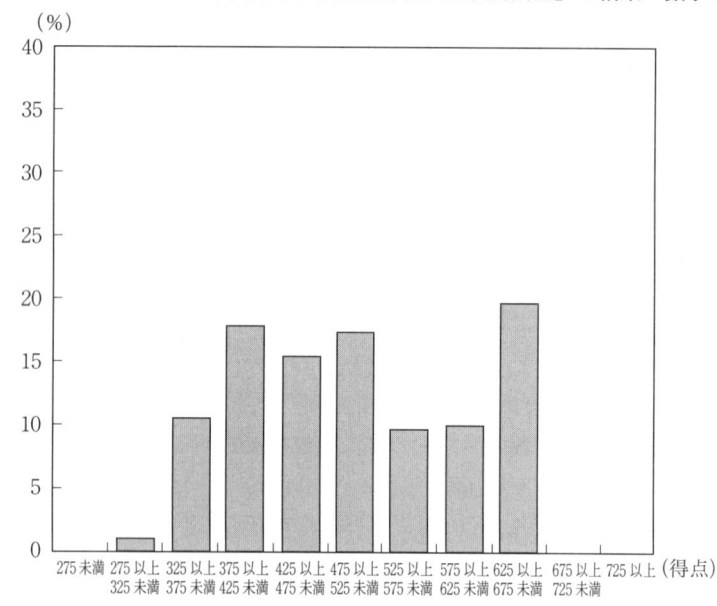

（％）

得点区分	割合
275未満	≈1
275以上325未満	≈10.5
325以上375未満	≈17.7
375以上425未満	≈15.3
425以上475未満	≈17.2
475以上525未満	≈9.5
525以上575未満	≈9.8
575以上625未満	≈19.5
625以上675未満	—
675以上725未満	—
725以上	—

（出所：文部科学省「2002年度高等学校教育課程実施状況調査」）

得点層とそうでない層の「ふたこぶラクダ」型になっている。つまり，学力が一応に低下しているのではなく，「学力の低下した子ども」と「学力が維持できている，高い，子ども」の2つの群があるのを示している。

また，東京大学大学院教育学研究科の学校臨床総合センターは，2002年初め，小学校第5学年の児童と中学校第2学年の生徒を対象に学力，学習態度，家庭環境を調査した。ここで学力の二極化が明らかになった。

例えば中学校第2学年の数学では，塾に通う子どもと通わない子どもを比べてみると，過去には同一校で13ポイントの差であったのが，今回は20ポイントまでその差が広がっている。

また，得点分布が80点台を中心にした高得点層と30点台中心の低得点層のピークがある「ふたこぶラクダ」型になっていることも明らかとなった。高得点層の子どもは「ニュースをよく見る」「小さいとき，本をよく読んでもらった」「博物館や美術館に家族で行った」などの家庭環境に育っていることも調査から判明した。

塾へ行くか行かないかは家庭の経済状況や教育への意識に関連する。また家庭のさまざまな文化資本が子どもの学力得点に影響を与えているのが実証されたのである。

これら調査を始め，多くの調査・研究で子どもの学力に格差が生じてきたことが判明し，学力低下よりも，学力における格差の問題がクローズアップしてきた。

● タテの格差の時代 ●

高度経済成長の時代には，子どもは「高等学校進学」という切符

を手にした。その親はほとんどが中学校卒業の学歴であった。つまり、その時代、子どもは親よりも高い学歴を収得したのである。当時、家庭に普及した白黒テレビ、洗濯機、冷蔵庫の家電製品が「三種の神器」と呼ばれたが、「高等学校進学」は第四番目の神器だったとも言えよう。

多くの調査・統計が示しているとおり、当時も個人間、家庭間の格差はあった。しかし、人々の間でリアリティを持ったのは、学歴に関する親子の格差の方である。それは言わばタテの格差である。具体的には親の最終学歴は中学校卒業で、その子どもは高等学校卒業という現実であった。

この現実は親にとっても子どもにとっても望ましい格差であり、高度経済成長によりもたらされた賜物ともいうべき格差であった。そこでは本来の社会のなかでの格差が隠れていた。この時代、多くの国民が「生活が豊かになった」と実感したように、「子どもに高い学歴を与えることができた」と満足していたのである。

● ヨコの格差論の端緒 ●

教育の領域において個人間・家庭間のいわばヨコの格差が取り上げられていたのは、主として「同和地区の教育格差」というような限定された課題であり、また貧困問題と関連づけられていた。

しかし1995年に苅谷剛彦が『大衆教育社会のゆくえ』で教育における格差に関して、階層という概念を使って分析した。そこでは教育の現象をSSM（Social Stratification and Social Mobility：社会階層と社会移動）調査などから検証した。ここで、教育は階層の影響を受け続け、「大衆教育社会」になった現在、不平等の再生産が

行われていると結論づけた。苅谷の功績は教育というフィールドに，階層や格差という概念を表舞台に登場させた点である。

『大衆教育社会のゆくえ』以降，それまで日本の社会，とりわけ教育の世界ではタブーであった個人間・家庭間の格差についての問題に論議が集中するようになった。

● 今日の家庭の4タイプ ●

ヨコの格差は主として家庭を単位として発生するが，井上修は現在の日本の家庭を以下のように，（A）から（D）の4つのカテゴリーに分類した。

（A）　戦前，あるいは戦後から数世代にわたって築かれた資産を持っている最上位。例えば，数世代にわたって慶応閥を維持し，子弟を幼稚舎に入学させることができる家庭。

（B）　教育に充分投資でき，子どもを取り巻く教育環境に対して敏感に反応できる教養を持った家庭。教育に関する自己決定を行える積極中間層。主として都市部に住む夫婦ともに高学歴で，子どもを中高一貫の私立校に進ませるような家庭。

（C）　自分が公立であったから子どもも公立学校で普通に学べば十分と考えている家庭。もともとは（B）と同じ出発点だったが，教育を含めた世の中の変化に鈍感で対応できていない。子どもたちは難易度の低い没個性的な高校や大学に進学し，就職できなかったりする。

（D）　親の生活パターン，人生の行動様式が崩壊していて子どもの教育に対する意識が欠如している家庭。子どもは公立の中

学校から底辺の高校に進学するが，中途退学するか，卒業してもフリーターになっていく。

(A)，(B)，(C)，(D)のような家庭における教育に対する意欲と投資が，子どもの学力の分化を招いているものと思われる。井上は(A)と(D)の家庭は統計上に現れないくらいの少数派と見なした。そこで(B)と(C)の家庭が学力の二極化を招いているとした。

井上がこのように論じたのは2001年である。当時と比べて，この数年間で「子どもの教育に対する意識が欠如している家庭」が増加している。それは井上が言及した「親の生活パターン，人生の行動様式が崩壊」している(D)の家庭だけではなく，(C)の家庭も含む。

つまり，(C)の家庭の少なくない数が，平成不況や雇用状態の悪化から経済的な余裕をなくした。そのため子どもの教育まで十分な関心を払ってやれない，または払えなくなったのである。

言い換えれば，(A)(B)の家庭と(C)(D)の家庭の所得格差が子どもへの教育に対する意欲と投資の格差となり，それが子どもの学力格差を生んでいる。

● 所得格差と教育格差 ●

それでは，所得格差や教育格差は実際にはどのように認識されているのであろうか。

「日本の教育を考える10人委員会」(委員長：佐和隆光)は2006年4月11日から14日にかけて，「義務教育に関する国民アンケー

ト調査」を行った。20歳以上の2万5千人を対象として12項目にわたるものであった。

その質問項目10は「子どもの学力について,『できる子』と『できない子』との二極化が進んでいると言われています。学力の二極化について,あなたはどのように思われますか」である。この質問について,「子どもの有無別」「子どもに受けさせたい教育別」の観点から分析したのである。

この分析によれば,「できる子」と「できない子」の二極化が進んでいると感じている人は全体の60%を超えている。

同調査は,二極化が進んでいると回答した人に対して,さらに質問項目11で「二極化が進んでいる原因として,塾・予備校などのいわゆる『学校外教育費』が出せる家庭と出せない家庭の『所得格差』が指摘されています。あなたは,『所得格差』と『教育格差』の関係についてどう思いますか」とたずねている。この質問について,「子どもの有無別」「自治体規模別」「子どもに受けさせたい教育別」の観点から分析している。

この質問項目11に対する総合的な分析結果によると,7割近くの人が「所得の格差によって,子どもの学力に影響が出る」と考えているのが明らかになった。

ところで,家庭の所得格差を示す指数のひとつにジニ係数がある。ジニ係数は,イタリアの統計学者コッラド・ジニ（Corrado Gini）が考案した係数で,0に近いほど平等であり,逆に1に近いほど不平等であることを示すものである。

総理府の「全国消費実態調査」によると,ジニ係数は図表VI-2のように推移している。

図表 VI-2 年間収入のジニ係数の推移（全世帯）

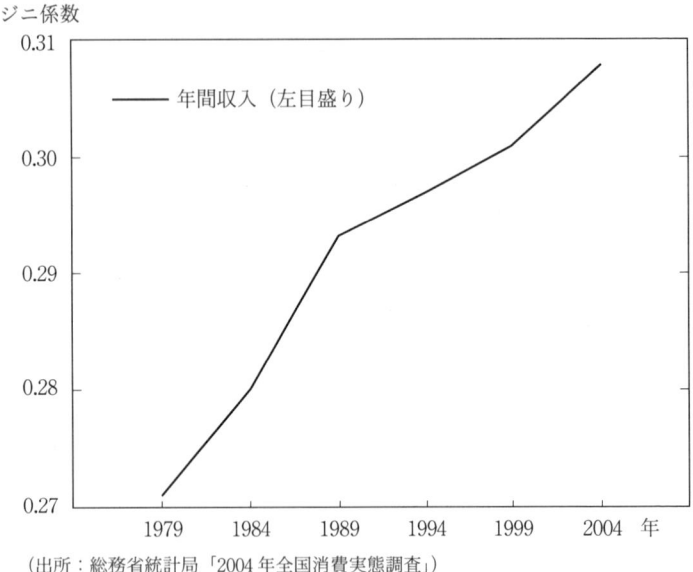

(出所：総務省統計局「2004年全国消費実態調査」)

　この数値は概ね，国民のなかで所得の高い方の4分の1が，富の4分の3を独占していることを示している。

　今ひとつ所得格差を示す指標に「貧困率」がある。「貧困率」は，家庭の可処分所得の中央値の50％以下の所得しかない人の割合を言う。OECDが2005年に公表した調査結果から，日本は「貧困率」が先進国のなかで極めて高い国であることが判明した。

　OECD 27ヵ国の平均は10.4％。日本は15.3％で，メキシコ（20.3％），アメリカ（17.1％），トルコ（15.9％），アイルランド（15.4％）に次ぐ第5位である。ちなみに低い国はデンマーク（4.3％），チェコ（4.3％），スウェーデン（5.3％）などである（数値

は，1999年もしくは2000年，国によっては2001年などの値の場合もある）。

この15.3%という数字は約1,900万人が国民平均の半分以下で生活しているのを示している。

またこの調査によると，貧困率は1990年代後半にOECD全体では0.5ポイントの上昇であったのに，日本では1.5ポイントと3倍の上昇である。他国に比べて貧困率の拡大の割合も大きい。

これを裏づけるように，貯蓄がない世帯の割合が急増している。金融広報中央委員会が行った「家計金融資産に関する世論調査」によると，2005年においてはおよそ4軒に1軒の家庭が1円の貯蓄もない状況にある。さらに，貯蓄がないどころか債務を抱えている家庭も多い。

住宅ローンに限ってみても，2006年3月時点における国内銀行の住宅資金貸付残高は100兆円を突破している。消費者金融については個人破産件数の増加，グレーゾーン金利の行政指導などで，大手消費者金融は若干の衰えをみせるが，ヤミ金融など行政や法律の及ばない所からの貸し手は増加するばかりである。

● 就学援助の増加 ●

ジニ係数にしろ，貧困率にしろ，債務状況にしろ，それらの数字が物語っているのは経済的に貧しい家庭が増えているという事実である。これを直接的に示しているのが，就学援助を受ける児童・生徒の増加である。

就学援助とは，「経済的理由によって，就学困難と認められる学齢児童の保護者に対しては，市町村は，必要な援助を与えなければ

ならない」と学校教育法第25条で定められたものである。保護者が生活保護を受けている子どもに加えて，市町村が独自の基準で「要保護に準ずる程度に困っている」と認定した子どもに文房具費や給食費，修学旅行費用を援助する制度である。

文部科学省によると，2004年度にこの就学援助を受けた児童・生徒は全国で133万7,000人にのぼった。これは2000年度より37％増え，受給率は全国平均で12.8％に達している（図表VI-3）。

就学援助は都市部ほど高い傾向にある。東京都足立区における受給率を見ると，1993年度は15.8％だったものが，2000年度は30％台になり，2004年度は42.5％までになった。学校全体で受給率が7割にのぼった小学校もある。足立区の場合，対象となるのは

図表 VI-3 児童・生徒の就学援助利用者数と全児童・生徒に対する就学援助率の年次推移

年度	利用者数	援助率(%)
2000	97万9000人	8.8
2001	105万	9.6
2002	115万2000人	10.8
2003	125万6000人	11.8
2004	133万7000人	12.8

（出所：上田小次郎『公立炎上』）

前年の所得が生活保護水準の 1.1 倍以内。年間, 小学生で約 7 万円, 中学生で約 12 万円が支給される。保護者が目的以外に使わないように校長管理の口座に直接振り込まれる。

● 朝食を食べない子ども, 用意しない家庭 ●

経済的に子どもに十分な教育投資ができないのみならず, 今日では子どもに朝食を用意しない家庭が少なくない数になり, 学校が朝食を用意するケースが見られるようになった。asahi.com (2006.6.22) に次のようなケースと識者のコメントが紹介されている。

〈ケース1〉

1時間目が終わるチャイムが鳴った。岡山県美咲町の旭小学校。10 分休みの間, 給食ルームに児童たちが集まってきた。入り口に並ぶヨーグルトやチーズ, 牛乳など 10 種類の中から, 自分が食べたいものを選んで席に着く。「朝ご飯, 食べてこなかった」「食べたけど, またおなかすいちゃった」。約 8 割の児童がおいしそうにヨーグルトなどを食べて教室に戻った。美咲町が全小中学校で, 朝食の補完として乳製品を出し始めたのは (2006 年) 5 月 11 日から。1,200 万円の予算を組んだ。町教委の調査によると, 小中学生の 2 割が朝ご飯を食べてこない。おなかがすいて, 勉強に集中できないという子も多く, どうしたらいいのか話し合う中で,「学校で朝食」という意見が出てきた。

〈ケース2〉

高知県香美市の鏡野中学校は, 3 年前 (2003 年) から月 1 回, 1 時間目終了時の休み時間に, おにぎりとみそ汁とつけものを出す

「朝食タイム」を実施している。「元気になり，授業中に寝ないですんだ」「きちんと朝食べるようにしようと思った」など生徒の評判は上々だ。狙いは「食べさせること」ではない。だからいつ実施するのかは，生徒には内証だ。学校での「抜き打ち朝食」を食べて重要性を実感し，家での朝食習慣をつけてもらいたいのだ。

〈ケース3〉

東京都八王子市の私立穎明館中学・高校は，2001年から食堂で朝ご飯を出している。トーストやサラダ，飲み物のモーニングセットが200円で，毎日約20人が利用する。

〈ケース4〉

あきる野市の東海大菅生中学では，1時間目終了後を軽食タイムとして，持ってきた弁当やパンを食べてもよいこと（にしている。）

養護教諭を30年以上続けてきた宍戸洲美によると，朝ご飯を食べてこない子は，3時間目ぐらいに「気持ちが悪い」と保健室に来ることが多く，給食の残りをおにぎりにして冷凍しておき，温めて出していた。「そうしている学校は多い。おにぎりを食べさせながら，家の話を聞いてあげられるし。朝ご飯には家庭の問題が端的に表れます。親を丁寧に指導しながら家族が変わることにつなげたい」。

この記事で，日本スポーツ振興センターの2000年度の調査から，小学生の16％，中学生の20％が朝食を食べていないと指摘している。

● 私立中学校の人気 ●

　義務教育段階で公立学校の費用が公的援助に頼らざるをえない家庭や朝ごはんが用意できない家庭が増加している一方，前述の井上が分類した（B）の家庭，つまり「教育に充分投資でき，子どもを取り巻く教育環境に対して敏感に反応できる教養を持った家庭。教育に関する自己決定を行える積極中間層。主として都市部に住む夫婦ともに高学歴で，子どもを中高一貫の私立校に進ませるような家庭」は教育に豊かな投資を行っている。

　これを証明するかのように，少子化により，小学生の総数は年々減少の一途を辿っているが，私立中学校の受験者数は増加するばかりである。首都圏（東京都，神奈川県，千葉県，埼玉県）では，小学校第6学年の児童のうち約15％が私立中学校を希望するようになった。東京都の23区，神奈川県の横浜市・川崎市などでは3人に1人が受験していると言われている。

　こうした私立中学校の人気は，まず大学進学において私立の中高一貫校が優れた成績をあげているからと察せられる。

　高等学校別東京大学合格者上位55校のうち，1985年には私立の高等学校は21校であったものが，2005年には33校となっている。東京大学に限らず，銘柄大学と言われる大学は同じような傾向である。

　私立中学校にかかる学費は，公立中学校の3年間で131万円（平均）に対して，300万円以上である。中学生を子どもに持つ親の年齢から考えると負担は決して小さくない。それにもかかわらず私立中学校の人気は止まらない。

● 教育費の実態 ●

　就学援助が必要な家庭もあれば、高額な私立中学校の学費を支払う家庭もあるが、全般的に教育にかかる費用は増大するばかりである。

　文部科学省の調査によれば、2004年時点で、子ども1人当たりの学習費（学校教育費、学校給食費、学校外活動費の総計）の年額は、概算で公立幼稚園が23.8万円、公立小学校が31.4万円、公立中学校が46.9万円である。また全日制公立高等学校の学習費（学校教育費と学校外活動費の総計）は51.6万円、国立大学（学部、昼間部）の学生生活費（学費と生活費の総計）は154万円である。

　一方、私立の場合、幼稚園は50.9万円、中学校は127.5万円、高等学校は103.5万円、大学は206.2万円である。

　また、文部科学省による子どもの進学先別にかかる費用を試算したものがある。幼稚園から高等学校まで公立、大学は国立の場合、818万円であるのに比べて、小学校を除くすべてを私立に学んだ場合は1,563万円である。その差は約750万円である（図表Ⅵ-4）。

　さらに、大衆化し、加熱傾向の大学進学に関しては、出願から受験までに限っても、かなりの費用がかかる。

　例えば、さいたま市在住の学生が東京の私立大学4校を受験すると、受験料14万円に交通費や食事代、雑費を加えて15万円以上になる。地方在住の学生が首都圏の大学を希望した場合、交通費（列車代、飛行機代など）、ホテル代などが必要になる。入学が決まっても自宅外の場合は住居に関して敷金、礼金などの生活を始めるにあたっての初期費用が100万円近くかかる。さらに大学の入学金、教科書代なども必要になるため、少なくとも200万円を超える額が入学までの費用になる。

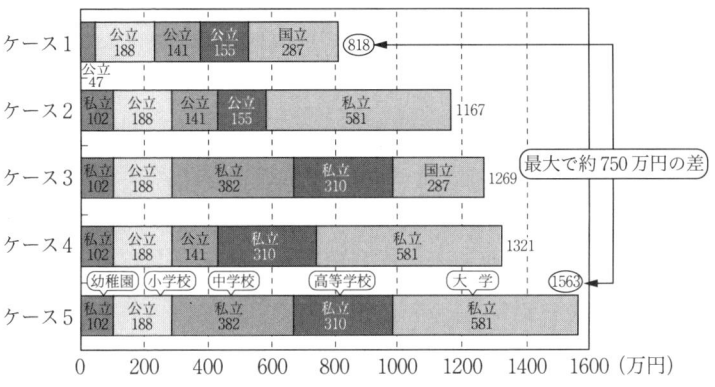

第1節　タテの格差からヨコの格差へ　271

図表 VI-4　幼稚園（4歳）から大学（学部）卒業までのケース別の平均教育費用（2004年度）―試算―

ケース1：公立188／公立141／公立155／国立287　計818
ケース2：公立47／私立102／公立188／公立141／公立155／私立581　計1167
ケース3：私立102／公立188／私立382／私立310／国立287　計1269
ケース4：私立102／公立188／公立141／私立310／私立581　計1321
ケース5：私立102／公立188／私立382／私立310／私立581　計1563

（幼稚園／小学校／中学校／高等学校／大学）

最大で約750万円の差

(注) 1. 金額は，各学年ごとの2004年度の平均額の単純合計である。
　　 2. 私立小学校は調査していない。
（資料）「子どもの学習費調査報告書」「学生生活調査報告」他
（出所：文部科学省編『データからみる日本の教育 2006』）

入学後は4年間でもっとも安い自宅から国立大学に通う場合でも500万円近くの経費がかかり，自宅外からの私立大学の場合は1,000万円を超えるのが通例になっている。

さらに，昨今では留学もそれほど珍しいことではなくなり，大学生活の費用はとどまるところを知らないという状況と言っても差し支えない。

教育費が各家庭でどの程度の負担になっているかを調査した国民金融公庫のデータがある。2005年において，年収に対する教育費の割合は平均35.0%である。しかしながら，この数字は世帯の所得と逆比例しており，年収が200〜400万円の家庭では57.3%と収入の半分以上を教育費が占めている。一方，年収が900万円以上の

> ## コラム★母子家庭に閉ざされる高等教育
>
> 　厚生労働省の年次報告書「平成18年度母子家庭の母の就業の支援に関する施策の実施の状況報告」によれば，2003年度の母子家庭は122万5千世帯とその5年前に比べて28％増えている。母子家庭になる一番の原因は離婚が圧倒的である。ちなみに2002年の離婚件数は約29万組で，戦後最高の数である。
>
> 　母子家庭1世帯当たりの平均年収（2005年度）は，生活保護法に基づく給付や児童扶養手当等の社会保障給付金等を含めて224.6万円である。一般世帯の平均所得額579.7万円のおよそ39％でしかない。日本では高額な慰謝料はほとんどなく，養育費も支払われないケースが多い。そのため，こうした家庭は母親自身に特別な資産がない限り，子どもが高等教育機関に進むことは不可能である。母子家庭に代表されるようなマイノリティになった場合，今日，育英資金や奨学金制度などを利用したにしても，高等教育への進学は難しい状況と言える。

家庭になると25.2％まで下がる。つまり，所得の高い家庭は教育費がそれほど削られていないことがわかる。

● 受験の重圧に関する真偽 ●

　以上述べてきたように，現在では教育のなかで格差が重要な概念になっている。この教育における格差問題とは別に，日本の子どもたちは受験からくる勉強の重圧に苦しんでいるのではないかという根強い見解がある。各種審議会答申でも繰り返し強調され，現行学習指導要領はこの重圧から子どもを解放するねらいがあった。

　しかし，本当に子どもたちは受験の重圧に苦しんでいるのであろうか。これを調べるために，高等学校の生徒が学校外でどのくらい

勉強をしているかについて、1979年と1997年とを比較した苅谷の調査がある。

この調査によると、この18年間で学校外での学習時間が大幅に減少している。生徒の3分の1以上が家庭ではまったく勉強をしていない状況が明らかになった。現行学習指導要領で強調されている「自ら学ぶ」というのがとても難しい時代になったのを現している。また、学習時間を見る限り受験の重圧は感じられない。

● 家庭の階層と子どもの勉強時間 ●

苅谷はさらに、どのような家庭の子どもがどのくらい勉強しているかに注目して、まず父親の職業から分析した。

サンプル数が激減した農業を別にすれば、父親が専門・管理職、販売・サービス職の子どもの勉強時間の減少は比較的少なく、事務職、自営業、マニュアル職の子どもの学習時間が大幅に減少している。

また、父親、母親の学歴という観点から見た場合、父親も母親も共に学歴が高い子どもは、親の学歴が低い子どもより勉強時間が多く、減少度も少ないことが顕著であるのが判明した。

この20年間近く、誰もが高等教育にアクセスできる時代になった。特に前半は苅谷が『大衆教育社会のゆくえ』で命名したところの「大衆教育社会」の揺籃期であった。調査された親はその時代に、比較的自分の希望や能力で学歴を獲得したはずである。しかし、「大衆教育社会」が成熟したかに見える現在、すなわちその子どもの時代は親の職業や学歴などにより、学習時間の格差が拡大している。

この調査の対象とされた生徒について、「在籍している高等学校

による差異」の有無も苅谷は調査している。

これによると、1979年は親の学歴や職業がどうであれ、ランクの高い高等学校に入学すれば、その後の学習時間の階層差が縮小するとの結果になった。高等学校のランクが出身階層の影響を除去する役割を果たしていたのである。

しかし、1997年は高等学校のランクにはもう除去する機能はなくなっている。親の職業や学歴が進学する高等学校をほぼ規定し、ランクの高い高等学校の生徒は長時間家庭での学習をし、ランクの低い高等学校の生徒はほとんど家庭での学習をしないという事実を浮き上がらせている。

これは学校や社会での学習への後押しがほとんど消滅し、主に家庭環境、つまりは家庭の文化資本と経済力が（その子どもが）勉強するかしないか、良い高校へ入れるかどうか、そこで一生懸命勉強するかしないかの大きな決め手になったことを証明している。

● 努力とその成果 ●

高校生を対象とした調査以外にも、金子真理子による小学校の児童の学習時間とその成果についての調査分析がある。

2002年2～3月に関東地方の12都市の公立小学校17校、7,998人を対象にして行った調査のなかで、5, 6年生のデータを「努力」という因子から分析している。

ここでは「努力の量」を「学校のある日に家で勉強する時間」としている。また学力の指標として、（学習指導要領の）移行措置対象問題を除いたすべての算数の問題の合計平均正答率を用いている。その結果、学習時間（努力）が増えれば、正答率（成果）が上がっ

ている。つまり，努力すれば学力は上がることが示された。

しかし，この中身をもっと詳しく考察すれば，父親が大学を出ている家庭の子どもの方がそうでない子どもより学習時間が多く（努力をしており），正答率も高い。また，同じ学習時間（努力）でも父親が大学を卒業している子どもの正答率が高い（図表VI-5）。

さらに，「15分まで」のグループと「1時間以上」のグループの正答率を比べると，父親が大学を卒業している子どもは10.0ポイントの違いであるのに対して，父親が大学を出ていない子どもは18.2ポイントと大きい。

つまり基礎学力を測る算数のテストでは，父親が大学を卒業している子どもは，努力が少なくとも一定の学力が保証されている。し

図表 VI-5 階層による学力差/努力統制（6年生）

学習時間	父学歴		正答率（%）	階層差
15分まで	父大卒	(59)	78.9	12.4
	父非大卒	(48)	66.5	
30分まで	父大卒	(69)	83.6	5.5
	父非大卒	(50)	78.1	
1時間まで	父大卒	(108)	83.3	2.5
	父非大卒	(57)	80.8	
1時間以上	父大卒	(62)	88.9	4.2
	父非大卒	(15)	84.7	
全 体	父大卒	(298)	83.7	7.4
	父非大卒	(170)	76.3	

(注) 1. 当該学年までの合計平均正答率
2. （ ）内は有効回答数
(出所：苅谷剛彦・志水宏吉編『学力の社会学』)

かし父親が大学を出ていない子どもにとっては努力の影響が極めて強いのである。これは学年が進むにつれて差が大きいことも検証されている。低学年では努力も階層もそれほどの差を生んでいない。しかし高学年になるにつれて、父親が大学を出ていない子どもが正答するにはかなりの努力を要しているのである。

● 通塾と学力の関係 ●

また努力と学力の関係が、塾に行っているかいないか、またどのような塾に通うかによって違うのではと金子は推察し、さらに分析を行っている。

その結果、塾へ通っている子どもの半数以上は父親が大学を卒業していて、特に受験のための塾が目立つ。これに対して父親が大学を出ていない子どもの通塾率は4割を下回り、受験のための塾はわずか4.0％でしかない。

父親が大学を卒業していて受験塾に行っている子どもの学習時間が特に長い。受験塾を除けば、父親が大学を卒業している場合は非通塾でも通塾でもそれほどの差はない。しかし、父親が大学を出ていない子どもで非通塾の場合はわずかに27.5分しか勉強していない。

努力を学習時間に限定した場合には、通塾が受験を目指すかどうかではっきり分かれる。受験塾に通う子どもの正答率が極めて高い。復習塾に行っている子どもは非通塾の子どもより回答率が低い。

これらの調査から、受験塾に行っているかどうかが学習時間（努力）を左右し、その正答率（成果）も高くしている。そこで受験塾の影響を排除するために、受験塾通塾者を除外してみると図表Ⅵ-6

図表 VI-6　階層別にみた平均正答率と平均学習時間
　　　　　（6年生：受験塾通塾者除外）

	正答率（％）	学習時間（分）
父大卒	82.0（253）	38.1（252）
父非大卒	75.4（170）	30.3（163）
合計	79.3（423）	35.0（415）

（注）　1.　当該学年までの合計平均正答率
　　　　2.　（　）内は有効回答数
（出所：苅谷剛彦・志水宏吉編『学力の社会学』）

のような結果となった。

　大きな要因である受験塾を排除してみても，父親が大学を卒業している子どもの方が学習時間が長く，正答率も高いのが追認されている。

　金子のこうした調査から判明しているのは，受験塾に行く子どもの努力と成果の大きさである。調査対象が関東圏ということもあり，中学校受験を選ぶか選ばないかによって日ごろの努力に大きく差が出る。この努力は概ね成果も出している。さらに中学校受験を視野にいれる家庭は父親が大学を卒業している場合が多く，ここでも家庭の教育へのスタンス（中学校受験をさせるかどうか）は家庭の経済状況と文化資本によるものが大きいと判断できる。

● 学校現場の「努力」とその現実 ●

　このように，子どもが努力するかどうか，どの程度努力するかは家庭の経済状況と文化資本によって左右されるという実証が出されている。しかし，学校現場ではそうした背景とは関係なく「努力」という言葉がよく使われ，好まれている。

全国の学校のホームページを検索すると,例えば群馬県桐生市立北小学校では「目標を持ち,たくましく努力する子」が教育目標のひとつである。また,愛媛県松山市立味生小学校は「豊かな心をもちたくましく生きる味生の子の育成」を学校教育目標として,育成したい子ども像のひとつに「こんきよく努力する子」をあげている。さらに,東京都新宿区立落合第一小学校でも「深く考え,ねばり強く努力する子ども」の育成を学校の教育目標に掲げている。

ここで紹介したのはほんの一例であり,全国の学校の多くが「努力する子ども」を目標としている。日本においては,努力は非常に価値を持ち,また努力すればなんとかなるという意識も強い。

しかし,スポーツ根性物語のように「成せばなる」「やってやれないことはない」と学校サイドから言われても,家庭の文化資本と経済力の違い(差異)によって,「やってみよう」とする子どもと最初から努力が眼中に入らない子どもに乖離しているのである。

この点を認識しない限り,学校現場における「努力」は単なるスローガンに終わってしまう。

● 家庭格差の再生産 ●

多くの調査や研究から,子ども間の格差は家庭環境に大きく影響されていることがわかった。

親の意識や家庭の文化資本に恵まれている子どもは,親と同様に高い学力や意欲を持ち,高学歴を収得し,専門職などやりがいもあり報酬も約束された職業に就いていく。国会議員や会社経営者,大学教授などの知的職業に世襲が多くなったのがその証左と言える。豊かな家庭は豊かな教育を通して,また豊かな家庭を生み出してい

他方，現在の社会状況では，経済的，文化的に豊かでない親から生まれた子どもは，家庭に知的好奇心や知的能力を刺激したり伸ばす文化資本が少なく，社会に適応していくための規律も家庭では十分に与えられない。さらに，学校では基礎学力の陶冶が行われず，結果として，底辺校といわれる高等学校や無試験で入学できる専門学校，あるいはほとんど無試験状態の大学を卒業する。その後はフリーターや派遣社員というスキルアップもしなければ，自分の家庭を営むには不十分な収入しか手にできないで一生を終えていくしかない。その子どももまた，と負の再生産が続く。

● 格差固定の現在 ●

　こうした流れと平行して，教育における格差を重視する世の中の動きは加速するばかりである。ビジネス専門雑誌『プレジデント』を発行しているプレジデント社は 2005 年 11 月 17 日，『プレジデント』の別冊として『プレジデントファミリー』を発売した。この巻の目玉記事は「徹底調査！　頭のいい子の親の顔」である。

　現在の教育における格差が畢竟は家庭からのものであるという誰もが漠然と感じていた疑問と不安をみごとに掬い，どんな家庭であり，どのような親であったら頭のいい子が育つのかという読者の問いに丁寧に答えようとした。この巻は初版 13 万部であったが，すぐに 9 万部の増刷がなされ完売した。続いてやはり別冊という形で発売されていたが，2006 年 7 月から定期雑誌となった。

　毎号，創刊巻の目玉記事と同様に，どのようにすれば一流大学に進学できるか，どのような家庭がその切符を手にしているかを実例

をあげて、子どもと家庭の紹介をしながら解説している。その上で、一流企業に入社できるのはどの大学かが詳細に紹介されている。

編集部によれば、購読者の中心は年収700～800万円とのことである。日本の世帯主（30代）の平均年収である560万円を遥かに上回っている。おそらく上場企業の中間管理職が手にしていると思われる。教育における格差がこうして持続し、強化されていることを如実に示している雑誌であり、時代を表す雑誌である。

『プレジデントファミリー』の発行部数は今や20万部を超え、親雑誌の『プレジデント』を抜く勢いである。『文学界』や『群像』などの純文学雑誌が1万部を売るのに苦労している現在の出版状況を考えれば、『プレジデントファミリー』の破竹の勢いがわかり、いかに人々の要求を見事に捉えているかが理解されよう。

しかし、厚生労働省が3年に一度調査している所得再配分調査によると、世帯所得が700万円以下の家庭は約7割である。圧倒的多数が『プレジデントファミリー』のターゲットではない。それらの家庭では『プレジデントファミリー』という雑誌があることすら認知せず、関心もないはずである。本章の第1節で紹介した井上修による家庭の分類なら、(C)(D)の家庭である。もはや格差は固定化してしまったかのような危惧を持たざるをえない事象である。

第2節　漏れる若者たち

● 漏れを生じた「希望格差社会」●

格差が教育の重要な概念になったが、2004年に山田昌弘は「希望格差社会」という言葉で現在の日本を表した。

山田は、教育には多くのパイプラインが存在するが、現在では亀

コラム★年収300万円家庭で東大に入学できるか

　社会の格差が教育の格差となり，それが個人の希望までも格差ある社会となったと論じられるのが今日である。

　こうした教育における格差を指摘した論調を受けて，2006年，和田秀樹は『年収300万円家庭でもできる！　わが子を東大に入れる本』を著している。これは一見，格差論に反論を唱えたかのように見える。和田は「『子どもが勝ち組になるか負け組みになるか』はとても重要な問題です」と述べた上で，ゆとり教育が将来の負け組みを増やす政策としている。そこで学校の教育に頼らず，家庭での学習方法を紹介しているのであるが，家庭で母親が子どもの勉強を塾以上にしっかり教えることが強調されている。

　しかし，よく考えてみると，これが可能なのはかなりの高学歴の女性に限られる。多くの調査・統計が示しているように高学歴の女性は高学歴・高収入の配偶者を選んでいるから，年収300万円世帯の母親が可能であるとは考えられない。また，たとえ可能であったにしても，この本が目指しているのは私立中学校の合格である。その学費が300万円家庭では捻出できない。

　ところで，和田は「『ゆとり教育』でぬるま湯のようなカリキュラムを実施している公立中学に通っていても，東大をあきらめる必要などありません」とし，学校を無視して独自に勉強することを勧めている。しかし，その対策として地方に住む生徒は東京の予備校の夏期講習に参加することを勧めているだけで，「親も子も上昇志向を持って，『逆転勝ち』をめざしてください」とただの精神論を述べるに留まっている。

　つまり和田のこの本は，逆説的に年収300万円の家庭では東京大学には入れないことを明らかにしている。「年収300万円」も「東大」も暗喩である。現在の日本では，家庭の環境で子どもの進学先，将来の職業，そして山田が言うところの「希望」が決定されざるをえないのを描いた結果となった。

裂の入ったパイプラインから「漏れ」が生じているとした。言葉を換えれば，ある教育の過程や学校と社会を繋ぐ過程において，そこからこぼれる児童・生徒の存在が少なくないと言うのである。

そこで，児童や生徒が漏れない，あるいは漏れの少ないパイプラインに入るか否かは親のインテリジェンスや経済力が影響していると考察した。ここで教育，そしてその後の社会生活へのアクセスの二極化が生じており，その格差は「努力が報われるかどうかという『希望の二極化』なのである」と論じている。

山田は，この希望格差が生じたのを1998年からとみなしている。「その（社会の）マイナスの側面が一気に噴出したのが，1998年」と断じている。事実，この年は実質GDP成長率がマイナス1％となった平成不況の幕開けでもあった。山田は1998年から「社会構造が転換して，リスク化，二極化が不可避のものになったことが，人々の間でも意識され始めた」としている。

● フリーター・ニートになる高等学校の卒業生 ●

「家庭では勉強をまったくしない」と答える子どもが増えているのが現在の実態であり，教育が抱える大きな問題である。そうした子どもたちの背景に，教育に無関心であったり，教育に投資することができない（しない）家庭の存在がある，とすでに述べた。

こうした家庭に育った生徒のなかから近年，高等学校卒業後に就職も進学もしないフリーター（またはニート）と呼ばれる生活に入る者が出てきた。

フリーターは和製英語風の造語である。厚生労働省は「年齢15～34歳，卒業者であって，女性については未婚の者。さらに①現

在就業している者については勤め先における呼称が『アルバイト』又は『パート』である雇用者で、②現在無業の者については家事も通学もしておらず『アルバイト・パート』の仕事を希望する者」と定義している。この定義によると、2004年では213万人である。また、内閣府は、厚生労働省の定義に、派遣・契約等の従事者、働く意志のある無職の者を加えている。この総計は2003年で417万人に上る。

一方、ニートは英国政府が労働政策上の人口の分類として定義した言葉で、「Not in Education, Employment or Training：学校に通っておらず、働いてもおらず、職業訓練を行っていない者」の頭文字 NEAT に由来する。厚生労働省は「15～34歳の非労働人口のうち、家事も通学もしていない者」と定義し、その数を64万人（2004年）としている。ところが内閣府は、厚生労働省の定義から既婚者を除き、家事手伝いを加えている。総数は84.7万人（2002年）である。

その定義や総数はさておいて、こうしたフリーターやニートがどうして問題であるかはいくつか指摘できる。

まず、人間は働くものであるという社会通念からの逸脱である。それは単に通念上の問題ではなく、憲法で定められた三大義務のひとつである勤労の義務を放棄している。

同時に、現在の年金制度などの社会保険制度は現役世代が老人世代を養うというシステムであるから、フリーターやニートが社会保険を負担しないのは、社会保険構造の崩れを招く。さらに、フリーターやニートは低収入または無収入であるため、国家財政の基盤になる租税収入への寄与がほとんど見込めない。これもまた個人の低

収入の問題を超えて，国家の経済力を弱めていくものである。

加えて，不安定な生活は，結婚や子どもを持つという人間としての自然な営みを経済的な問題から困難にする。未婚者の増加，経済的・社会的な問題で子どもを持てないカップルの増加は一般的な人間生活を阻止するのみならず，多くの問題を派生しうる。

以上のような視点からフリーターやニートの増加が危惧されているのである。

● フリーターになる生徒の高校生活 ●

「学校基本調査報告」（文部科学省）によれば，2005年度時点で，約120.3万人の高等学校卒業生のうち，8.5%の者が進学も就職もしていない。

データはいささか古くなるが，フリーター研究の第一人者である小杉礼子が2000年1月，首都圏の高等学校を対象に行った調査によれば，高等学校在学中のいずれかの時期に就職を希望していた生徒は52%に及んでいる。しかし，高等学校第3学年の夏までに就職希望を撤回した者（希望撤回者）は11%，翌年の1月時点で希望しなくなった者（活動中止者）が8%，1月時点で希望しながらも内定を得られていない者（未内定者）が6%と，就職をあきらめたり挫折した者（山田の言い方では「漏れた者」）が全体の25%を占めている。

さらに調査によると，高等学校第3学年以降の「希望撤回者」，および「活動中止者」のうち，いずれも4割の者が1月時点で卒業後にフリーターにならざるをえないフリーター予定者となる。

小杉はこれらフリーター予定者（予備軍）がどのような高等学校

生活を送っていたかも調べた。その結果，こうした生徒は欠席日数が多く，成績が不良で，また部活動などに関わる度合いが少ない一方，アルバイトに熱心であった。中途退学は免れているものの（高等学校の退学者がしばしば問題なるが，中途退学者は3%もいないのが現実である），ただ単に高等学校に在籍しているだけで，アルバイト生活を中心にしていたのが特徴である。彼らは高等学校の進路指導でもアルバイト情報を求めている。

そのアルバイト生活のなかで「卒業後にアルバイトで生活する自信がついた」「正社員はつまらない」と感じている。

また，フリーターになることを考えた理由に基づいたタイプ分けをすると，①いい就職先がないなどの「就職断念型」，②経済面や学業面で進学できないという理由での「進学断念型」，③他にやりたいことがあるという「目的追求型」，④時間の自由がある，人間関係が気楽などを理由にあげる「自由志向型」，⑤自分に向いた仕事がわからない，進学したくないという「適正不明型」などがある。

このなかで，③の「目的追及型」が全体の4分の1近くで一番多い。そこで，さらに「目的追求型」とした生徒に具体的内容を聞いてみると，次のような答えが現れる。

男子生徒では音楽・ダンスを希望するものが3分の1近くいる。女子生徒では勉強・習い事と答えた者が多い。しかしながら，音楽・ダンス関係に就職するのでも，関係する学校に進学するわけでもない。女子生徒の勉強・習い事も曖昧なものである。「目的追求型」と言っても，はっきりした目的があるわけでもなく，まして具体化しているのでもない。

絶望の先送りとしてのフリーター

小杉の調査結果を考察すると，高等学校を中途退学はしないまでも学校生活に適応できず，進学も断念した者がフリーターになっていく。進学断念の理由が成績の不足より，家庭の事情および進学費用を理由にあげている生徒が多いこと，また「目的追求型」のなかに「進学資金を貯める」という理由をあげた者も少なくないことから，フリーターになる生徒の家庭の経済状態が豊かでないのが裏づけられる。高等学校時代にアルバイトに励んでいたのもその証左と言えよう。

彼らの多くが希望する音楽やダンスの道で成功したり，生計がたてられることはまずない。その意味で，フリーターは絶望の先送りをしていると言っても過言でない。

また厚生労働省の「新規学校卒業就職者の就職離職状況調査」からも明らかなように，就職しても3年以内に半数の高等学校卒業者が離職するという現実がある。

新卒者中心の日本の雇用状況を考えれば，離職者はより条件が悪い職場に就職するか，フリーターになっていく。

「フリーターになるのではなく，フリーターにならされる」という言葉を高等学校の教師がよく口にする。産業機構の変化や家庭の状況で，フリーターとならざるをえない高校生の現実はこれからの大きな課題である。

生涯賃金の比較

ある試算によると，高等学校を卒業してフリーターで働いた場合，時給700円（税込み）として8時間労働で5,600円。月に22日間

コラム★地元を離れようとしない高校生・地元から手放さない親

　山田がインタビューしたなかで，地方の工業高等学校の就職担当者は「とにかく，地元に職がない。といって，親元を離れたくないと（工員としての求人がある）中京や首都圏などには行きたがらない。だから，フリーターになったり，工業と関係ないところに就職して，それもすぐ離職してしまう」と嘆いているというエピソードが紹介されている。続いて「地元を離れれば，職はあっても一人暮らしをせざるをえなくなるので生活水準は落ちる，地元に残れば，パラサイト・シングルとなり，生活レベルは落ちないが，適当な職はないというジレンマが広がっている」と論じている。

　これは親が豊かな生活をしている現在の社会ならではの現象であろう。経済が成熟している証しとも言える。同時に多くの地方では，子どもを手許に置いておきたい親が多い。

　新潟県教育委員会が2002年9月に高校生の保護者を対象とした「学習と進路に関する調査」において，保護者に「卒業後の進路はどれを重視しますか」と聞くと，もっとも多い回答は「子どもの希望」である。「資格」，「家庭の経済事情」がともに10％前後であるのに比べて，6割近い保護者がそう答える。しかし具体的な進路を聞いてみると，県内国公立大学，県内専修・各種学校が1位，2位を占め，県外の学校に進学させてもよいとする親は1割程度しかない。卒業後の進路で「就職」と答えた親は，当然のこととして県内企業を念頭にいれている。

　これは親も少子化などの理由から，子どもを県外で学ばせたり，働かせたりすることを考えていない。結果的に，子どもが県外に出て働くよりは自宅での何らかの生活を望むことになる。何らかの生活というのは結局フリーターしかない。ここで，親の意識からもフリーターを生んでいるのがわかる。

働いて123,200円。ボーナスなどはないので，年収は単純に12を掛けて1,478,400円。仮に60歳までこの状態が続けば，年収に42（年間）を掛けるとその推定生涯年収は約6.2千万円である。有給休暇などないので，休みをとったとしたらさらに低くなる。

月収123,200円という数値は，最低賃金（全国平均）で働いた場合の約110,000円よりは多いものの，生活保護を受けた場合の約141,000円（単身世帯）には届かない。こうして計算してみると，〈最低賃金で働き続ける〉か〈福祉の領域に入る〉かのどちらかにならざるをえない。年収で見た場合には，日本では夫婦と子ども2人の課税最低限が3,539,000円であるから，フリーターである限り，家庭は営めないと見なせる。

他方，大学を卒業して就職した場合の標準的な生涯賃金は男性が約3億円，女性が2.7億円である。高等学校を卒業して就職した場合でも，生涯賃金は男性が2.7億円，女性が2億円である。

単純な比較はできないが，高等学校を卒業してフリーターになる場合と大学を出て就職をした場合の生涯賃金の差は約2億4千万円近い。

このような数値を見ると，教育の格差が経済の格差を生み，それがさまざまな問題を生んでいるのがわかる。

● 格差における親世代と子ども世代の隔たり ●

おそらく今，学校教育を受けている子どもの親は大学進学率が停滞した時期に18歳を迎えた者が多いと推察される。この時代は経済成長が終わったといっても，高卒就職率は安定していた。高等学校を卒業して就職した場合，現在に換算すると1億7,920万円の推

定手取り収入があった。大学卒業者との差はあるものの，夫婦と子ども2人の平均的生活は営める数字である。この親の時代と，現在の子どもの時代では危機的状況がまったく違うのである。

教育における格差の問題がリアリティを持つのはここである。今日において親レベルの生活ができるかどうかが，ひとえに教育にかかっているのである。

● 大卒無業者の急増 ●

高等学校を卒業してフリーターやニートになることはかなり認知され，研究も進んでいるが，近年では大学を卒業しても就職も進学もしない無業者が急増している。2004年には5人に1人が無業であり，その大半がフリーターになったと推定できる。

では，どのような大学からフリーターになっているのであろうか。この点について，リクルートワークス研究所が1995年に大学を卒業した12,000人を対象に，1999年時点で実施した調査がある。さらに地域別にフリーターの割合も見ている。

総じて偏差値の低い大学ほどフリーターになる率は高く，下位4分の1の大学では女子学生の40%がフリーターとなっている。地域別では沖縄でほぼ2人に1人がフリーターになっているのが特徴的である。

大学を卒業してフリーターになる者は，高等学校の生徒のケースと同様，就職先がないからフリーターとなっているわけではない。というのは，2005年度の求人率は100人以下の企業で6.34，100-299人の企業で3.71，300-999人の企業で1.34，1,000-4,999人の企業で0.47であり，平均では1.37となっている。卒業予定者

のうち，民間企業就職希望者数は 435,100 人であり，企業の求人総数は 596,900 人である。

つまり，大企業への就職は難しいものの，職場さえ選り好みしなければ就職はできるはずなのである。就職難の時代ではない。それでも，現状のフリーターの増加は就職システムだけの問題ではなく，学生の意識などが以前と変化しているのであろう。

● キャリア教育の推進 ●

2005 年 6 月，政府は「経済財政運営と構造改革に関する基本方針 2005」を掲げ，ニートやフリーターの増加傾向を反転させようとした。これを踏まえて，同年 10 月「『若者の自立・挑戦のためのアクションプラン』の強化」を取りまとめた。

文部科学省はこれに基づき，各学校段階を通じた体系的なキャリア教育の推進を図った。具体的には，各学校段階において，次のような指導・支援を求めている。

小学校：小・中・高校で一貫したキャリア教育の指導内容・方法について地域ぐるみで実践研究を実施
中学校：5 日以上の職場体験の実施（キャリア・スタート・ウィーク）
高等学校：特色ある取組を行う専門高校への支援（スーパー専門高校），専門高校等への「日本版デュアルシステム」の推進
大学・専門学校：大学等におけるインターンシップ等のキャリア教育に対する支援，専門学校における「日本版デュアルシステム」の推進

こうしたキャリア教育が目標にするのは「勤労観・職業観の育成，技術・技能の習得，自立した人間としての成長」であり，究極的には「真に自立し社会に貢献する若者の育成」である。

文部科学省が推進策を示す以前の先駆的な実践例として，愛知県犬山市の市立犬山南小学校での取り組みがある。犬山南小学校では，全国のモデルケースになるように若年齢のうちからキャリア教育に取り組んでいた。4年生の年間テーマは「自分探しの旅」。親の職業を調べて，働くことの大切さを学ぶことから始まっている。その後，将来なりたい自分の職業を調べ，それに必要な学歴や資格を調べて紙芝居にして発表した。

イルカのトレーナーになりたいという女子は「高校を卒業したら，大学か短大の水産科や海洋科に行くか，専門学校，アルバイトをして水族館に入る」と述べた。また，パティシエになりたいという女子は「パティシエは体力が必要なので，体力づくりを頑張りたい」と話した。

こうした先駆的な実践を踏まえて，次のようなキャリア教育も行われている。

栃木県那須町立高久中学校は，キャリア教育として，宮城でワカメ採りをし，採れたてのワカメを試食したり，港町を探検した。これを行った校長は「普段身の回りで見ている仕事ではない，なかなか体験できない仕事を体験することで，将来，職業を選ぶ時に，考えの幅が広がってくれれば」と効果を期待している。

学校で学びつつ，職場体験もするという「日本版デュアルシステム」制度の運用例としては，新潟県立新潟工業高等学校の実践がある。同校建築科第3学年の生徒6人は，夏休み，市内の設計事務所

5社で10日間の職場体験を行った。これを体験したある生徒は「美容師や店員もいいかなと思っていたが，設計事務所で働いてみて建物を造る楽しさを感じた」と，体験した設計事務所への就職を決めている。なお，新潟県教育員会は体験受入企業に対して，1人1日当たり5,000円を支払っている。

2006年11月25日には，東京ビッグサイトでキャリア教育推進フォーラムが開催され，福岡県宗像市教育委員会が行った「ワクワクWORK」が文部科学大臣表彰をされた。この「ワクワクWORK」とは，宗像市内の中学校第2学年の生徒が一斉に5日間の労働体験に取り組む事業である。7校956人が市内247の企業，店舗，役所などで体験したことが高く評価された。

日本におけるキャリア教育の歴史は浅く，まだまだ未熟な点が多いのはいたしかたない。ただ，フリーターやニートが増加している原因のひとつには生徒・学生各自の勤労意欲の欠如によるところが大きいと考えられる。キャリア教育はこの側面になんらかの力を及ぼそうとしているように見受けられる。しかしその効果には首を傾げざるをえない。また，人間の仕事を十分に認知しているとは言い難い。

具体例としてあげたものはどれもその場限りの真似事＝「ごっこ遊び」でしかない。中学生において身近な場所の職場を体験することが本人のキャリアにどう関わるのかという見通しがまったくなされていない。高校生の場合も，たまたま派遣された場で「楽しさを感じた」ことで就職を決めている。これは偶然の出会いを提供したにすぎず，本人の適性や能力など人間のキャリアの本質に関わる部分がまったく無視されている。

また、多くの子どもの母親は家庭の外で仕事をもっている、いないに関わらず、家事や家族の世話など主婦業をしているはずである。主婦の仕事なくしては円滑な家庭生活は営めない。そうした視点があるならば、主婦の仕事も重要なキャリアのひとつであるはずである。しかし、現在のキャリアの範疇では社会での仕事、あるいは給与の得られる仕事のみをキャリアとみなしている。こうした視点は、女性の生き方のみならず、社会全体としての観点から非常に欠落したものであると言えよう。

また、フリーターやニートの増加に関しては、個人に帰する要因とは別に、社会全体の産業構造の変化からの要因も大きい。今日のグローバル化が進みデフレの時代において、企業は安い人件費しか使いたくないという産業構造がある。こうした時代にあって、社会がフリーターを多く求めることはあっても少なくなることはない。このような社会構造に目を向けることをあえてしないで、学校という枠のなかだけでのキャリア教育はやはり「ごっこ遊び」に留まらざるをえない。

第3節　格差と現行学習指導要領

● 現行学習指導要領と私学 ●

公立学校で「ゆとり教育」が広がるなかで、ほとんどの私立中学校は週6日制を続け、補習の時間も設けている。その結果、標準的な公立中学校の授業時数は週28時間であるのに対して、週38時間程度の私立中学校が多い。これを1年間の総授業時数でみると、公立の中学校が980時間であるのに比べて、私立中学校は1,330時間となる。ここに350時間の差が生まれている。中学校3年間で

1,050時間もの差となり,この数値は約1年分の授業時数に匹敵する。

　私立中学校の授業は主要5教科に重点が置かれたカリキュラムになっている。また「総合的な学習の時間」を現行学習指導要領で決められている最低限の年間70時間とするか,あるいはまったく設けていない学校もある。

　この結果,例えば公立の中学校の英語の授業は一般的に週3時間しかないが,私立の中学校は公立の倍以上の時数を確保している。（さらに公立の中学校における英語の時間は学校行事などで削られる場合が多く,実質週1.8時間を下回る授業時間しかないという指摘もあるほどなので,公立と私立の差は歴然となる。）

　また,多くの私立中学校は *Progress in English* をテキストで使用している。この英語テキストはイエズス会のフリン神父（Robert M. Flynn）が自ら教壇に立った六甲中学校・高等学校で使用するために作成したものである。

　このテキストの特徴は豊富な語彙数（中学校で3,500語）である。公立中学校の指導単語は900語程度,必修単語は100語でしかない状態と比べると,その違いに圧倒される。

　英語に限らず,私立中学校は習熟度別の授業を行い,子どもの学習効果を高めるケースが多い。このような授業への取り組みがあれば,結果的に大学進学率が上昇するのもしごく当然である。

● 学習指導要領とフリーターの増加 ●

　フリーターの増加は社会の問題,あるいは生徒・学生の個人の問題として取り扱われている。

コラム★ゆとり教育を推進する委員が理事を務める
私立中学

　教育課程審議会の委員を務めた田村哲夫は学校法人渋谷教育学園の理事長である。系列校のひとつに渋谷教育学園幕張中・高等学校がある。千葉県内に高等学校ができたのが1983年、中・高一貫校になったのが1986年である。

　「公立校の"ゆとり"教育は進まなければなりません」と断言する田村はその理由を「『現代化カリキュラム』までの日本は、貧困から脱却するための教育を行ってきた。でも、この間の高度経済成長で、モチベーションとしての貧乏は過去のものになったんです。(略) バブルも崩壊した今日、もっと豊かになれるというふうには、国民を騙せなくなったんです。とすればここで、社会にとって有用な人材に育てられるための教育から、自分のために学ぶ教育に切り替えていかないと」と述べる。

　ところで田村は、リチャード・ホーフスタッター(Richard Hofstadter) の *Anti-Intellectualism in American Life* を翻訳している。タイトルは『アメリカの反知性主義』である。ジョン・デューイ (John Dewey) の教育思想を「反知性主義」という概念を用いて解釈し直しているホーフスタッターに共感を覚えたからこそ、この訳書を著したのであろう。

　渋谷教育学園に関しては「入試問題は学習指導要領に反しないレベルで作っていますが、大手の塾で十分に勉強してきてもらわないと受からなくなっているのが現実」と明言している。この学園の発展は目覚しく、幕張高等学校は2000年まで「第2グループ」と言われていたものが、2005年の東京大学合格者数は千葉県でトップ校になった。中学校入学試験の偏差値も第1グループになっている。

　田村は、一方では［ゆとり］教育を推奨し、他方では普通の公立小学校の勉強だけでは入学が困難な中学校の理事長にある。

しかし，このフリーターの増加には学習指導要領の影響も否定できない。現在の若年層は 1977 年改訂の学習指導要領以降の「ゆとり教育」のなかで学校生活を過ごしてきた。その真只中に学校生活を送っている生徒もいる。

「ゆとり教育」による強制されない学習，競争からの回避，指導ではなく支援という教師のスタンスなどによって醸し出される学校文化は，「就職して働く」という厳しい社会生活の土壌になったとは言えない。「就職して働く」ことは強制（始業時間，労働時間，役割分担など），競争（職場内での競争，同業他社との競争，国際競争など），指導（上司の指導，関係団体の指導，国家の指導など）が大半の毎日である。家庭や学校でそうした「文化」を身に付けていない者は就職を回避するであろうし，就職したとしても継続が困難なのは明白である。

厚生労働省の調査（2004 年 11 月時点）によると，高等学校卒業予定者において求職者数は 19 万 4 千人。これに対して，求人数は 22 万 4 千人と，有効求人倍率は 1.15 であった。有効求人倍率が 1 以上であるから，数字的には就職希望の高校生すべてが就職できるはずである。しかし，この卒業者のなかで，2 万人がフリーターになったのである。フリーターになった理由はさまざまに語られるであろうが，上述したように，これまでの，そして現在進行形の「ゆとり教育」に基づく学習指導要領が就業や進学のブレーキのひとつになったことを否定するのは難しい。

● 学歴主義への嫌悪 ●

ところで，かつての日本では学歴で就職先が決まるなどから，学

歴主義に対する批判が強かった。それは〈青年期〉から〈社会〉の間に学歴というブラックボックスが存在して強く方向性を決定していたことの批判であった。この批判に応えたのが,「ゆとり教育」から始まった流れであったはずである。それはブラックボックスの力を弱めようとしたものになった。言葉を換えれば,日本における「学校」という機能の強固さを少しでもゆるくしようとした。

　その試みはある意味で成功したのである。学校という機能が弱くなった結果,現実には,ごく一部の者（文化資本が充実し,学校外教育や私立学校の費用を十分に支払える家庭の子女）に銘柄大学から一流企業,専門職への就職というルートを保証し,その他大勢には不安定な門戸しか開けないことになった。後者は具体的には,公立の高等学校の弱体化によるものである。専門高等学校がその専門性を生かすことなく底辺を形成し,またかつては進学にすぐれた成績を残した普通高等学校がすっかりその影を失ったのである。

　そうした公立の高等学校の弱体化が公立の中学校にも影響していった。大都市で私立中学校がある地域では,公立中学校が義務教育の中等教育機関としての信頼を失い,「その他大勢の場所」でしかなくなった。普通に学ぶ場が「学ぶ」場でなくなったのである。

　確かに学歴への過度のまなざしを持った社会は失うもの,ひずみ,ゆがみが多かったはずである。それを是正しようとしたところに悪しき意図はなかったはずが,結果的に人々から公立の学校への信頼を失わせてしまった。

　また,学校本来の機能が弱まったことで,小学校を含めて人間形成において学校の影響が小さくなり,冒頭に述べたように家庭環境で子どもの人生が決まってしまうことになった。

現行学習指導要領で，学習時間が削減され，特に知的教科が少なくなり，意欲や態度といった曖昧なものを追求し，はっきりしない評価しか与えないことが，学校機能の弱体を決定的にしたと言っても過言ではない。

● 格差を追認する現行学習指導要領 ●

苅谷は『階層化日本と教育危機』のサブタイトルを「不平等再生産から意欲格差社会へ」とつけ，現在の教育改革が進めているのは不平等の再生産だけではなく，子どもの意欲格差をもたらす社会とみなしている。苅谷が指摘するのは，最近の学習指導要領で重視されている「個性重視」というスローガンの裏は，「機会と自己との結びつけ方にまで階層差が現れ，それさえも『個性』として受容されかねない」と，格差を追認していると述べる。

また，絶対評価は，一人ひとりの尊厳を重視しているように見えるが，裏を返せば「あなたはその位置である」と個人の位置を固定している。他者との比較は回避されても，例えば学級という集団の内部に溶け込んだものではなく，各人の位置を固定することで新しい格差を生み出しているとも考えられる。わかりやすく具体的に説明すれば次のようになる。

「かなり手を抜いたので80点の佐藤さん（普段の力なら100点）」「今回は70点（しかしもう少しで80点の）鈴木さん」「精一杯努力して30点の高橋さん」のそれぞれの絶対評価は佐藤さん＝C，鈴木さん＝B，高橋さん＝Aとなるはずである。しかし，その背後に各人にふさわしい点数が意識されている。それはどのように努力しようと，あるいは手を抜こうと変わらないことから，教師のまなざし

はそれぞれの子どもを固定的なものと見ており、格差を当然としている。ここでも格差を追認しているのである。

学校がその本来の機能を弱体化した代わりに、社会における格差を追認する機能を持つに至っているのである。

● 格差を是認する現行学習指導要領 ●

斎藤貴男は『機会不平等』のなかで、真っ先に教育の分野を取り上げた。現在の「ゆとり教育」がそれを行っている公立学校と、そうでない私立学校との格差を広げていると検証した。それはあらかじめ予想され、期待されたものだとする教育課程審議会会長の三浦朱門の言葉、すなわち、「限りなくできない非才、無才には、せめて実直な精神だけを養っておいてもらえばいい」を「教課審としてのコンセンサス」とインタビューで確認している。

また、取材した教育改革関係者の誰も機会の平等に関する質問を「『心外』であるようだった」と書いている。特に教育課程審議会の委員であり、渋谷教育学園理事長の田村哲夫が「ある程度の格差が出てくるのは仕方がないんですね。あまり酷くなるようなら、その時は福祉だとか、別の視点から対応すればいいんです。(略) みんなが平等でなければなんていうのは、余計な親切なんですよ。基本はセルフヘルプ。援助してくれる仕組みがあれば、結構なことではありますが」という発言を特に印象深いと記している。

この斎藤の取材から、現行学習指導要領の方向性を決めた誰もが格差を是認していると読み取れる。おそらく彼らが是認した格差は個人の能力の格差であったはずである。ところが現実には家庭の格差を是認することになっているのに、三浦も田村も他の委員も気が

ついているのかという疑問が生じる。

● 社会機能の変化 ●

　「学校」から「親」への機能の移行は、社会全体が上昇を目指していた時代から、そうではなくなった時代へと転換したひとつの証しとも考えられる。もはや社会的機能（学校は社会的機能のひとつである）の力が弱まり、個人の力（言い換えれば親の力）が個人の生き方を左右する時代なのである。

　これを「良し」とする意見はもちろんある。現在社会とはそうしたものだとする「個人」を支持する考えである。社会のなかで生きる個人は自己責任において行動し、生きていくべきとするのである。

　教育に関して言えば、学校選択権があるから、ゆるい内容の現行学習指導要領に束縛されている公立学校を選ぶのも、そうでない個性ある教育方針を掲げる私立学校に進学し、学校外教育も十分に身に付けるのも個人の自由であるとする。すべては自己責任としている。

　これに対して、人間の機会の平等を保障するには、誰もがしっかりとした学校教育を受ける権利があるとする考え方もある。民主主義の根幹のひとつが平等であるなら、結果の平等はともかく、最低限、機会の平等を保障するのが国家の義務であるとする思想である。ゆるい内容から成る現行学習指導要領は機会の平等を失わせていると思われ、この点が強く批判できる。

引用・参考文献

第1章
- 文部省『学習指導要領　一般編（試案）』東京書籍，1947.
- 文部省『学習指導要領　一般編（試案）』明治図書，1951.
- 文部省初等教育課編『初等教育資料』（臨時増刊 No.102）明治図書，1958.
- 文部省中等教育課編『中等教育資料』（臨時増刊 VII-13）明治図書，1958.
- 文部省『高等学校学習指導要領』大蔵省印刷局，1960.
- 文部省『小学校学習指導要領』大蔵省印刷局，1968.
- 文部省『中学校学習指導要領』大蔵省印刷局，1969.
- 文部省『高等学校学習指導要領』大蔵省印刷局，1970.
- 文部省『中学校指導書教育課程一般編』ぎょうせい，1970.
- 文部省『小学校学習指導要領』大蔵省印刷局，1977.
- 文部省『中学校学習指導要領』大蔵省印刷局，1977.
- 文部省『小学校指導書教育課程一般編』教育出版，1978.
- 文部省『小学校教育課程一般指導資料Ⅰ』第一法規，1981.
- 文部省『幼稚園教育要領』大蔵省印刷局，1989.
- 文部省『小学校学習指導要領』大蔵省印刷局，1989.
- 文部省『中学校学習指導要領』大蔵省印刷局，1989.
- 文部省『高等学校学習指導要領』大蔵省印刷局，1989.
- 文部省『小学校指導書教育課程一般編』ぎょうせい，1989.
- 文部省『小学校指導書生活編』教育出版，1989.
- 文部省『中学校指導書教育課程一般編』第一法規，1989.
- 文部省『新しい学力観に立つ教育課程の創造と展開』東洋館出版社，1993.
- 教育情報センター編『新旧学習指導要領の対比と解説』明治図書，1977.
- 吉本二郎・熱海則夫編『改訂小学校学習指導要領の展開　総則編』明治図書，1977.

- 吉本二郎編『改訂中学校学習指導要領の展開　総則編』明治図書，1977．
- 河野重男他監修『小学校新学習指導要領の解説と展開　総則編』教育出版，1977．
- 『文部省発表小学校学習指導要領 全文と改訂の要点』明治図書，1989．
- 教育情報センター編『学校運営研究』（3月号臨時増刊 No.352）明治図書，1989．
- 『教職研修3月増刊号保存版：新学習指導要領と要点解説』教育開発研究所，1989．
- 『教職研修5月増刊号保存版：新指導要録全文と要点解説』教育開発研究所，1991．
- 文部省『学制百年史（記述編，資料編）』帝国地方行政学会，1972．
- 文部省『カリキュラム開発の課題（カリキュラム開発に関する国際セミナー報告書）』大蔵省印刷局，1975．
- 文部省大臣官房編『文部時報』（昭和58年12月第1279号）ぎょうせい，1983．
- 文部省大臣官房編『文部時報』（昭和60年10月第1302号）ぎょうせい，1985．
- 文部省大臣官房編『文部時報』（昭和62年8月臨時増刊号第1327号：臨教審答総集編）ぎょうせい，1987．
- 文部省大臣官房編『文部時報』（昭和63年2月号第1333号）ぎょうせい，1988．
- J. S. ブルーナー著／鈴木祥蔵他訳『教育の過程』岩波書店，1963．
- 平原春好『日本の教育課程』国土社，1970．
- 海後宗臣監修・肥田野直・稲垣忠彦編『戦後日本の教育改革　第6巻　教育課程（総論）』東京大学出版会，1971．
- 横浜国立大学現代教育研究所編『増補中教審と教育改革』三一書房，1973．
- 今野喜清・柴田義松編『教育学講座　第7巻　教育課程の理論と構造』学習研究社，1979．
- 村井実全訳解説『アメリカ教育使節団報告書』講談社，1979．
- 「戦後日本教育史料集成」編集委員会編『戦後日本教育史料集成　第1巻』三一書房，1982．

- 「戦後日本教育史料集成」編集委員会編『戦後日本教育史料集成　第2〜12巻』三一書房，1983.
- 「戦後日本教育史料集成」編集委員会編『戦後日本教育史料集成　別巻』三一書房，1984.
- 橋爪貞雄『危機に立つ国家―日本教育への挑戦―』黎明書房，1984.
- 教科教育百年史編集委員会編『原典対訳米国教育使節団報告書』建帛社，1985.
- 水内宏『戦後教育改革と教育内容』新日本出版社，1985.
- 山住正已『日本教育小史―近・現代―』岩波書店，1987.
- 水原克敏『現代日本の教育課程改革』風間書房，1992.
- 野原明『戦後教育五十年』丸善，1995.
- 佐藤三郎『アメリカ教育改革の動向』教育開発研究所，1997.
- ジョン・ダワー著/三浦陽一・高杉忠明訳『敗北を抱きしめて』（上・下）岩波書店，2001.
- 中村政則編『年表昭和史 1926―2003』岩波書店，2004.
- 田中耕治他『新しい時代の教育課程』有斐閣，2005.
- 原清治編『学校教育課程論』学文社，2005.
- 佐野眞一『遠い「山びこ」』新潮社，2005.
- 解説教育六法編修委員会編『解説教育六法2005　平成17年度版』三省堂，2005.
- 子安潤『反・教育入門』白澤社，2006.
- NEA *Curriculum for the 70's : An Agenda for the Invention*, 1970.
- NEA *School for the 70's and Beyond : A Call to Action*, 1971.
- 文部科学省
  http://www.mext.go.jp/
- 相模原市津久井郷土資料室
  http://www004.upp.so-net.ne.jp/t-kyoudo/
- 学校給食の歴史・日本
  http://www.nikonet.or.jp/~kana55go/rekisi/nirekisi.html
- 法政大学大原社会問題研究所
  http://oohara.mt.tama.hosei.ac.jp/
- カルチャースタディーズ
  http://www.culturestudies.com/

・日本文教出版
　http://www.nichibun-g.co.jp/
・野田クルゼ
　http://www.kurse.co.jp/
・小学校教育の現場から「新学力観」を考える
　http://homepage2.nifty.com/murasueyusuke/shingakuryokukan.htm
・体罰に関する判例
　http://members.at.infoseek.co.jp/ete/hanrei.html
・読売新聞　1977.6.9, 1987.1.19, 1987.8.8, 1990.5.30, 1990.12.7,
　　　　　　1990.12.10, 1991.1.3, 1991.3.14, 1991.3.27,
　　　　　　1991.5.26, 1991.12.12, 1992.2.28, 1992.6.4,
・毎日新聞　1977.6.9
・朝日新聞　1977.6.9

第Ⅱ章

・文部省『小学校学習指導要領』大蔵省印刷局, 1998.
・文部省『中学校学習指導要領』大蔵省印刷局, 1998.
・文部省『高等学校学習指導要領』大蔵省印刷局, 1999.
・文部省編「21世紀を展望した我が国の教育の在り方について　第15期中央教育審議会第1次答申」『文部時報』(8月臨時増刊号) ぎょうせい, 1996.
・文部省小学校課・幼稚園課編『初等教育資料』(No.691) 東洋館出版社, 1998.
・文部省編『平成12年度我が国の文教施策』大蔵省印刷局, 2000.
・肥田野直・稲垣忠彦編『教育課程(総論)〈戦後日本の教育改革　第6巻〉』東京大学出版会, 1971.
・横浜国立大学現代教育研究所編『増補中教審と教育改革』三一書房, 1973.
・平原春好『日本の教育課程』(第2版) 国土社, 1980.
・水内宏『戦後教育改革と教育内容』新日本出版社, 1985.
・細谷俊夫・奥田真丈他編集代表『新教育学大事典』(第1〜8巻) 第一法規, 1990.

- 水原克敏『現代日本の教育課程改革』風間書房，1992．
- 黒沼克史『援助交際―女子中高生の危険な放課後』文藝春秋，1996．
- 久保義三他編『現代教育史事典』東京書籍，2001．
- 三浦朱門編『「歴史・公民」全教科書を検証する』小学館，2001．
- 清水一彦他『最新教育データブック［第9版］』時事通信社，2002．
- 斎藤美奈子『趣味は読書』平凡社，2003．
- 内外教育研究会編『試験に出る重要教育答申』時事通信社，2004．
- 中村政則編『年表昭和史 1926―2003』岩波書店，2004．
- 斎藤美奈子『誤読日記』朝日新聞社，2005．
- 田中耕治他『新しい時代の教育課程』有斐閣，2005．
- 藤岡信勝『教科書採択の真相』PHP研究所，2005．
- 解説教育六法編修委員会編『解説教育六法2005　平成17年度版』三省堂，2005．
- 文部科学省
  http://www.mext.go.jp/
- 社会経済生産性本部
  http://www.jpc-sed.or.jp/
- 総務省統計局
  http://www.stat.go.jp/data/
- 厚生労働省
  http://www.mhlw.go.jp/
- 労働政策研究・研修機構
  http://www.jil.go.jp/
- フジスタッフ
  http://www.fujistaff.co.jp/
- キッズラブマガジン
  http://www.kidslab.net/magazine/
- 東京シューレ
  http://www.shure.or.jp/
- 最高裁判所判例集
  http://www.courts.go.jp/search/jhsp0010?action_id=first&hanreiSrchKbn=02
- 専門学校新聞

http://www.senmon.co.jp/
・新しい歴史教科書をつくる会
　　http://www.tsukurukai.com/
・読売新聞　1989.10.31，1990.12.12，1992.10.1，1992.11.17，
　　　　　　1996.8.23，2000.12.26，2001.7.13，
　　　　　　2001.4.4
・毎日新聞　1992.2.6，1996.6.19
・産経新聞　1992.11.13
・朝日新聞　1992.11.20，1993.1.28

第Ⅲ章

・文部省『小学校学習指導要領』大蔵省印刷局，1989.
・文部省『中学校学習指導要領』大蔵省印刷局，1989.
・文部省『小学校学習指導要領』大蔵省印刷局，1998.
・文部省『中学校学習指導要領』大蔵省印刷局，1998.
・文部省『小学校学習指導要領解説　総則編』東京書籍，1999.
・文部省『中学校学習指導要領解説―総則編―』東京書籍，1999.
・文部科学省『小学校学習指導要領』（改訂版）国立印刷局，2004.
・文部科学省『中学校学習指導要領』（改訂版）国立印刷局，2004.
・文部省編「21世紀を展望した我が国の教育の在り方について　第15期中央教育審議会第1次答申」『文部時報』（8月臨時増刊号）ぎょうせい，1996.
・文部省小学校課・幼稚園課編『初等教育資料』（No.691）東洋館出版社，1998.
・文部科学省編「中央教育審議会答申－初等中等教育における当面の教育課程及び指導の充実・改善方策について－」『文部科学時報』（11月臨時増刊号）ぎょうせい，2003.
・文部科学省編『平成15年度文部科学白書』国立印刷局，2004.
・文部科学省編『平成16年度文部科学白書』国立印刷局，2005.
・文部科学省編『平成17年度文部科学白書』国立印刷局，2006.
・アドルフ・ポルトマン著/高木正孝訳『人間はどこまで動物か』岩波書店，1961.
・横浜国立大学現代教育研究所編『増補中教審と教育改革』三一書房，

1973.
- 原田一美『ナチ独裁化の子どもたち』講談社，1999．
- 斎藤貴男『機会不平等』文藝春秋，2000．
- 小松夏樹『ドキュメントゆとり教育崩壊』中央公論新社，2002．
- 苅谷剛彦『教育改革の幻想』筑摩書房，2002．
- 岡本薫『日本を滅ぼす教育論議』講談社，2006．
- 小学館ランダムハウス英和大辞典編集委員会編『小学館ランダムハウス英和大辞典』小学館，1977．
- 西尾実他編『岩波国語辞典〈第5版〉』岩波書店，1995．
- 松本史人「マーケティング調査報告　新聞無購読世帯の拡大についての考察」（「朝日総研リポート」AIR 21），2004．
- 文部科学省
  http://www.mext.go.jp/
- 厚生労働省：
  http://www.mhlw.go.jp/
- 日本銀行
  http://www.boj.or.jp/
- ベネッセ
  http://www.benesse.co.jp/
- 愛媛労働局
  http://www.e-roudou.go.jp/
- 内閣府
  http://www.cao.go.jp/
- [KKS] 教育マルチメディアニュース連載　金融広報中央委員会湯本崇雄事務局長
  http://www.kknews.co.jp/maruti/rensai/050507-6a.html
- 大阪電気通信大学
  http://www.osakac.ac.jp/
- YABE Masafumi バカロレアの季節──試験に見る文化の違い
  http://www.ne.jp/asahi/yabe/masafumi/suite/essay005.html
- 毎日新聞　1998.12.20

第Ⅳ章

- 文部省『小学校学習指導要領』大蔵省印刷局，1968.
- 文部省『小学校学習指導要領』大蔵省印刷局，1989.
- 文部省『中学校学習指導要領』大蔵省印刷局，1989.
- 文部省『小学校学習指導要領』大蔵省印刷局，1998.
- 文部省『中学校学習指導要領』大蔵省印刷局，1998.
- 文部省『高等学校学習指導要領』大蔵省印刷局，1999.
- 文部省『小学校学習指導要領解説 算数編』東洋館出版社，1999.
- 文部省『小学校学習指導要領解説 音楽編』教育芸術社，1999.
- 文部省「21世紀を展望した我が国の教育の在り方について 第15期中央教育審議会第1次答申」『文部時報』(8月臨時増刊号) ぎょうせい，1996.
- 文部省小学校課・幼稚園課編『初等教育資料』(No.691)東洋館出版社，1998.
- 文部省『特色ある教育活動の展開のための実践事例集―「総合的な学習の時間」の学習活動の展開―(小学校編)』教育出版，1999.
- 『こころのノート小学校1・2年用』文部科学省，2002.
- 『心のノート小学校3・4年用』文部科学省，2002.
- 『心のノート小学校5・6年用』文部科学省，2002.
- 『心のノート中学校』文部科学省，2002.
- 『文部省発表 小学校学習指導要領 全文と改善の要点 平成10年(1998)改訂版』明治図書，1999.
- 『文部省発表 中学校学習指導要領 全文と改善の要点 平成10年(1998)改訂版』明治図書，1999.・
- 『小学校学習指導要領 平成10年12月・文部省告示』時事通信社，1999.
- 『中学校学習指導要領 平成10年12月・文部省告示』時事通信社，1999.
- 平野朝久編『子どもが求め，追究する総合学習』学芸図書，1995.
- 寺脇研『21世紀へ教育は変わる―競争の時代はもうおしまい』近代文芸社，1997.
- 関沢正躬『算数があぶない』岩波書店，2000.
- 斎藤孝『声に出して読みたい日本語』草思社，2001.

- 西村和雄編『学力低下と新指導要領』岩波書店，2001．
- 大野晋・上野健爾『学力があぶない』岩波書店，2001．
- 広田照幸『教育言説の歴史社会学』名古屋大学出版会，2001．
- 佐藤俊樹『00 年代の格差ゲーム』中央公論新社，2002．
- 陰山英男『徹底反復 100 マス計算』小学館，2002．
- 陰山英男『徹底反復計算プリント』小学館，2002．
- 大津由紀雄・鳥飼玖美子『小学校でなぜ英語？』岩波書店，2002．
- 三宅晶子『『心のノート』を考える』岩波書店，2003．
- 柿沼昌芳・永野恒雄編『心のノート研究』（シリーズ「教育改革」を超えて①）批評社，2003．
- 森永卓郎『年収 300 万円時代を生き抜く経済学』光文社，2003．
- 西村和雄他『どうする「理数力」崩壊』PHP 研究所，2004．
- 高橋哲哉『教育と国家』講談社，2004．
- 入江曜子『教科書が危ない』岩波書店，2004．
- 村上義雄『東京都の「教育改革」―石原都政でいま，何が起こっているか―』岩波書店，2004．
- 山田雄一郎『英語教育はなぜ間違うのか』筑摩書房，2005．
- 山田雄一郎『日本の英語教育』岩波書店，2005．
- 佐野眞一『遠い「山彦」』新潮社，2005．
- 都立学校を考えるネットワーク編『学校に自由の風を！―保護者，生徒，教師たちの声―』岩波書店，2005．
- 澤藤統一郎『「日の丸・君が代」を強制してはならない―都教委通達違憲判決の意義―』岩波書店，2006．
- 「日の丸」「君が代」処分事例集（要旨）
  http://osaka.cool.ne.jp/kohoken/lib/khk194a2.htm
- 東京都教育委員会
  http://www.kyouiku.metro.tokyo.jp/
- エルヴェ学院
  http://www.elever.net/
- 新学習指導要領実施中止に賛成な理由
  http://www.math.tohoku.ac.jp/^kuroki/newcurriculum.html
- 新教育課程に対する数学・物理・化学系諸学会の見解
  http://wwwsoc.nii.ac.jp/jps/jps/topics/shin-kyouikukatei.html

- 学びネット
  http://www.manavinet.com/
- 中日新聞 Web
  http://www.chunichi.co.jp/nie/topics/062.html
- 英語教育ニュース
  http://www.eigokyouikunews.com/
- 「心のノート」：文科省からの「調査」＝強制の始まり
  http://www003.upp.so-net.ne.jp/eduosk/kokokono-to.htm
- 「心のノート」の教育法・教育行政上の問題点
  http://osaka.cool.ne.jp/kohoken/lib/khk210 a1.htm
- 伊那小学校
  http://www.ina-ngn.ed.jp/~inasho/
- 第2学年「総合的な学習の時間」平和教育集中授業指導案
  http://www.hcec.ed.jp/center/sougou2/1/13j310-6.pdf
- 河合塾の大学入試情報サイト
  http://www.keinet.ne.jp/
- 東京都立日比谷高等学校
  http://www.hibiya-h.metro.tokyo.jp/
- 東京都立戸山高等学校
  http://www.toyama-h.metro.tokyo.jp/
- 東京都立小石川高等学校
  http://www.koishikawa-h.metro.tokyo.jp/
- BIGLOBE スタディ　杉並区，総合学習の授業計画を三菱総研に外部委託
  http://study.biglobe.ne.jp/edu_news/bn04/news_sougou.html#041209
- Mainichi INTERACTIVE edu-mail
  http://www.mainichi.co.jp/life/kyoiku/edumail/
- 小菅小学校
  http://www 16.ocn.ne.jp/~sugenoko/
- 目黒区立第七中学校
  http://home.t06.itscom.net/meguro7j/
- 神奈川県教育委員会

http://www.pref.kanagawa.jp/osirase/kyoikusomu/index.htm
- 日本教育新聞社
  http://www.kyoiku-press.co.jp/
- 日本修学旅行協会
  http://www.jstb.or.jp/
- 相対評価の真実
  http://www004.upp.so-net.ne.jp/s-honma/probability/relativity.htm
- 新学社
  http://www.sing.co.jp/
- Vector
  http://www.vector.co.jp/
- 教心ネット
  http://www.kyo-sin.net/
- 旅研
  http://www.tabiken.com/
- 読売新聞　2002.3.4，2002.9.18，2004.4.20，2004.11.17，2005.4.6，2006.9.22
- 朝日新聞　1989.2.12，2005.7.3，2006.9.22

第Ⅴ章

- 文部省『中学校学習指導要領』大蔵省印刷局，1998．
- 文部科学省『小学校学習指導要領』（改訂版）国立印刷局，2004．
- 文部科学省『中学校学習指導要領』（改訂版）国立印刷局，2004．
- 文部科学省『小学校学習指導要領解説　総則編』（一部補訂）東京書籍，2004．
- 文部科学省『中学校学習指導要領解説―総則編―』（一部補訂）東京書籍，2004．
- 文部科学省編「中央教育審議会答申　初等中等教育における当面の教育課程及び指導の充実・改善方策について」『文部科学時報』（11月臨時増刊号）ぎょうせい，2003．
- 文部科学省編『データからみる日本の教育2006』国立印刷局，2006．
- 国立教育政策研究所編『生きるための知識と技能　OECD生徒の学

習到達度調査（PISA）2000 年調査国際結果報告書』ぎょうせい，2002．
・国立教育政策研究所編『生きるための知識と技能2　OECD 生徒の学習到達度調査（PISA）2003 年調査国際結果報告書』ぎょうせい，2004．
・文部科学省編『平成 16 年度文部科学白書』国立印刷局，2005．
・文部科学省編『平成 17 年度文部科学白書』国立印刷局，2006．
・文部科学省編『平成 18 年度文部科学白書』国立印刷局，2007．
・西村和雄他編『分数ができない大学生』東洋経済新報社，1999．
・斎藤貴男『機会不平等』文藝春秋，2000．
・地球産業文化研究所（GISPRI）ニュースレター2000 年 11 月号
・西村和雄編『学力低下と新指導要領』岩波書店，2001．
・加藤幸次・高浦勝義編『学力低下論批判』黎明書房，2001．
・「中央公論」編集部・中井浩一編『論争・学力崩壊』中央公論新社，2001
・中井浩一編『論争・学力崩壊2003』中央公論新社，2003．
・山内乾史・原清治『学力論争とはなんだったのか』ミネルヴァ書房，2005．
・論文集編集委員会編『学力の総合的研究』黎明書房，2005．
・宮澤康人「児童中心主義の底流をさぐる―空虚にして魅惑する思想」『季刊子ども学』（Vol. 18 冬号）ベネッセ，1998．
・「徹底討論　子供の学力は低下しているか」『論座』（1999．10 月号）朝日新聞社，1999．
・「ミスター文部省寺脇研が疑問・批判に答える」『論座』（2001 年 1 月号）朝日新聞社，2000．
・文部科学省
http://www.mext.go.jp/
・判例検索システム
http://www.courts.jo.jp/search/jhsp0010?action_id=first&hanreiSrchKbn=01
・教育再生会議
http://www.kyouiku-saisei.go.jp/
・教育改革国民会議

http://www.kantei.go.jp/jp/kyouiku/
- 読売新聞　1999.5.30，2002.11.4，2004.12.18，2005.4.22，
2005.8.26，2005.11.5，2006.3.29，2007.4.24
- 朝日新聞　2005.1.19，2004.12.18，2005.3.15
- 産経新聞　1999.5.27

第Ⅵ章

- 文部科学省編『データからみる日本の教育2006』国立印刷局，2006．
- 苅谷剛彦『大衆教育社会のゆくえ』中央公論社，1995．
- 橘木俊詔『日本の経済格差』岩波書店，1998．
- 佐藤俊樹『不平等社会日本』中央公論新社，2000．
- 齋藤貴男『機会不平等』文藝春秋，2000．
- 井上修『私立中高一貫校しかない！』宝島社，2001．
- 苅谷剛彦『階層化日本と教育危機―不平等再生産から意欲格差社会へ』有信堂高文社，2001．
- 大久保幸夫編『新卒無業』東洋経済新報社，2002．
- 小杉礼子『フリーターという生き方』勁草書房，2003．
- 森永卓郎『年収300万円時代を生き抜く経済学』光文社，2003．
- リチャード・ホーフスタッター著/田村哲夫訳『アメリカの反知性主義』みすず書房，2003．
- 玄田有史・曲沼美恵『ニート　フリーターでも失業者でもなく』幻冬舎，2004．
- 和田秀樹『年収300万円家庭でもできる！わが子を東大に入れる本』主婦の友社，2004．
- 山田昌弘『希望格差社会』筑摩書房，2004．
- 橘木俊詔編『封印される不平等』東洋経済新報社，2004．
- 齋藤貴男『教育改革と新自由主義』子どもの未来社，2004．
- 苅谷剛彦・志水宏吉編『学力の社会学』岩波書店，2004．
- 「教育改革」研究会編『教育格差と階層化』批評社，2005．
- 鳥居徹也『フリーター・ニートになる前に読む本』三笠書房，2005．
- 畠中雅子『教育貧民』宝島社，2005．
- 橘木俊詔『格差社会-何が問題なのか』岩波書店，2006．
- 文春新書編集部編『論争格差社会』文藝春秋，2006．

- 福地誠『教育格差絶望社会』洋泉社，2006.
- 和田秀樹『教育格差』PHP研究所，2006.
- 嶺井正也・池田賢市編『教育格差』現代書館，2006.
- 苅谷剛彦・増田ユリヤ『欲ばり過ぎるニッポンの教育』講談社，2006.
- 上田小次郎『公立炎上』光文社，2007.
- 内田樹『下流志向』講談社，2007.
- 財団法人経済広報センター『経済広報』(2006.4月号)，pp.16-17.
- リクルートワークス研究所編「大卒フリーターの未来を探せ Part 1. 大卒フリーター・クロニカル」(『WORKS』第65巻号) リクルート，2004.
- 『プレジデント』(2005.5.16号) プレジデント社，2005.
- 文部科学省
  http://www.mext.go.jp/
- 厚生労働省
  http://www.mhlw.go.jp/
- 総務省統計局
  http://www.stat.go.jp/data/
- 内閣府
  http://www.cao.go.jp/
- 国立教育政策研究所
  http://www.nier.go.jp/
- 国立国会図書館
  http://www.ndl.go.jp/
- 日本の教育を考える10人委員会
  http://10nin-iinnkai.net/
- 第一生命
  http://www.dai-ichi-life.co.jp/
- マイコミエージェントの金融専門転職サポート
  http://mycom-agent.jp/finance/
- asahi.com：朝日新聞関西ニュース：朝日わくわくネット
  http://www.asahi.com/kansai/wakuwaku/
- 大学受験料：大学選びに欠かせない『お金』の話―大学受験「旺文社パスナビ」

http://passnavi.evidus.com/
- 保護者のための大学入試早わかり BOOK
http://www.gyakubiki.net/oyako/
- 国民生活金融公庫総合研究所「家計における教育費負担の実態調査」（平成16年度）〜アンケート結果の概要〜
http://www.kokukin/go.jp/
- 全国国公私立大学の事件情報：国民生活金融公庫，家計における教育費の実態調査
http://university.main.jp/blog3/
- 子育てにかかるお金　ALL About　妊娠・出産・教育
http://allabout.co.jp/finance/ikujimoney/
- 桐生市立北小学校
http://www.kiryu-kita-e.ed.jp/
- 摂津市立味生小学校
http://www.13.ocn.ne.jp/~ajifu/main.html
- 新宿区立落合第一小学校
http://academic2.plala.or.jp/ochi1syo/
- プレジデント Family [vol. 1]
http://www.president.co.jp/
- 若年無業者に関する調査（中間報告）
http://www8.cao.go.jp/youth/kenkyu.htm
- 労働政策研究・研修機構
http://www.jil.go.jp/
- 新潟県教育委員会
http://www.pref.niigata.jp/kyouiku/
- 池上学園
http://www.ikegamigakuin.ed.jp/
- 東京税理士会
http://www.tokyozeirishikai.or.jp/
- リクルート進学ネット
http://shingakunet.com/
- Child Research Net
http://www.crn.or.jp/

- 日能研
  http://www.nichinoken.co.jp/
- プログレス英語の成り立ち
  http://www.meikei.org/EnglishCorner/prog1.html
- プログレス/Progress in English
  http://progress.hariko.com/
- 渋谷教育学園
  http://www.shibumaku.jp/
- 読売新聞　2002.3.22, 2005.4.6, 2006.2.7, 2006.10.21, 2006.12.5
- 朝日新聞　2006.1.3

あとがきにかえて

　本書では現行学習指導要領とそれを巡る諸課題を考察してみた。そこで実感されたのは学校教育が大きな問題を抱えていることと，同時に学校の機能が弱くなったことである。学校の機能には多様なものがあるが，その中核はいかなる時代にあっても，学習（=「学ぶ」こと）である。学校における学習内容が学習指導要領において細部まで決定されていることを考えれば，学習指導要領の重要性が再度確認できるはずである。ところが，現行の学習指導要領では子どもの学習が結果的に軽視され，混乱を引き起こしている。これが学校機能を弱体化させ，ひいては学校の尊厳までも失わせつつある。

　この現象は公立の学校で顕著に見られる。全国の公立の小・中・高等学校では学力の低下と平行して，いじめや学級崩壊など，教育における負の部分も多く知見される。これに対して，各種の施策が試みられているが，効果という面ではほとんどないのが現状である。

　公立学校を始めとして，学校という機能が弱まったことは〈青少年期〉と〈社会〉の間のブラックボックスが学校から家庭に移行したことを意味する。言うまでもなく，人間はその誕生から家庭の影響下にあるから，学校機能が弱まれば，人間の生活がほとんど家庭環境で決定してしまうことになってくる。言葉を換えれば，生まれた瞬間に運命が決定してしまうのである。

　これは，人は親を選べないという宿命を一生，持ち続けざるをえないことになる。虚無的な運命論の世界である。確かに，人間にはそれぞれ運命があり，運命を甘受することも人間の尊厳のひとつである。しかし，人間は運命に導かれるだけで人生が決まってはいけ

ない。人間が人間たるには（あるいは個人が個人たるには）各々の努力を始めとする恣意が働いてこそだからである。それまでもが「努力も親の帰属要因で決定する」なら，人間としての（あるいは個人としての）尊厳が失われているとも言えよう。

また，運命の甘受だけでは社会が固定化し，活力を失ってしまう。近代社会において身分制度がもっとも顕著だったのは社会主義国家であったが，その経済的・社会的後進性を歴史的に回顧すれば，固定的な身分社会のデメリットが容易に理解できるであろう。

人間のより大きな尊厳は運命を甘受するだけではなく，運命を切り開く知恵にある。この意味で，学校という機能は今一度深く考えられるべきである。その機能の中心が学習（＝「学ぶ」こと）であるなら，学習指導要領がさらに子どもの成長に大きく寄与するものでなくてはならない。学校はかつてのような身分を変換するブラックボックスではないにしても，現在には現在の，学校が一人ひとりの子どもの運命を切り開いていく手助けをする機能はもってしかるべきである。その意味で学校の機能は今日でも尊厳あるものでなくてはならない。

本書では多くの矛盾，問題を提起することになった。それらがあまりに多いので途方にくれる。

しかし，教育に希望を捨てることはできない。それは政治家にも，行政府にも，国民にも必要なことである。そして筆者にとっても希望はささやかながら教育に関わるものの矜持でありたい。

本稿の執筆にあたっては，企画当初から学文社の田中千津子社長から適切な助言と励ましをいただいた。深く感謝したい。

2007年9月　　　　　　　　　　　　　　　　　　　　小林　恵

索　引

あ 行

愛国心　31, 249, 250, 252
旭川学テ事件　231, 235
新しい学力観　58-62, 126
新しい教育課程の実施に対応した教科書の改善について　93
新しい歴史教科書をつくる会　97, 253
安倍晋三　250
『アメリカの反知性主義』　295
有田喜一　35
有馬朗人　80, 93
家本芳郎　163
生きる力　63, 82-85, 87, 88, 91, 101, 107-126, 136, 145, 150, 151, 204, 228-231
池田勇人　19, 34
いざなぎ景気　41
いじめ　69, 71
石山脩平　15
井上修　261, 280
意欲・関心・態度　58, 60, 205, 246
岩戸景気　31
ウィッシイ, B. W.　217
梅根悟　15, 34
うれうべき教科書の問題　23
「英語が使える日本人」の育成のための行動計画　170
英語指導法等改善の推進に関する懇談会　169
SSM　260
海老名香葉子　253
エリート教育　138
援助交際　63, 71
『援助交際』　71
OECD　45
　——生徒の学習到達度調査　238, 243, 245, 246
大島理森　233
大野晋　155
尾木直樹　164
奥田幹生　80, 87
奥野誠亮　44
押谷由夫　173
落ちこぼれ　43, 47, 50
音読　156

か 行

改正教育基本法　250, 252
階層　32, 194, 260, 261, 273-277
『階層化日本と教育危機』　298
階層差　224
海部俊樹　46
科学技術教育　27
香川・愛媛学力調査問題学術調査報告　34
下級中等学校　6
核家族　32
格差　143, 197, 206, 259-261, 272, 273, 278-281, 288, 289, 293, 298
学習指導要領
　　1947年　5-13
　　1951年　13-18
　　1958年　23-31
　　1968・69年　36-42
　　1977年　44-51
　　1989年　54-58

1998年 102-107
学習指導要領の一部改正 236
学習費 270
学テ闘争 249
学問中心教育課程 39
学力 22
学力向上 224, 254
学力向上アクションプラン 228
学力向上フロンティアスクール 224, 225
学力向上フロンティア事業 224, 228
学力調査 34, 264
学力低下 22, 118, 121, 137, 138, 209-213, 219-221, 223, 238, 257-259
――論 210
『学力低下論批判』 213
学力の二極化 258
学力の崩壊を食い止めるための，教育政策に関する緊急提言書 212
学力分業制 219, 220, 222
家計金融資産に関する世論調査 265
陰山英男 163
学校給食法 22
学校教育法 3
学校教育法施行規則 3, 37
――第25条 9, 25
学校荒廃 44
学校週5日制 90
家庭格差の再生産 278
家庭内暴力 51
加藤幸次 213
金子真理子 274
カリキュラム運動 14

カリキュラム開発に関する国際セミナー 45
苅谷剛彦 219, 260
河合隼雄 172
川島隆太 163
河村建夫 121, 229
感謝決議案 19
管理教育 52
機会の平等 58, 299, 300
『機会不平等』 299
『危機に立つ国家―教育改革のための至上命令』 61
岸本裕史 163
基準性 229
基礎学力 27, 30, 31, 229
基礎に帰れ 62
期待される人間像 35
キッズベースキャンプ 129
希望格差 282
――社会 280
希望の二極化 282
義務教育特別部会 247
義務教育に関する国民アンケート調査 262
キャリア教育 125, 290-293
救済者としての子ども 217
教育改革国民会議 233
教育格差 262, 263
教育課程 13, 14
教育課程審議会 23, 24, 26, 36, 37, 44-46, 54, 63, 75, 78, 87, 88, 92, 93, 99, 120, 163, 171, 205
――答申（1998年） 88-93
教育基本法 3, 250, 252
教育再生会議 253-255
教育刷新委員会 76
教育刷新審議会 76

教育調査会　76
教育内容の厳選　90
教育内容の現代化　38
『教育の過程』　38
教育の現代化　38-41, 44-45
教育の構造改革　228
教育の自由化　53
教育の卓越性に関する全米審議会　61
教育の多様化　53
教育評議会　76
教育費　271, 272
教育への市場原理の導入　53
教科外活動　27
教学刷新評議会　76
教科書改革　3
教科書検定制度　93
教科書問題　96
業者テスト　72, 73
清瀬一郎　23
金融教育　124, 125
近隣諸国条項　96
倉沢剛　15
黒沼克史　71
桑田昭三　72
経験主義教育　16, 28
経済財政運営と構造改革に関する基本方針2005　290
経済審議会　31, 34
携帯電話　71
系統主義　30
　——の教育　28
ケータイ入試　146-148, 223
剱木亨弘　36, 42
コア・カリキュラム　15
　——連盟　15
小泉純一郎　249

工学的アプローチ　45
公共の精神　250, 252
高等学校教育課程分科審議会　78
高等学校進学率　32, 43, 52
高等学校中退者　52
高等教育会議　76
高度経済成長　44
高度な人材　35
校内暴力　51
鴻上尚史　190
公民的資質　40
国際化　194, 197, 198
国際教育到達度評価学会　243
国際数学・理科教育動向調査　243, 245
国際理解教育　195-208
国民学校後期使用図書中ノ削除修正箇所ノ件　5
心のノート　170-174
小坂憲次　249
55年体制　20, 65
コース・オブ・スタディ　7
小杉隆　84
小杉礼子　284
個性重視の原則　87
個性重視　53
個性を生かす教育　58
国歌　50, 199-202
国旗　31, 41, 50, 199-202
国旗及び国家に関する法律　199
個に応じた指導　230
コミュニケーション　167-169, 195, 198
　——能力　152, 167
今後の初等中等教育改革の推進方策について　229

さ 行

最低基準　24, 231-236, 237
最低授業時数　30
斎藤貴男　137, 299
坂田道太　37, 42
桜田プラン　15
佐藤俊樹　181
佐藤学　163
佐和隆光　262
三種の神器　20
3 割削減　101, 130, 131, 135, 219
CIE　5, 7
試案　8, 25
GHQ　2, 5, 19
宍戸洲美　268
七五三　43
実直な精神　222, 299
指導から支援へ　58
児童生徒の問題行動に関する検討会議緊急提言―いじめの問題の解決のためのアピール　52
児童中心主義　117, 217, 218
　――教育　16, 30, 213
児童買春・児童ポルノ禁止法　73
品川裕香　253
ジニ, C.　263
ジニ係数　263, 265
就学援助　265, 266, 270
自由研究　9, 11, 16, 17
習熟度別　58, 230, 294
就職氷河期　74
修身, 日本歴史及ビ地理停止ニ関スル件　5
集団就職者　27
自由党　20
自由民主党　20, 66
生涯賃金　288

上級中等学校　6
初等教育課程分科審議会　78
初等中等教育における当面の教育課程及び指導の充実・改善方策について　121, 229
所得格差　67, 262-264
所得倍増計画にともなう長期教育計画報告　34
私立中学校　269, 293-297, 300
新学習指導要領パンフレット　234
新幹線授業　43, 50
人材開発　33
新自由主義　253
神武景気　20
神話　41
School Based Curriculum　183, 184
スーパー・イングリッシュ・ランゲージ・ハイスクール　170, 224, 226
スーパーサイエンスハイスクール　185, 224, 225
生活科　56, 192
青少年の自殺問題に関する懇話会　51
精神主義　117, 118
精選　49
絶対評価　58, 203-208, 298
絶望の先送り　286
CERI　45
全国一斉学力テスト　33, 34, 248
全米教育協会　45
総合大学　6
総合的な学習の時間　82, 88, 91, 102, 106, 120, 135, 136, 151, 175, 176, 178, 181, 183-187, 189, 195,

221, 230, 237, 247, 294
相対評価　205

た　行

第1次アメリカ教育使節団　6
大学進学率　32, 44
大卒無業者　289
大綱化　49
第3の教育改革　42
大衆教育社会　260, 273
『大衆教育社会のゆくえ』　260, 273
態度主義　191
態度を育てる　189, 190
体罰　52
確かな学力　121, 122, 226-228
脱・ゆとり教育　248
タテの格差　259-261
田中耕治　205
谷川俊太郎　186
田村哲夫　295, 299
ダワー, J. W.　2
単位制高等学校　53
単科大学　6
男女共学　6
地域　191-194
地域間格差　224
地下鉄サリン事件　66
地球産業文化研究所　212
中央教育審議会　35, 42, 63, 75-77, 79, 80, 87, 121, 209, 229, 231, 236, 247, 249
中学校教育課程分科審議会　78
中高一貫教育　87
中流意識　32
ティーム・ティーチング　41
適応指導教室　70

デューイ, J.　295
寺脇研　207, 219
東京シューレ　70
登校拒否　70, 71
『どうする「理数力」崩壊』　162
道徳　24-27, 30, 37
遠山敦子　170, 226
特設道徳　25, 26, 30
飛び級　86
鳥居泰彦　229
努力　277, 278
トルーマン, H. S.　19

な　行

永井道雄　46
中島源太郎　54
中曽根弘文　169, 203
中曽根康弘　53
中村梅吉　36
中山成彬　246
灘尾弘吉　24, 36
ナチスの教育　118
夏目漱石　238
『70年代以降の学校－行動への呼びかけ』　45
『70年代のカリキュラム－開発のための論点』　45
なべ底不況　20
新潟プラン　16
二極化　257-259, 262, 263, 282
西岡武夫　55
西崎清久　200
西村和雄　162, 210
21世紀を展望した我が国の教育の在り方について　79, 80, 84
2000年の労働生産性の国際比較　139, 140

日教組　33-35, 73
ニート　282-284, 289, 290, 292, 293
日本教育制度ニ対スル管理政策　5
日本国憲法　2, 23
日本社会党　20, 65, 66
日本版デュアルシステム　290, 291
日本民主党　20, 23
人間中心教育課程　46
『人間はどこまで動物か』　122
ネオリベラリズム　213, 218
能力主義　34, 41, 43, 47
野依良治　253

は　行

バカロレア　150
派遣社員　67
発展的学習　162
発展的な学習　226, 230, 234
ハートフルフレンド　69
はどめ規定　209, 229, 230, 233, 234, 236, 237
鳩山邦夫　72
羽田孜　66
バブル経済　64
反知性主義　101, 116-118, 145, 150
PISA　238
東久留米市立中央中体罰事件判決　52
日野原重明　202
百マス計算　163-165
広田照幸　202
貧困率　264, 265
藤岡信勝　96

ふたこぶラクダ型　259
不登校　60, 68-71
負の再生産　279
不平等の再生産　260
フリーター　67, 257, 262, 282-290, 292-294, 296
フリン，R. M.　294
ブルーナー，J. S.　38
『プレジデントファミリー』　279, 280
Progress in English　294
『分数ができない大学生』　210
偏差値　59, 71-73
放課後児童健全育成事業　129
法的拘束力　25, 232
補充的学習　162
補充的な学習　227, 230
北条プラン　15
細川護熙　65
ホーフスタッター，R.　295
ポルトマン，A.　122
ホワイトヘッド，A. N.　83

ま　行

町村信孝　88
マッカーサー，D.　2, 6, 19
松永東　24
松永光　54
学びのすすめ　209, 226-228, 236
三浦朱門　88, 99, 137, 221, 299
三木清　238
宮澤喜一　96
宮澤康人　216
民主化同盟　20
宗像誠也　34
村山富市　66
黙読　156

森戸辰男　42
森永卓郎　194
漏れ　280, 282
問題解決学習　16

や　行

山田昌弘　280
ゆとり　46, 49-51, 62, 63, 81-84, 88, 90, 101, 107, 126-128, 130, 135-137, 141-145, 150, 151, 183, 212, 219, 227, 230, 231, 246, 247
ゆとり教育　137, 138, 141, 145, 246-249, 253, 254, 281, 293, 295, 296, 299
ゆとりの時間　49
ユニセフ　21
ヨコの格差　258, 260, 261
横山洋吉　201
与謝野馨　79

4つの経験領域　14, 15
読み・書き・計算　22, 31
46答申　42, 87, 110

ら　行

羅生門的アプローチ　45
臨時教育委員会　76
臨時教育審議会　53, 54, 87
「歴史教科書」に関する宮澤喜一内閣官房長官談話　96
歴史教科書　96, 97
6年制中等学校　53

わ　行

若者の自立・挑戦のためのアクションプラン　290
渡辺えり子　186
和田秀樹　281

編者紹介

小林　恵（こばやし　めぐみ）

1948 年　新潟県生まれ
1981 年　筑波大学大学院博士課程単位取得満期退学
現　在　上越教育大学大学院学校教育研究科准教授
専　攻　教育課程論
著　書
『現代教育の理論と実践』（共著）学術図書出版社，1984 年
『実践教職課程講座 10　教育課程・方法』（共著）日本教育図書センター，1987 年
『第 2 版 現代カリキュラム研究—学校におけるカリキュラム開発の課題と方法—』（共著）学文社，2005 年
『イギリス教育社会史』（共訳）学文社，2007 年
論　文
「『八年研究』における教育課程の研究—カリキュラム形態への参加学校のアプローチ—」（東京教育大学大学院教育研究科修士論文）1976 年
「デューイ・スクールの Occupation について」日本教育方法学会編『教育方法学研究』第 4 巻，1979 年
「新しい学力観の提唱と今後の課題」日本教育新聞社編『週刊教育資料・特別企画資料：戦後教育五十年史—学力問題の変遷を中心にして—』1995 年
「『総合的な学習の時間』の検討」日本教材文化研究財団編『研究紀要』第 29 号，2000 年
「『ダブルの子ども』を視点とした国際理解の教育に関する一考察」『上越教育大学研究紀要』第 22 巻第 1 号，2002 年
「転換期における教員養成に関する研究—デューイの教師論を再認識する試論—」日本デューイ学会編『日本デューイ学会紀要』第 44 号，2003 年
「新学習指導要領における成立過程とその問題点に関する一考察」上越教育大学研究プロジェクト研究成果報告書『転換期における学校教育研究の可能性と課題』2003 年　ほか

「学習指導要領」の現在

2007 年 10 月 30 日　第 1 版第 1 刷発行

著　者　小　林　　恵
発行所　株式会社　学文社
発行者　田　中　千津子

〒 153-0064　東京都目黒区下目黒 3-6-1
Tel.03-3715-1501　Fax.03-3715-2012

ISBN 978-4-7620-1725-4

© 2007　KOBAYASHI Megumi　Printed in Japan
乱丁・落丁本は，本社にてお取替致します。　http://www.gakubunsha.com
定価は，カバー，売上カードに表示してあります。〈検印省略〉　印刷／中央印刷